地場教育

education@local

此処から未来へ

編著 武井 敦史

はじめに

　「地場教育」というタイトルを見て「なんじゃこりゃ」と思った人は多いだろう。それもそのはず、この「地場教育」という言葉はこの本の筆者たちの考えた造語だからだ。

　本のタイトルに造語を使ったのには理由がある。

　学校の教育活動の中に地域性をもっと取り込もう、ということは、関係者の間では以前から繰り返し主張されてきた。「開かれた学校」「地域の教育力」といったキャッチフレーズや、「学校応援団」「コミュニティ・スクール」などのしくみが、その顕れだ。学校教育と地域社会とをより密接に関連づけることができれば、教育の中身ももっとリアリティのあるものになり、学校の運営も円滑になるはず、というわけだ。

　この考え方にはうなずけるし、実際に多くの学校がこの方向に進んでいる。けれども、それだけではどこかもの足りない。というのも、今や子どもの生きる世界はメディアやネットを通じて国内はもとより世界中とつながっており、また地域社会の姿も日々刻々と変化し続けているからだ。加えて人は地域の中で生きていると同時に、地域社会の「つくり手」でもあるはずだ。ならばもっとダイナミックな存在として地域を捉え直すことはできないものか。

　この点、「地場」という言葉は、ちょっと響きが違う。「地場産業」「地場野菜」といった熟語の中で使われてきた「地場」は、単なる空間としての地域ではなくそこから何かが生み出される「場」としての土地やコミュニティの意味合いで使われることが多い。人々が関係することで変化しつつ、同時にそこに生きる人々に影響を与えていく、「可能性としての地域」という面をより強調するのが「地場」という言葉だ。

　そしてこのように、人々のつながりや様々な仕掛けをデザインすることで「場」としてのコミュニティを創り、そこからアイデアや価値を生み出していく、という視点こそが、今後の教育にとって、最もホットなテーマの一つになるはずだと考えている。それは次のような理由によるものだ。

今後、かつてない速度で変化し続ける世界の中で人々は生きることになる。AI（人工知能）をはじめとするテクノロジーの進化については様々な議論があるが、その最も得手とするのは記号操作であり、その関連分野では、現在人間の行っている仕事もほどなく AI に取って代わられる、という点では多くの予測は一致している。

　では人でなければ果たせない役割や創造性はどこに残るのか。人間に固有の知の働きは、他の人や事物・自然との五感を介したコミュニケーションを基盤に成立しており、それよってプログラムにないような変化にでも対応できるし、また同時に、自分自身のあり方をも変化させていくことができるというところに特徴がある。

　実際、私たちのほとんどは、幼い頃抱いていた夢を叶えることはできなかったかもしれないが、それでも様々な出会いの中でものの見方や考え方をも変化させ、それなりに充実した人生を送っているのではないだろうか。

　アタマでっかちの AI ではそうはいかない。

　ところでコミュニケーションは対象との関係性に依存し、関係性はその関係が紡がれる環境に依存する。同じメンバーで似たようなテーマの話をしても、その場所が会議室であるのか、ゴルフ場であるのか、レストランであるのか、居酒屋であるのかによって、その内容や結論は異なるはずだ。場所によって、人の五感の使われ方は異なり、そのため人の思考パターンも人間同士の関係性も変化するからだ。

　そして、未来に向けた様々な豊かさや幸福のかたちを生み出す場として、大きな可能性を秘めているのが、日本の地方部なのではないかと筆者は考えている。日本の地方部は、新旧取り混ぜて様々なネットワークで人々がつながっており、自然環境にも恵まれている。だからそこには人・モノ・自然の多様な関係性を生み出す素地が備わっているのである。

　2020年に世界に衝撃をもたらした新型コロナウイルス（COVID-19）の感染拡大（以下「コロナ禍」）は、地方部のメリットを図らずも再認識させる結果となった。コロナ禍によってリモートワークやオンライン学習は一気に拡大しつつあり、あと数年もすれば一般の仕事や学習に必要な言語的・視覚的コミュ

ニケーションはどの地域にいても滞りなくできるようになるはずだ。すでに実現が時間の問題となっている自動運転やドローンといった技術進化も、地方部の生活ハンデをカバーするだろう。

　そんな未来をちょっと想像してみよう。すると、空間資源や自然資源が豊富で生活費が安い地方部の強みが前面に出てくる。家庭菜園で食材を賄い、空き家を改築してゆったりとした生活空間を手に入れて、隣人や仲間とのコミュニケーションを楽しみ、田園の風景を眺めながら好きな時間に創造的な仕事をして穏やかに生活する—といった、都市部の人たちが羨むような生活も工夫次第で夢ではない。

　ただしこうした未来社会の実現も、あくまでも「工夫次第では」だ。というのも、明るい未来は現在の単純な延長上にはなさそうだからである。現在の日本の多くの地方部では、人口流出と空き家の増加に苦しみ、人が出ていくのを食い止めるのが精一杯で、明るいビジョンを描いてそれに向けて行動を起こすだけの心のゆとりもなくなりつつある。

　とりわけ、未来を生きる子どもたちにとってこの問題は深刻だ。学校現場をはじめとする子どもの生活環境が閉塞感や衰退感に覆われてしまっていたなら、そこから創造的な発想や社会を変えていく行動力が生まれる余地はなくなってしまうだろう。

　「何とか現状にしがみついてでも、ふるい落とされないようにしよう」と考えたとしても不思議ではない。そんな風に思わなければならないとしたら、それは子どもにとって不幸なことなのではないだろうか。

　反対に「何かが起こるかもしれない」という期待感を感じて人々が集い、心を開いて関係するとき、その場所には人を引きつける力が発生する。「地場教育」とは、地域に潜在する可能性を引き出し、これを人々が集う「場」の力に変え、その力を活かして展開する教育……「磁場」教育だ。

　筆者たちのチームが目指しているのは、身体で感じる地域の豊かな自然を生活の舞台にし、子どもと大人が共に創造的に学べる環境を実現すること、また、それによって、地方にあってこその知的で人間味あふれ、かつ物質的にも豊かで健康な暮らしができるよう、未来を生きる子どもの可能性を拓くこと

だ。

　こんな問題意識を背景に、地域で展開する教育の力で地方に希望のある未来を創っていこう、という壮大な夢を描き、静岡という地に志を共にする仲間が集い、「地場教育」をキーワードに議論する中でつくられたのがこの本だ。

　本書は２部で構成されている。

　第１部「地域を場にする教育」では静岡県下の地域や学校を、一歩離れた目で見つめてみる。日常私たちが当たり前と思っている地域社会や、学校の姿は本当に必然なのだろうか。また、今後それらはどのように変化していくのだろうか。そんな問題意識を持ちながら、生活や活動の舞台としての学校と地域社会について考えてみようと思う。

　第２部「地場教育の展開」では様々な実践の萌芽を紹介しながら、その中にこれからの教育を創っていくための兆しを読み解いてみたい。この本で取り上げるのは、どの事例も完成形の実践ではなく、粗削りで不十分ではあっても現在進行形で地域や学校の現実と格闘している事例だ。そしてそこから、これから行動する人たちのヒントとなるように、未来の可能性につながる兆しを読み取って説明や解釈を加えた。

　第１部・第２部とも、各章末には関連して役立ちそうなトピックをコラムのかたちで加えてある。

　本書の投げかける問題に正解や結論はないが、それだけに、一人一人が課題意識を深めて身近なところから行動を起こしてみることはできるはずだ。関心を共有する人々がそれぞれに思いを持って集い、可能性を共に切り拓けたら……そんな気持ちでページをめくってもらえたらうれしい。　　　　　　（武井敦史）

＊本書は科学研究費補助金助成研究「人口減少地域における『場としてのコミュニティ』を核とする地域教育改革の開発的研究」（武井敦史研究代表 基盤研究（Ｃ）　2018年度採択）の一部を、一般の読者向けに編集したものです。

目次

第2部　地場教育の展開

第1部

地域を場とする教育

一　なぜ「地場教育」か

武井　敦史

皆さんは未来の自身や子どもの生活拠点を都市に求めるだろうか、それとも田舎に求めるだろうか。

　もちろん人にはそれぞれに好みや生活事情があっていい。だが、「このまま地元にいて大丈夫なのだろうか？」「首都圏に出て変化に追いつこうとしなかったら社会から取り残されてしまうのではないか？」。そんな漠とした不安を心のどこかで感じていたとするならば、その不安の根拠について少し考えてみても損はないだろう。

　本章では、まず人口移動の背景にある動機について簡単に触れた上で、学校という場所や教育という営みの特徴を今一度振り返ってみる。学校という場所は経験的に誰もが知っているがゆえに、かえって見えなくなっている点があると考えられるためである。次に今後予想される社会変化について、現時点で見通されているいくつかの論点を紹介してみたい。その上で本書のテーマとする「地場教育」の基本的なモチーフとアプローチについてまとめ、読者と共にこれからの地域と教育について考えていくためのたたき台としたい。

1．なぜ人は都市に向かう

　本書の執筆グループの住んでいる静岡県は、気候は温暖で食も豊か、交通の便も良くて住みやすいところだが、それでも2010年からの10年間で県の人口は376万5007人から361万8972人（いずれも10月）へと、率にして3.9％余り減っている。少子化による自然減に、首都圏への人口流出による社会減が追い打ちをかけるかたちだ。

　田舎と聞いて、生活の不便を思い浮かべる人がいるかもしれない。しかし、電気設備、車道、給排水設備、携帯やスマホ用の無線基地といった生活インフラを欠き、実際の生活に深刻な支障を来すようなハンデを抱えた地域はむしろ例外的だ（もちろん、そうした「文明の利器」とは距離を置く生活を好む方もいるが、それはそれで問題ない）。

　買い物や仕事の移動などについて多少の不便はあるにしても、毎日の通勤・通学のために毎日1時間も満員電車に揺られなければならない不便や、どこもかしこも車だらけで子どもの遊び場を探すのにも苦労する不便、小さな我が家

を手に入れるために巨額のローンに苦しまなければならない不便に比べたら何でもないと筆者なら感じる。

　それでは、一体何が人をして地方からに都市へと向かわせるのであろうか？ その代表的な動機として次の三つが考えられるであろう。

　第一に経済的環境の問題である。現在の日本社会では雇用が不安定になりつつあり、国の財政も深刻な状況にあるので、「田舎にいては生活の糧を得られないのではないか」という不安を抱いたとしても不思議はない。

　もちろん田舎にいて仕事を得られるという保証はない。だが都会に出たからといって仕事にありつけるとは限らない。完全失業率（2019年度）で見ると全国平均は2.4％で、最も高いのは大阪の2.9％、最も低いのは三重県の1.2％、東京は2.3％である[1]。少なくとも都市だから仕事の口に困らないとはいえない。

　では、いったん仕事にありつければゆとりある暮らしを手に入れることはできるのであろうか？　確かに収入の面（2020年度）から見ると全国平均の世帯収入が55.9万円（月収）[2]なのに対して東京は65.5万円と2割弱ほど多い。ただし、経済的環境の問題を収入面だけから考えるのは見当違いである。経済的なゆとりを考えるには物価や家賃、税制や公共料金といった支出面も併せて考える必要があるからだ。加えて生活の豊かさを考えるならば、人とのつながりや健康といった「お金では測れない価値」（経験価値）も併せて検討する必要がある。

　第二に文化的環境の問題である。家族や近隣住民、友人や職場などの人間関係や、生活の中で関わる様々なメディア、学校・文化施設の充実といった生活の質的な側面である。繰り返される田舎の単調な生活が退屈になる人もいるだろうし、閉鎖的な人間関係に息苦しさを感じる人もいるだろう。

　劇作家の平田オリザ氏は地域格差拡大の背景について次のように述べている。「文化資本は『本物』に触れることでしか育たない。だとすれば現状では、東京の子どもたちが圧倒的に有利になる」[3]。東京や首都圏の子どもたちは「本物」（世界水準）の芸術・文化に触れる機会が地方都市で育つ子どもに対して圧倒的に多く、従って文化資本の獲得において決定的に有利であるというわけだ。

もし田舎に住むことで、精神的に退屈な人生を送らなければならない運命が待ち受けているとするならば、確かにそれは生活の質にとって大きなハンデになる。本章の３節で論じるがこの文化的環境の問題は、人の生活にとって重要な要素であると筆者は考えている。

　第三に心理的な問題である。かつて地方で「○○銀座」といった名称が好んで使われた時代があった。現在ではこれらの名称が逆に地方部の象徴として響くようになったのでむしろ忌避されるが、地方を都市部に似せて演出しようとする活性化戦略の名残は随所に残っている。

　例えば地域デザインを研究・実践する青山忠靖氏はアウトレットモールを例に取って次のように指摘する。「ブランド品という典型的な中心文化に属するコンテンツをナショナルネットワーク化された型で全国的に展開させるアウトレットモールには、もちろん地域的な文化特性など微塵も存在しない。アウトレットモールの誘致とは中心的文化をそのまま周縁的文化が受け入れる許容の姿勢そのものであり、ある意味で文化的な従属とも受け取れる」[4]

　「中心（首都圏・大都市）から周縁（地方）へ」というモチーフはいまだ健在である。飲食チェーン店などの展開を見ると最初は都市部で成功を収め、そのモデルを使って地方にも展開されていくパターンは多い。そのような経験が繰り返されることで、「進んだ都市」と「遅れた地方」といった人々のステレオタイプが形成され、「なんとなく都会に住んでいる方がカッコイイ」といった心理が拡大していったとしても不思議ではない。もし地方で生活する人々が、心のどこかで都会の住む人に対して負い目を感じて生きていかなければならないとしたら、それは看過できない問題だ。

　さて、これらすべての問題は、特定の施策を講じたり、個々人がある公式に従って行動したりすることで解決されるわけではない。けれどもこれから実現していく未来社会の姿を想定し、私たちの対応力を高めていくことで対応可能であり、むしろ地方の方が人間的な幸福を享受できる可能性が高いのではないかと筆者らは考えている。

　本書は豊かで多様性にあふれ、魅力的で希望に満ちた地域コミュニティを「教育」という営みを通して創造し、同時にそうした地域の中で成長することによって、より豊かな人間性を育んでいけるようにするための挑戦でもある。

ではなぜ「教育」なのか。それは「教育」という営みが、活用の仕方次第で地域コミュニティにとって強力な武器になるからである。

2．学校という場所・教育という道具

（1）「学校」という場所

　「学校教育で地域に住む人の生活を豊かに」と聞いてもすぐにはピンとこない人も多いかもしれない。今の日本社会ならば、ほとんどの人がかつて自分が通った学校の記憶があって「学校とはこういうものだ」というイメージを持っているからだ。

　けれども教育、とりわけ義務教育段階の公教育は人々の生活や社会を変えていく強力なツールになり得ると筆者は考えている。

　学校という場所の持つ可能性を考えるために、その仕組み、機能を少しだけ分解して考えてみよう。

　第一に、学校は人間が生まれて自分の世界の認識を獲得していく、そのスタートに近いころから世界観形成のプロセスに関係していることだ。「三つ子の魂百まで」という言葉があるが、言語や習慣をはじめ、幼いころに体得したものほど、長期間にわたって強く意識的・無意識的に人の行動や思考の形態に影響を及ぼす。ペーパーテストで測定される「認知的能力」だけでなく、特に目標に向かって努力する力、他の人とうまく関わる力、感情をコントロールする力などの「非認知的能力」を幼少期に身に付けておくことが、大人になってからの幸せや経済的な安定につながるという研究が知られている。生涯を通じて使われるものの見方や考え方の型が学校を通じて少なからずかたち作られているのだ。

　第二に非常に多くの時間を学校という場所で過ごすことになるということだ。特に6〜15歳の義務教育段階の時期には、平均して午前7時に家を出て午後4時ごろ帰宅すると考えると、平日1日あたり9時間を学校やその通学に費やしていることになる。起きている時間のうちの半分以上である。もちろん宿題や行事等、家に帰ってからの生活にも学校は深く関わる。

　第三に地域コミュニティの中核的機能を果たしていることだ。子ども期には

自身が通学し大人になってからは（子どもがいる家庭は）子どもを介して学校と関係する。学校はコミュニティの人々にとってなじみのある機関であり、子育てという人間の普遍的な営みを通して人々の多様なコミュニケーションが生まれる「公共空間」である。

　第四にそこには「教員」という、専門性を持つ人々が一定数常駐しており、一定の社会的評価もあることだ。今の日本に生きている人は、ほとんどの場合かつて生徒として学校に通った時期があり、そこには「先生」がいた。そして「先生」とは子どもからも、周囲の大人からも一目置かれる存在であった。もちろん一口に「教員」といっても、その中身は千差万別であり、教員だからといって尊敬を集める傾向は薄れつつある…とはいえ、地方部ではまだその名残はある。

　第五に学校を介して地域内外の人的ネットワークとのつながりが確保されていることだ。自分の子どもが通っている学校は一つでも、公立学校の教員は数年で異動する場合が多いので、そこに関係している人々は他の地域や学校の事情も多かれ少なかれ知る機会がある。遠足や修学旅行だけでなく、近年では校外施設を活用した学習や学校（種）間の交流も活発になりつつある。

　このように考えてみると、地方部の地域コミュニティにとって学校ほど心強い存在はないはずだ。学校はコミュニティを支えるポテンシャルを持っている。けれども実際はどうかといえば、多くの学校がそのように機能してはいない。

　それは次に述べるように学校の「つくり」に問題があるからだ。

（2）「変わりにくい学校」

　地域コミュニティの側から見ると学校は心強い存在でも、学校の内側から見ると「とてもではないが地域のことまで心配をするだけの余裕はない」というのが多くの学校教職員の本音ではないだろうか。現在の学校は様々な制約に「がんじがらめ」の状態にされていて、身動きが取れなくなっている実態がある。

　まず教育の中身の点では学校で教えられるべきことが学習指導要領に全国一律に記されていて、それ以外の活動に多くの時間を割くことは難しい。もちろ

ん学校の教育課程の中には身近な地域社会に関する事柄も含まれてはいるが、教員は地域のことを十分に知っているとは限らないので、どうしても授業の内容もあてがい扶持になる。

時間的にもゆとりがない。学校教員の仕事は授業だけではない。生徒指導や学級経営、保護者への対応や学校運営のための分掌業務など多岐にわたる。現在でも目の前の課題に対応するだけで手いっぱいだが、さらに教職員の「働き方改革」で労働時間を短縮するよう政策的に誘導されている。

では裁量やゆとりができれば学校は変化しよう動くのかというと、そのように楽観視することも筆者にはできない。一番肝心の、学校組織の変化を目指そうという動機が、多くの教員には乏しいからだ。公立学校の正規採用教員は都道府県や政令指定都市で一括採用され、学校への配属が決まり、雇用は安定していて給与にも大きな影響はない。子どもに関心を持たない教員はほとんどいないであろうが、地域コミュニティへの関心は高いとは限らず、地域社会との接点は保護者を介してのみ、という教員も少なくない。

「そうはいっても学校はなかなか変わりませんよ……」。筆者が学校現場の教員や管理職から繰り返し聞かされてきた言葉だ。

もっとも、そのことで現在の教員や学校、教育委員会や文部科学省を責めるのは筋違いである。というのも、もともと近代の学校は変化しにくいようにつくられた機関であるからだ。戦後の教育改革の中で導入された「教育委員会」制度は「政治的中立性の確保」「継続性・安定性の確保」「地域住民の意向の反映」の３点を特徴としている[5]。つまり今日の公教育は外部からの影響力を制度的に受けにくく、変わりにくいように設計されているのだ。

この「変わりにくい学校」は社会の一時的流行や政治の気まぐれから教育を守る、という点では有効に機能した。そして変わりにくい分、あらかじめ決まったことに対しては効率性も高かった。様々な問題があるとはいえ、総じていえば日本の学校は教育費にそれほど多くの公的支出を投入してこなかったにもかかわらず学力は高く、1980年代くらいまでは産業界のニーズにもうまく対応してきたといってよいだろう。

3．潮目の変化

（1）学校基盤のゆらぎ

　けれどもこれから社会が大きな潮目を迎える時代には、この「変わりにくい学校」がかえって仇となる。世界が経験しようとしているのは「不易」でも「流行」でもなくメガトレンドの変容だ。

　今後想定される社会変動の中には、これまで学校という制度を支えていた前提を、徐々にではあるが根底のところで崩壊させていく、いくつかの必然的要素が含まれている。

　少しだけ長期的な視野を持って未来の社会像を考えてみよう。

　第一に国を挙げて産業振興を図るという構図自体が次第に成り立ちにくくなっている。今後は事務労働が急速にAIやロボットに取って代わられることが予想される。経済学者の井上智洋氏[6]はAIやロボティクスの進化により、肉体労働・事務労働・頭脳労働のうち、現在最も従事人口の多い事務労働の市場ニーズが急速に縮小し、悪くすると「2045年くらいには、全人口の1割ほどしか労働していない社会になっているかもしれません」。と指摘する。テクノロジーの進化と産業構造の変容についての様々な予測の中では井上氏の予想はどちらかといえばおとなしい方だろうが、それでも就労構造に与える影響は絶大だというのだ。

　AIやロボットが進化して機械が富を生産するという構図が強まると、図1[7]のようにそれらの機械を所有する資本家が独占的に富を蓄積できる一方で、労働者の提供する労働力には余剰が生まれるため買いたたかれざるを得ない。多くの大規模産業の盛衰の鍵を握っているのはもはや労働力の総量ではなく、価値を創造し戦略をデザインする一部のコアグループになる。こうした未来を見越して、すべての人に無条件に最低限の生活費を保障する「ベーシックインカム」（BI）の導入が不可欠であるというのが井上氏の主張だ。

　第二に国が自国の産業を必死に振興する必要があるのは、それが雇用や生み出される利益の再分配を通して、国民を潤すことにつながり、国民を潤すことが自身の生活を豊かにすることにつながるからだ。だが現在、多くのグローバ

ル企業はとっくに国家の枠組みを超えてしまっていて、自国内で一生懸命人材育成をしても、その利益は他国の株主に持っていかれてしまう恐れが生じる。また、蓄積した財を自国内のみで所有する必然性もない。となれば、大きな資本力を持つ個人や企業ほど、資産の増大に相対的に有利な国・地域に拠点を移し替えるようになるだろう。

　第三に仕事やアルバイト等の経済的活動と趣味や娯楽等の余暇的活動の境界とともに、教育・仕事・引退といった人生ステージの境界も、現在よりかなり曖昧なものになっていくはずだ。「人生100年時代」というキーワードを普及させるきっかけにもなった『LIFE SHIFT』の中で、リンダ・グラットンとアンドリュー・スコットはこれからの労働者の姿を「ポートフォリオワーカー」と名付けて、次のように説明している。「所得の獲得を主たる目的とする活動、地域コミュニティとの関わりを主たる目的とする活動、親戚の力になるための活動、趣味を極めるための活動など、さまざまな活動のバランスを主体的に取りながら生きようと考える。」[8]

　さて、国が躍起になって教育水準を上げようとしてきたのは、教育を通して

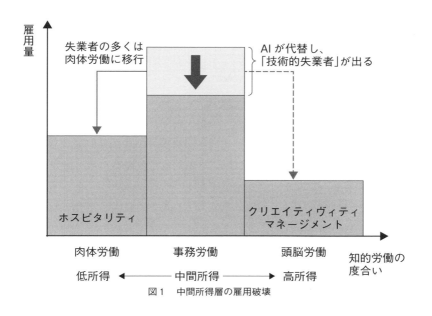

図1　中間所得層の雇用破壊

生産される労働力の総量が経済活動を通して国民の幸福を現実に左右してきたからだ。そして仕事に就くための準備期を「学齢期」として、他の時期から分離しこれを教員という専門職が担当する、という構図で現在の学校は成立してきた。ところが、教育と経済と直結せず、学習がもはや学校という場や教員という専門職に収まりきれなくなるとすると、現在の学校を成り立たせている前提は成立しにくくなる。

　もちろんだからといって、（少なくとも当面の間は）学校そのものが廃止されるわけでも公教育の必要性がなくなるわけでもない。公教育には国民が文化的な生活を送るための権利保障の側面もあるからだ。今後の公教育はこうした社会のメガトレンドの変化によって生じる、「新たな課題」に向き合ったものになるはずだ。

（2）新たな欠乏

　我々の生きる社会に生じる新たな課題とは人間存在の「意味」の欠乏だ。これまでの社会では一人一人が一生懸命働くということが社会を成り立たせ、発展させていくためにも不可欠であった。少なくとも学校ではそう教えられ、人々もそれを信じることがそれほど難しくはなかった。ところが、労働力としての個人の価値と経済的生産性との乖離が進むと、自分の存在が社会的に必要とされていることを実感しにくくなっていくであろう。

　たとえ先述のベーシックインカム等によって生活は保障されたとしても、そのことが同時に意味しているのは、社会から労働力としては期待されてはいないということでもある。そのとき人の欲望や活動のエネルギーはどこへ向かうのか？　もちろん家族・親戚といった血縁的な相互依存関係は残るし、中には「ただ生きているだけで何が悪い！」と開き直る人もいるだろう。が、それだけでは退屈する人も少なからずいるはずだ。

　かつては国や社会が半ば自動的に与えてくれていた生きる意味を見いだせないとなれば、自らの力で探し出すしかない。

　現在の時点で、その兆候は随所に見られる。例えば教育における「幸福」（well-being）という目標への着目はその一つだ。以前であれば、個人的成功や人格の成長、社会的発展等が公教育の目標として掲げられることが多かった

が、近年ではより直截的に「幸福」が目指されるようになった。

　例えば、OECDが2015年以来推進してきたEducation2030プロジェクトが2019年5月にまとめた報告書[9]では最上位に「個人と集団の幸福（well-being）」が掲げられ、その達成手段となる能力（competency）して「新たな価値を創造する力」や「責任ある行動をとる力」、「対立やジレンマを調停する力」等が記されている。国や国際社会を挙げて何かを成し遂げる、というよりは、社会と大きな軋轢を起こすことなく幸福に生きるという側面が前へ出る構図となっているのである。

　今後の公教育のトレンド社会の維持発展の手段としての労働力の生産という側面は後退し、自分の仕事や生活の意味を自己生産しながら幸福に生きるという点に、より大きな力点が置かれるようになるはずだ。

（3）未来のコミュニティの風景

　ではそうした意味や価値の自己生産に適した社会のかたちとはどのようなものであろうか？

　新たな価値や意味は一人で頭を抱えて考え込んでいても生まれてくることは少ない。巷の流行からソフトウェアの開発・学術理論の発見に至るまで、人間社会における知の生産は新たな組み合わせから生まれるものであるからだ。意味や価値の生産のためにはそれを生み出すための「場」が必要となる。

　そしておそらくは、そうした社会的な「意味」が紡ぎ出される場は、個人がかすんでしまう国家のような仮想の大共同体でも、かつての村落のように地縁的なつながりによって個人が半ば強制的に組み込まれた共同体でもない。

　人々が自分の意思で参画し、それぞれのライフスタイル、価値観や興味関心、求める人間関係の濃淡や性質によって特徴づけられた、互いの顔の見える「テーマコミュニティ」であるだろう（本書の執筆陣も一種のテーマコミュニティだ）。

　このテーマコミュニティはスポーツサークルや農業生産者の集いのように、身体がどこにあるかが相当重要になるもの、ゲームやプログラマーのサークルのようにサイバースペースで一向に構わないもの、料理愛好家やコレクターの集いのようにいつも一緒に活動する必要はないが時々は直接会った方が盛り上

がるもの、と多様なタイプが想定される。

　読者の皆さんも一呼吸おいて様々なテーマコミュニティのかたちを考えてほしい。身体と関係する活動は地方部の有する豊富な自然や空間のメリットが前面に出てくる一方で、地方のハンデとなる制約条件はICTの進化によって徐々に克服されるはずだ。

　こうしたイメージは筆者だけのものではない。例えば、公共政策論を専門とする広井良典氏は次のように述べている

　「日本は人口減少社会に移行したが、これからの50年は、高度経済成長期に起こったこととちょうど“逆”の現象が生じていくだろう。たとえば1970年代に郊外の田んぼが住宅地に変わっていったのが、今後空き地・空き家や緑地・農地等に再び戻っていくといったように。そうした中で、私たちは自ずと『なつかしい未来』に回帰できるか否かの分水嶺に様々な形で向かい合っていくことになる」[10]

　30頁のコラムで紹介している「Society 5.0」のイラストを眺めてどう感じられるだろう。未来の社会の理想イメージはSFアニメの未来都市のような姿ではなく、どちらかといえば田園型の社会に親和性が高いような気がする。

4.「地場教育」の発想

(1)「地場教育」とは

　本章でこれまで述べてきたことを要約してみよう。

　現在も地方から都市へ向かう人の流れは続いている。その背景には経済的環境の問題、文化的環境、心理的問題の3側面が考えられる。一方学校は①世界観形成の初期に関わる、②子ども期に非常に多くの時間を過ごす、③コミュニティの中核的機能を果たしている、④教員という専門職が常に一定数常駐している、⑤地域内外の人的ネットワークとつながる、といった点で非常にパワフルな道具となり得る条件を備えている。しかし一方では、学校がつくられてきた経緯から変化しづらい構造が組み込まれているため、現実問題として社会の変化に柔軟に対応しきれてはいない。

　こうした今後の社会変化を考えるとき、産業構造の面からも、人々の生活の

幸福の観点からも「意味」や「価値」を創造する営みが重要になり、そのためにも人を取り巻く「場」の重要性は高まっていく。

　では、そうした不確定な未来を生きることになる子どもたちのために、必要となる教育とはどのようなものだろうか？　それを概念化したものが本書の提案する「地場教育」の発想だ。

　先に述べたように「地場教育」とは、地域に潜在する可能性を引き出し、これを人々が集う「場」の力に変え、その力を活かして展開する教育のことだ。以下この言葉を説明するかたちでそのイメージについて述べてみよう。

①　地域に潜在する可能性を引き出す

　地域に潜在する可能性とは何か。その一つとして「自然」を挙げてみよう。「この地域の良さは何ですか？」と聞かれて、「豊かな自然」という言葉が出てこないことは稀だ。日本では幸いにしてどこに行っても自然の恵みにふんだんに触れることができ、むしろ豊かな自然のない地方部の方が珍しい。だが地方部に住んでいるからといって、人々は自然を本当に見ているとは限らない。

　解剖学者の養老孟司氏が「脳化」と呼ぶ問題提起は、我々の自然・都市に対する捉え方に再考を促すものだ。養老氏は著書『人はなぜゴキブリを嫌うのか』の中で次のように述べている。「脳化の行き着く先が何かと言いますと、ここで話している都市です。建築家の脳の中に住んでいる。あるいはさまざまな方が設計したシステムの中に住み着いている」[11]。人がゴキブリの存在を許せないのは人間がその建物を建築する際に、想定しなかったものがそこに存在しているからであるというわけだ。そして周知のように、ゴキブリの存在を許せないのは都会人だけではない。

　そして脳ばかりに頼るほどに人間の知的生産はコンピュータに置き換えられやすくなると養老氏は指摘する。「脳という入出力系は基本的には論理系としてあるいは回路系として働く。この回路系はコンピュータとそっくりです。なぜかというと当たり前で、コンピュータはじつは脳が作り出したもので、意識は自分の中で働いているプロセスを外に出していったものです」[12]。このように考えると、人間の身体を含め、頭の中だけで考えたものではないもの―自然―と付き合っていった方が、未来の世界では知的生産にとって有利になる可能性

が高くなるのではないだろうか。

　養老氏はこうした発想から、半ば強制的に都市の人間を地方に行かせて地方の生活を体験させる「現代の参勤交代」を主張している。

　捉え直しが必要なことは「文化」についても同様である。先に平田オリザ氏の東京や首都圏の子どもたちは世界水準の文化に触れる機会が多く文化的資本の獲得に有利であるとする考え方を紹介した。この考え方は、より有名な芸術や文化に身体的に触れる機会、という意味ではまさにその通りであろうが、しかし文化的資源とは、このようなヒエラルキー的な枠組みで捉えなければならないものなのだろうか？

　筆者はそう考える必然性はないと考えている。というのも、これからの時代に生活に潤いをもたらすものとしてより強く求められてくるのは、一部のエリートたちが創造し牽引していくような文化だけではなく、普通の人が生活の中で創造する等身大の文化も含まれると信じるからだ。

　筆者は芸術にはあまり詳しくはないが、大正末期（1920年代）に柳宗悦によって提唱された「民藝運動」には、すでにそうした大衆と芸術の関係を捉え直す発想のルーツを見ることができる。柳は名も無き職人の手から生み出された日常の生活道具を「民藝（民衆的工芸）」と名付けて、美術品に負けない美しさを認め、美は生活の中にあると語ったという。

　考えてみれば岡本太郎が絶賛した縄文土器もまた、普通の人が実用を兼ねて製作した一種の「民藝」であったはずだ。

　全国各地で行われるクラフトフェアで目にする手工芸作品や、地元バンドの開催する音楽コンサートには、全国規模で頂点を目指す芸術とはまた違った良さがあるように感ずるのは筆者だけだろうか。

　ここでは「自然」や「文化」を例に取ったが、人であれ、産業であれ、歴史であれ、地域について自分が目にしているものや教えられたものだけを、所与の存在と見なして伝えたり活用したりしている限り、そこに新たな可能性が生まれる余地はない。

　まず、それらを自明視している自分自身をいったん括弧に入れて、自分でも気付いていない、暗在的な可能性を内包したものとして見てみようということが地場教育の出発点である。

②　地域の可能性を人々が集う「場」の力に変える

　さて、人が地域に潜在している様々な可能性に気が付いたり、それを発掘できたりしたとして、それだけでは個人の生活を豊かにする以上の結果は期待できない。これが「コミュニティの活き」につながっていくためには、それらの事柄を触媒として、人々がつながり、かたちを変え、新たな価値や意味が創発されていかなければならない。そのためには様々な人々やアイデアの間のコミュニケーションが生じ、そこから新たな可能性が創発されていく「場」が必要となる。

　先に今後の社会生活の意味が紡ぎ出されるのは、多くの場合目的や関心によってつながるテーマコミュニティにおいてであると述べた。

　このテーマコミュニティの「テーマ」は工夫次第で地方との相性のよいものが多いように思う。例えば建築家の松村秀一氏は、空き家や整理された施設などの空間再生という営みを通して「場」をつくっていくプロセスを第三世代の民主化であるとして、次のように述べている。

　「『場』づくりにおいて主要な座を占めるのは、従来のような専門的な知識・技術ではなく『箱』をどう利用してどんな暮らしの『場』を創るかについての、生活者の自由な構想力である。…（中略）…知識や技術を持つ専門家よりも、構想力を持つ生活者が待望される時代なのだと思う」[13]

　では、そうした場は誰がどのようにつくったらよいのだろうか？　本書の第2部で紹介されるように、場を組織する主体となり得るのは、企業であったり、特定の目的のために設立されたNPOや法人であったり、市役所や教育委員会や大学等の既存組織の中に作られた一つのグループであったり、または公的なかたちを持たない有志のグループであったりするかもしれない。そのバリエーションとそれぞれの持ち味をどう活かし得るのか、という研究課題はこれからの楽しみだ。

　ただ付け加えておくべきなのは、子育てや教育という営みは、人々がつながるコミュニティのテーマとして最も汎用性が高いものの一つではないか、ということである。学校が広く普及するようになったのはわずか百数十年のことかもしれないが、教育それ自体は人類が地球上に誕生したとき以来、否それ以前のサルだった頃から付き合い続けてきたテーマであったはずだ。だから教育に

関係する活動の中には種としての必然性があり喜びも伴う。当然地域コミュニティにとっても、教育は必要かつ面白いテーマであり、多くの人がそこに無理なく参画すること、場をデザインすることもそれほど難しくはないだろう。

③ 「場」の力を活用して教育を展開する

さて、地域コミュニティの中に学びにつながり得るようなテーマが成熟してきたなら、それが子どもたちの教育にも生かされることが、地域コミュニティにとっても、また子どもにとっても望ましいに違いない。

ただし筆者の経験によれば、このプロセスは一筋縄ではいかないことが多い。先に触れたように、現在の学校には制約が多すぎるからだ。また一口に教育活動といっても学校の教育課程の枠組みの中でそれを実施する場合と、そうでない場合とでは全く事情が違う。

例えば授業の一部を地域人材のゲストティーチャーに依頼することを考えたとする。学校内では一回の授業のために信頼関係を築き、打ち合わせを重ね、他の教育課程とのつながりや整合性を確保しなければならない。「活動の中で何か問題が発生したり保護者からクレームが出たりしたら…」という危惧が頭をもたげることもしばしばあるはずだ。

学校教育の外で活動を展開する分には、制度的には難しいところはあまりない。しかしその場合、今度は資金繰りや活動の組織化、人集めに苦労するかもしれない。参加を有料にすることもできなくはないが、その場合には家庭の経済状況によって教育機会に格差が生じる可能性が出てくる。加えて、実は昨今の子どもは結構忙しい。せっかくの良い企画なのに人集めに苦労しているところも少なくない。

このように現時点ではこうした様々な問題があるにしても、それらの一つ一つは克服可能であり、時代の潮流にいつまでも抗い続けることはできないはずだと筆者は考えている。公教育の枠組みの内か外かは別にして、子どもの教育という、幸福な人生に不可欠な社会的機能の一部が地域コミュニティで担保されるようになれば、それは生活の充実を求める地域コミュニティの益にも、多忙で首が回らない学校の益にもかなうからだ。

施策的にもそうした方向へと加速している。文部科学省は地域の住民が学校

運営に参画する「コミュニティ・スクール」の仕組みや、地域が学校に関係する様々な地域参画者を組織化し、学校教育活動を支援する「地域学校協働本部」の仕組みを整えつつある（67頁コラム参照）。令和２年度からスタートしている新しい学習指導要領の示す教育の目標として「社会に開かれた教育課程」が掲げられ、教育課程もその一部に学校外での活動をカウントできるように改定された[14]。国はすでに、教育を独占したところであまり得るもののないことを悟り、可能なところはできるだけ自治体や地域に任せたいと考えているのだ。

（2）地場教育へのアプローチ

　さてこの、当たり前だけど壮大な課題にどのようにアプローチしたらよいのだろうか？

　一番よくある考え方は、全国的に脚光を浴びている先行事例を集め、これをモデルにして地域の条件に合うように修正を加えて実践に移していくことだ（図２）。「これをアレンジして当てはめれば、きっとあなたのところもうまくいきますよ」というわけである。

　ところがこのアプローチには大きな落とし穴がある。それは先行事例のかたちをまねることはできても、その背後にある考え方やマインドはそう簡単には

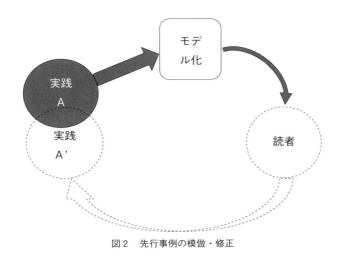

図２　先行事例の模倣・修正

まねられないことだ。

　地域に根ざした実践はその地域コミュニティの「地場」に根ざして形成されている。だから地域性を無視してある実践を「移植」しようとすれば、そこでつくられる教育は官制教育の焼き直しに過ぎないものになってしまうことは明らかだ。この、模倣と修正によるアプローチ自体が悪いわけではないが、それが「地場教育」の考え方と相容れないことは説明するまでもないだろう。

　そこで私たちはそれとは対照的なアプローチを取ることにした（図3）。まず地域コミュニティの地場を見つめて、そこにどんな未来の種子が眠っているのかを探る。そして問題提起を前提としてその事例を解釈・検討することによって自分たちのコミュニティをどのように活かしていったらよいのか、そのヒントが得られるはずだ。そうすれば読者の一人一人が、地域に眠る可能性を見つめ直して、自分の身近な所で試行錯誤しながら地域の教育を創っていこうと思えるのではないか…。「地場教育」には、そんな期待が込められている。

　もちろんそれらの取り組みがすべて実を結ぶとは限らない。けれどもそうした挑戦のマインドとプロセスこそが結果より重要であり、結果がわからないからこそ乗り出していこうとする態度がこれからの予測できない社会をかたち作っていく力になると私たちは信じている。

　本書の第二部で紹介されている事例の多くは、そうした不確定な未来へと一歩踏み出そうとしてみた取り組みの報告である。各事例を読まれた方は「なんだこの程度か」「私の知っている所ではもっとすごいことをしている」と思うかもしれない。

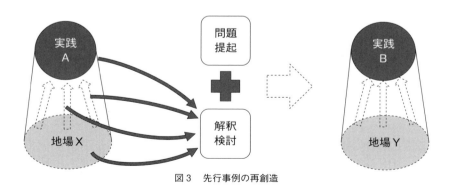

図3　先行事例の再創造

けれども「地場教育」を考えるのに「すごい事例」は必要ない。「地場教育」を考える上で必要なのは、普通の人が少しの勇気を持って行った、等身大の、しかし自分の声で語られた実践である。

本書に出てくる各事例の当事者も、それをもとに論じる執筆者たちも、それぞれに本書のテーマとは別の領域で仕事をしてきた方々である。問題意識も対応の重点も、解決の糸口の見つけ方もそれぞれ異なっている。しかし、現在の教育のあり方に何らかの限界を感じ、視点の異なる者同士コミュニケーションを取りながら解決の糸口を探ろうと格闘している姿勢では共通している。

その意味では本書の執筆者たちは、そのプロセスを通して、地場教育をかたちにしていくプロセスに参画しているといえる。そしてでき得るならば、本書の読者にもそのプロセスにともに参画してほしい。

私たちが求めているのは追従者ではなく仲間だ。

（注）

1　総務省統計局労働力調査（基本集計）モデル推計による都道府県別結果（2019年度）より

2　総務省統計局『統計で見る都道府県のすがた　2020』（2人以上の世帯のうち勤労者世帯の1世帯あたり1カ月間の収入）

3　平田オリザ『下り坂をそろそろと下る』講談社2016p.120

4　青山忠靖「中心的あるいは周縁的運命からの編集　―中心と文化―」2013地域デザイン学会編『地域デザイン戦略総論　コンテンツデザインからコンテクストデザインへ』

5　文部科学省 HPhttps://www.mext.go.jp/a_menu/chihou/05071301.htm（2021.5.30確認）

6　井上智洋『人工知能と経済の未来　2030年雇用大崩壊』文藝春秋2016　166頁

7　井上智洋『AI時代の新・ベーシックインカム論』光文社新書　2018をもとに筆者が作成

8　リンダ・グラットン他　『LIFE SHIFT』東洋経済2016　250頁

9　OECD Future of Education and Skills 2030 Concept Note,　2019

10　広井良典『人口減少社会という希望コミュニティ経済の生成と地球倫理』朝日新聞出版2013pp.28-29

11　養老孟司『人はなぜゴキブリを嫌うのか？　〜脳化社会の生き方〜』扶桑社 2019　122頁

12　同上書　252―253頁

13　松村秀一『ひらかれる建築』ちくま新書 2016　158頁

14　「『総合的な学習の時間』を行う際、総合的な学習の時間の探究的な学習の過程を踏まえて、その位置付けを年間指導計画などに明確にする場合に、各学校の判断により、総合的な学習の時間の年間授業時数の1／4程度（約70時間のうち18時間）まで、教師の立ち合いや引率を伴わずに学習活動を展開する」とされる。『休業日等における総合的な学習の時間の学校外の学習活動の取扱いについて（通知)』平成31年3月29日

| column | Society 5.0ってどんな社会⁉ |

　Society 5.0とは狩猟社会（Society 1.0）、農耕社会（Society 2.0）、工業社会（Society 3.0）、情報社会（Society 4.0）に続く、新たな社会（超スマート社会）を指す概念として、2016年1月に閣議決定された第5期科学技術基本計画において我が国が目指すべき未来社会の姿として提唱された概念である。サイバー空間（仮想空間）とフィジカル空間（現実空間）を高度に融合させたシステムにより、経済発展と社会的課題の解決を両立する、人間中心の社会（Society）とされている。

　Society 5.0は政策的に提案されたものであるため、下の図のように理想化された社会像として描かれるが、他のあらゆる社会変化と同様に光と同時に影も生じるであろうことは忘れてならないだろう。超スマート社会においては、これまで人間が担ってきた社会維持の多くの仕事が、AIやロボットによって代替されることになることが予想されている。これは多くの人々を困難の伴う労働から解放し、利便性を高めるが、一方で中には人の仕事が奪われると捉える人も出てくるはずだ。さらに「一人一人の人間が一生懸命に働くことが私たちの社会が維持存続していくことにとって必要なのだ」というメッセージが通用しにくくなるかもしれない。「人間の価値」があらためて問われることになるのが、これからの超スマート社会である。　　　　　　　　　　　　　　　（武井敦史）

二　未来社会の生活・労働と教育

中村　美智太郎

2020年初頭から徐々にコロナ禍の影響が拡大し、私たちの世界の姿を大きく変えようとしている。周知の通り、この感染症を予防するために採用されている様々な対策は、新しいグローバル・スタンダードになりつつある。例えば、マスクの着用や消毒薬の使用、あるいはソーシャル・ディスタンシングなどは、文字通りすでに新しい標準（ニュー・ノーマル）といっても差し支えないだろう。しかし、コロナ禍をめぐる問題の解決には，少なからぬ時間が必要であると見込まれる。

　このように、山積した問題はいずれも早期の解決が困難なタイプのものであるが、これらの問題群を抱えたままの状態で、私たちは自らの生を生き続けることが求められている状況にある。そして、それは教育現場でも同様だ。

　学校では、子どもは教員同様に原則としてマスクを着用し、互いに身体的な距離を取りながら学び続けている。社会のあり方も、「これまでそうであったからこれからもそうであるだろう」といった見込みのもとで描き出すことはできないはずである。つまり、私たちは解決困難な課題を抱えたままで新しい社会構造を創造していくという課題を共有していることになる。

　本章では、こうした視点に立ち、これからの社会構造の変化から社会生活と教育の関係を再考してみよう。

1．未来社会における学校の行方

　私たちは、学校における労働の内実そのものを未来の教師像のためにシフトしていく必要がある。新しい学習指導要領では「社会に開かれた教育課程」が強調されているが、教師の労働の方向性を決めるファクターの一つもまた「社会」である。教師の労働のあり方は、子どもが受ける教育そのものにも大きく影響を及ぼすだろう。この問題に応答するためには、現在の社会だけではなく、これからの社会のあり得る方向性も考慮する必要がある。

　ではこれからの社会は、一体どうなっていくのだろうか。この問いに答えることは難しい。予知能力を誰も持ち合わせていないからだ。しかし、一般に現在の状況は過去の延長線の上にある。もちろん「突然変異」は文字通り突然に出現するように見えるわけだが、その場合でも因果関係そのものが否定される

わけではない。例えば、私たちの生きる世界には「情報社会」という側面がある。そしてこの側面はますます影響力を拡大している。これからの社会や社会構造を考える上で、この情報社会という視点を欠かすことはできない。そこで、まずはこの視点に立って考察を進めよう。

　諸外国同様、日本においても、「GIGAスクール構想」を中核に特に各学校におけるICT環境の整備が目指されている。「GIGAスクール構想」とは「Global and Innovation Gateway for All」、すなわち「多様な子どもたちを誰一人取り残すことなく、子どもたち一人一人に公正に個別最適化され、資質・能力を一層確実に育成できる教育ICT環境の実現」を目指すものである。これは、学校におけるICT教育や環境の側面で先進国に比べて後れを取っているとされる日本の状況を改善するもの、より具体的には一人一台学習用の端末を持ち、それをクラスで使用できるように通信環境を整備すると同時に、教育課程の見直しや教員のICT活用指導力の向上など、ハード・ソフトの両面からの教育改革に取り組む学校を目指すものだ。

　この構想は、内閣府が提唱するSociety 5.0[1]時代に対応すべく提案されたように見える。Society 5.0そのものについては議論や批判の余地があるだろう。例えば、イノベーションを実現する営みやそれに関わる研究や実践が推奨される一方で、それと直接関係のないような分野が蚊帳の外に置かれる傾向にあるように見える。この傾向が継続的に強まれば、多様性やユニバーサルな環境の実現を否定するような事態を招きかねない。

　他方で、誰にとってもより幸福で生きやすい社会を実現していくには、デジタル・ツールの活用方法やそれに基づく効率的なアウトプットを学校で学ぶだけでなく、広義の「情報」を倫理的に扱うことについて理解を深めることが欠かせない。この意味でも、学校にWi-Fi環境を整えて、子どもにタブレットを一枚渡しておしまい、とはならない。

　先行するSociety 4.0と位置付けられる「情報社会」の弱点は、「知識や情報が共有されず、分野横断的な連携が不十分」、「人が行う能力に限界があるため、あふれる情報から必要な情報を見つけて分析する作業が負担」、「年齢や障害などによる労働や行動範囲に」つきまとう「制約」、また「少子高齢化や地方の過疎化などの課題」に「十分に対応することが困難」などと考えられる[2]。

だとすれば、Society 5.0は、それらを乗り越える枠組みを提供する必要がある。そして、Society 5.0が「IoT（Internet of Things）ですべての人とモノがつながり、様々な知識や情報が共有され、今までにない新たな価値を生み出すことで、これらの課題や困難」の克服を目指すものであるなら、学校もまた、子どもにとってそのような能力や資質を育成するような場所となることが求められるはずだ。

2．教育と身体の問題

（1）サイバースペースで脱身体は可能か

　このSociety 4.0からSociety 5.0への移行は、「情報社会」における変化ないし進展と捉えることができる。場合によっては、「情報化社会」ないし「情報通信社会」の出現とともに把握されることもあるだろう。「情報」が社会の中で生を営む際に不可欠の価値を持つに至ったのは、物々交換を脱して貨幣を介した交換にシフトした時代以降だと考えることができる。貨幣は、例えば100円の価値を「情報」として取り扱うことにその主要な機能の一つがある。この際、100円玉という物質自体に100円の価値が内包されているわけではない。100円玉は単に媒介物として機能するにすぎない。貨幣を社会の中心に据えた社会は、あらゆるモノや人的活動を貨幣という情報を媒介として交換可能な状態にするという点で、文字通り情報社会といってよいだろう。

　情報化の新たな局面に入る未来の社会では、そこに所属する私たちの労働はどのようになっていくのだろうか。この問いは、ここではとりわけ私たちの「身体」、より正確には「脱身体」の傾向と大きく関係している。来るべき未来の社会は、現在の政策や社会的な志向が反映され続ければ、サイバースペースが一定の位置を占める社会になることは間違いないからだ。

　「サイバースペース」という概念は、アメリカのSF作家ウィリアム・ギブスンの造語である。彼の小説『ニューロマンサー』[3]は、アンダーグラウンドの世界における闇の仕事で失敗した主人公の青年ケイスが日本の都市・千葉（チバ）で再起を期そうとするところから始まる。ここでは「サイバースペース＝電脳空間」は主人公にとって「肉体を離れた歓喜」を提供するものであり、逆

に身体は「肉体という牢獄」にすぎない[4]。

　このように、初期のサイバースペースを構成しているのは、いわば「身体からの解放」に価値を置く世界観である。この意味では、古典的な西洋思想の系譜に属するものと把握することもできる。ソクラテスやプラトンのような古代ギリシアの思想と近いものがあるともいえる。例えばプラトンは、眼に見えるこの世界＝現象界から離脱し、哲人王の導きによってイデア界へ向かわなければならない、と主張した。こうした主張は、「脱身体」を希求している点において、少なくとも『ニューロマンサー』におけるギブスンの価値観とよく似ている。

　この脱身体という観点を、サイバースペース登場の影響の一部とみなして、簡単に片付けてしまうことはできない。とりわけコロナ禍の影響で、私たちがその最初期から選択したものを想起すれば、それは明らかだ。学校でいえば、デジタル・ツールを活用した遠隔教育の導入と普及などは、コロナ・ウイルスの身体への媒介と侵入を防ぐために、脱身体の世界を構築しようとする試みであるようにも見える。

　だが逆説的なことに、脱身体の世界を目指せば目指すほど、私たち自身が「身体的な存在」であることが際立っていく。これは、今日の私たちにとって極めて決定的な意味を持つように思える。私たちは身体から決して逃れることができない存在だという状況が、断続的に、しかし絶え間なくあらわになっていくのだ。例えば、ソーシャル・ディスタンシングを徹底していくその先には、脱身体の世界が待っているようにも感じられるが、すぐに何のために採用しようとしていたのかを想起することになる。言うまでもなくそれは、私たちの「身体」と（リスクとしての）ウイルスとの距離を取ることによって、まさに「身体」の安全を確保しようとするためなのだ。

（2）「身体」を重視する学校

　学校に視点を移してみよう。小中学校であろうと高等学校であろうと、今に至るまで身体そのものが学校に通学することに一定の意義が見いだされてきた。言い換えれば、脱身体をそもそも志向しないという点に最大の特徴がある。

例えば，学習指導要領で定められてきた内容を身に付けるためには、文字通り「身に付ける」、すなわち身体的な訓練の領域がこれまで常に関わってきたし、今でもそうだ。

　「OECD 国際教員指導環境調査」（Teaching and Learning International Survey: TALIS）という調査がある[5]。学校の学習環境と教員および校長の勤務環境に焦点を当てた大規模な国際調査で、教員の環境や学校での指導状況等について、国際比較が可能なデータを収集している。この TALIS の調査結果を受けて、文部科学省は「主体的・対話的で深い学びの視点からの授業改善」や「ICT 活用の取り組み」が前回調査時点よりは進展しているものの十分ではないと分析している。しかしだからといって、教師と児童生徒の身体を学校から取り除いて、デジタルのみで構成しようとまでは言わない。もちろん、一部の広域通信制の高校では、通信教育の強みをさらに進化させサイバースペースでの教育活動に重きを置き、修学旅行もサイバースペース上で実施している。その取り組みは先進的だとして一定の評価を受けている。だが、こうした学校でも、画面の向こう側に「生身の身体」が存在していることを子どもが忘れてしまうような指導をすることはない。

　こうした学校や教育の現場に見られる方向性が、情報社会の方向性とはベクトルが逆向きになっていることは重要なポイントだ。情報化によって身体の制約が克服されようとしているからこそ、教育の現場では、身体をいかにしてつくるのかが主要な関心事になるのだ。

　例えば、授業前に起立と礼といった身体的な所作を忘れずに行うことで、授業時間を通じて子どもは机に向かう身体になっていく。学校や教師はそうした身体をつくり出していくことに努める。かつて、フランスの思想家ミシェル・フーコーは、こうした身体をつくり出すという問題を、ジェレミー・ベンサムの「一望監視施設」についての考察に基づいて、規律訓練によって自発的に服従していく「権力の内面化」とみなして批判を加えた。この批判は、少なくとも脱身体を決して希求しない学校にとっては、今日でもその有効性を失ってはいないように思える。主体的・対話的で深い学びを実現する身体は、「権力の内面化」から距離を取って主体性を確保することがスタート地点になるはずだからだ。

教育の場を以上のように想定する限りにおいては、身体は常に残り続けるだろう。このことは必ずしもサイバースペースがもたらす社会における身体の状況と同一なわけではない。だが、労働においても教育においても、サイバースペースが果たす役割は拡大していったとしても、最後に残るものは「身体」であり続けるだろう。だとすれば、学校あるいは教師に求められているのは、未来の社会ではどのような生活や労働が志向されるのかをあらためて捉え直しながら、子どもの「身体」に対する働きかけとして、教育には何ができるかを絶えず再考することであるはずだ。

3.「地場教育」には何ができるか

（1）情報社会における二極化

　ところで、情報社会の出現は、情報革命の結果であるという見方がある。アメリカの作家アルビン・トフラーはこの情報革命に基づく情報環境の出現を「第三の波」と位置付け、私たちにとって重要な転換が起こったとみなしている[6]。トフラーによれば、「第一の波」は農業革命、「第二の波」は産業革命である。ここでの農業革命は狩猟採集社会から農耕社会への移行を、産業革命は工業化の進展による大量生産型の社会への移行をそれぞれ意味しているのだが、重要なことは、これらの「波」と比べて、第三の波は間を置かずに次々と押し寄せている、という点だ。

　トフラーが情報環境と呼んでいる、情報革命によって形成された情報社会に、「通信」というファクターが結び付き、私たちの社会は情報通信社会への道行きを歩み始める。この道行きは、特に1969年、アメリカ国防総省によってARPANET（Advanced Research Projects Agency NETwork：高等研究計画局ネットワーク）が開発されて以降、インターネットの普及によって、加速度的に進んできた。ARPANETはインターネットの起源として位置付けられることが多いが、その特徴はパケット通信によってコンピュータ同士を接続する点にある。当初は、四台のコンピュータをつなぐネットワークにすぎなかったが、その3年後の1972年には全米15カ所、23台が接続され、電子メールのシステムも開発された。日本でも1984年にはJUNETが東京大学・慶應義塾大学・

東京工業大学で接続されるなど、これ以降、世界のネットワーク化は順次拡大を続けた。インターネットの商用サービスが開始された1987年、そしてMicrosoft が Windows95を発売した1995年になると、一般家庭にまでインターネットが入り込むことになる。スマートフォンの誕生と普及はゼロ年代後半まで待たなければならないが、この時点でスマホの理念はすでに含み込まれている。すなわち、情報社会から情報通信社会への移行は1980年代にはすでに生じていたことになる。

　ここで注目に値するのは、農業革命から産業革命までのスパンと比べて、産業革命から情報革命までのスパンが極めて短いとされていることである。トフラーの農業革命は一般的意味とは異なり、狩猟採集社会から農耕社会への移行のことを指すが、いずれにしても、まさに革命的な社会構造の転換が驚異的なスピードで生じているのだ。

　情報通信社会への移行が開始されたと目される1969年という年は、人類が初めて月面に着陸した年でもあり、アメリカでは映画『イージー・ライダー』が公開された年でもある。文化としては、いわゆるカウンター・カルチャーが隆盛し、40万人以上の観客を集めた初めての大規模な野外コンサートであるウッドストック・フェスティバルが開催されるなど、愛と平和、反戦というテーマが社会の空気を形成していた。一方、その背景では情報通信社会がひそかに誕生していたわけだ。

　より重要なことは、こうして誕生した情報通信社会がもたらす社会特性が、未来社会の方向性を極めて短期間のうちに決定付けたことだ。半面、私たち人間の身体と精神はこうした情報通信社会に適応するのに充分な時間が与えられてはいなかった。私たちは、わずか数十年という期間にこうした状況への適応を余儀なくされた。政治も社会も、そして教育も、そうした準備を整える余裕はなかったということだ。これは、この新しい社会に順応することができた側とそうでない側というように、社会に新しい二極化をもたらすことにもつながっていった。

　都市空間でいえば、中央と地方という区分がそれに該当する。情報通信社会に対応可能な資本力と人的資源を獲得し、新しい社会への移行に関わる投資を行うことそれ自体が市場価値を高めると考える資本家が多く存在する都市で

は、必然的に情報通信社会へのシフトは促進される傾向がある。他方、何らか
のトラディショナルな構成要素に価値を置く都市では、そうしたシフトがそも
そも起こりにくい構造を持つ。しかも、都市の価値が、伝統的なものに関わる
地方そのものの「精神性」ないし「気分」に依存するために、別の何ものかに
シフトすることを精神性喪失の危険をはらむリスクとして認識せざるを得な
い。

（2）地方都市における「移行」の試み

　もちろん、すべての地方都市がそうしたシフトに消極的なわけではない。例
えば、静岡県川根本町（166頁以下、第2部第四章事例参照）では、Wi-Fi環
境を整備した場所を平素は教育分野で活用し、災害時には防災拠点として活用
するという形で、移行をかなり実現している。川根本町の人口は7,062人、世
帯数は2,893世帯と、いわゆる過疎地域に該当し、高齢化率も47.7％と高い
（平成30年住民基本台帳に基づく）。一般的に考えると、こうした小規模な地域
が情報通信社会にシフトすることは難しい。それにもかかわらず、川根本町で
はなぜ可能だったのか。

　端的に言えば、それはリーダーシップと組織的推進という、ある意味で「古
典的」な要因だった。

　Wi-Fi環境の構築にあたって川根本町が直面した課題は、組織内調整と平時
利活用であったと分析されている[7]。Wi-Fi環境の整備は「公営公設」モデル
を採用し、ブロードバンド回線・アクセスポイント・Wi-Fiルーター等の保守
は民間事業者が行い、その運用コストを町が負担するという構造である。ただ
しこの民間事業者（東海ブロードバンドサービス株式会社）は、事業の推進に
あたって設立された事業者であり、Wi-Fiの整備にあたっては、町の情報政策
課（情報政策全般を主導する課として新設）が基本的に主導するという特徴が
ある。「基本的に」というのは、キャンプ場などの観光拠点については別の課
（観光商工課）が担当しているからだが、新設の部署が主体となった点は重要
なポイントと思われる。

　どのような自治体でも起き得ることだが、なじみの薄い新しい事業を推進す
る際に障壁になるのは、住民や関係者の抵抗である。実際、川根本町でも当初

は町費を使用したインターネット環境の整備に反対意見が相次いだという。高額な資金を投入したとしても、それに見合ったメリットが得られるかに懐疑的な住民が多かったということだろう。小中学校で Wi-Fi 環境を整備することにも、教育委員会との連携がなかなか進まないという状況もあったようだ。

　Wi-Fi を設置する施設は災害時に活用することが想定された場所だったが、いつ災害が起きるかわからない中で、施設整備に資金を投入することに抵抗が生まれるのは無理もない話だ。従って、平時の有効活用や、ICT の利活用による住民サービスの向上が一定程度以上の説得力を持たなければ、実現は難しい。反対意見を持った住民や関係者の理解を得るために、町長を中心として、60回以上にわたる丁寧な説明会を開催して住民の理解を徐々に獲得し、また情報政策課が主体となって、インターネット環境の利活用の検討・提案と整備を主導することで、教育委員会の同意を得ることにつながったという。

（3）「頑張らない」ことを頑張る文化へ

　こうした事例は成功例といって差し支えないが、だからといって課題がないわけではない。川根本町の例に限らず、こうした活用が効果的に継続していくためには、そのための工夫が引き続き必要になるし、いろいろな意味でコストもかかる。これが集団のキャパシティを超える「負担」となった場合、事業はたやすく中断されてしまうだろう。

　しかし、中断の選択を回避することも、もちろん十分に可能だ。そのためには、むしろ負担を軽減していることを実感できる状況を創出する必要がある。言い換えれば、地域住民に特別の努力を強いることなく、メリットを享受できる環境をつくり出していかなければならないということだ。川根本町の事例でも、インターネット環境の保守・運営は、住民や市の職員が担当するのではなく、特定の事業者が担うことで、負担を感じることなく、メリットを享受できる環境の構築を実現したともいえる。いわば、適切な分業がなされた、ということだろう。

　この理屈は、もしかするとこれまでの日本の学校文化とは相性が悪いかもしれない。学校では児童生徒に対して勉強にせよ生活にせよ、とかく「頑張ること」を求めるし、場合によっては個人として生きることを抑制して集団として

一丸となって「汗をかく」ことが美徳とされる。この文化に慣れ親しんだ私たちは、頑張ることを無批判に受け入れがちだ。

　問題は永遠に頑張るのは不可能だということである。頑張ることに価値を置き続けることは、極端な言い方すれば、神に背いた罰として巨大な岩を山頂に永遠に上げ続けることになったギリシア神話のシシュポスになれ、と命じることにも等しい。エナジードリンクを飲んで徹夜して頑張ることができるのはせいぜい一夜限りのことである。その頑張りをずっと続けていくことは、誰にとっても不可能だということだ。そんなことをすれば、たちまち身体を壊してしまう。

　従って、新しい社会への移行には頑張らないで済む環境の構築が不可欠である。そしてできるなら、その移行が楽しく、たとえ失敗があったとしてもそれ自体が心躍る経験になることが望ましい。そうでなければ、結局は元の社会の方が慣れているから、という理由で移行への機運は衰退し、結果的に移行もできないだろう。

　「頑張らないことを頑張る」というような心的態度を共有できるか否かが、結局のところ命運を分ける。そして何より、特別な役職や役割を担うわけではない普通の人々こそが、そうしたマインドチェンジを自らも行いながら、社会全体のマインドセットの変化を支援していくことが不可欠だ。「地場教育」が果たす重要な役割の一つはここにある、と筆者は考えている。第1章ですでに語られたように、「地場教育」は学校現場だけがそれを担うわけではない。現在だけでなく未来の社会の意味や価値を創造するためには、地域に潜在する可能性が引き出される必要がある。この可能性を追究する主体は、学校現場という「場」や教員の専門性に加えて、その「場」を取り巻く人々、そしてとりわけ「場」を長期的に担う可能性がある子どもである。「教育」は普遍的な営みであるという本質に立ち返れば、地場が果たす教育的な役割は決して小さくはないはずだ。

4. 「地場」の選択

（1）課題先進国における「格差」と階級社会

　そうはいっても、マインドセットを変えることは容易なことではない。容易でないなら、今のままでよいのではないか——。そんな声が聞こえてきそうだ。

　しかし、もはや実際のところ私たちはそのような余裕のある状況にはいない。日本の置かれている状況にあらためて視線を向けてみよう。ここまでで見てきたように情報革命の速度はかなり早いといえるが、それでも移行のスピードは他の先進諸国に比べて相当に遅い。日本は「情報通信技術の先進国」ではなく、むしろ「課題先進国」だとしばしば語られる[8]。「課題」とは、「経済発展と社会的課題の解決を両立していく」ことを指し、それが現時点では解決しがたいまま残されているからこそ、解決手段として先端技術を取り入れていく必要があるとされているのだ。特に、国際競争の激化や高齢化、富の集中・地域間不平等といった解決困難な課題を抱える日本は「課題先進国」であり、別の観点から見れば、それは「格差社会」でもあるといえる。

　橋本健二氏は「現代の日本社会は、もはや『格差社会』などという生ぬるい言葉で形容すべきものではなく」、「階級社会」だと喝破している[9]。橋本氏のいう「階級」とは、「収入や生活程度、そして生活の仕方や意識などの違いによって分け隔てられた、いくつかの種類の人々の集まりのこと」と定義され、階級社会とはそうした「違いが大きな意味をもつような社会」のこととしている。橋本氏は階級論の文脈を踏まえ、日本における階級を「資本家階級」（従業先規模が5人以上の経営者・役員・自営業者・家族従業者）、「新中間階級」（専門・管理・事務に従事する被雇用者。ただし女性と非正規の事務を除外）、「労働者階級」（専門・管理・事務以外に従事する被雇用者。ただし女性と非正規の事務を含む）、「旧中間階級」（従業先規模が5人未満の経営者・役員・自営業者・家族従業者）、「アンダークラス」（新たな下層階級）とした上で、2015年ごろまでに労働者階級内部で明確な分裂が起こり、大きく構造的な変化が起きていると指摘している。

労働者階級におけるこの構造的変化は、正規労働者と非正規労働者の「異質性」が増して、大きな格差として出現したと見ることができる。2005年と2015年を比較すると、個人年収と世帯年収いずれについても正規労働者の収入は増加しているが、非正規労働者はいずれも大きく低下し、貧困率も非正規労働者においては極めて高いという。

　確かに、橋本氏が述べるように2005年と比較すると、正規労働者の男性が個人年収で19.3万円の増加、世帯年収で38.2万円の増加、女性もそれぞれ個人年収で15.3万円と世帯年収で14.0万円の増加なのに対して、非正規労働者の男性では個人年収で24.4万円減少、世帯年収で76.9万円減少している（非正規労働者の女性ではわずかに増加した）。貧困率[10]についても同様で、正規労働者では男女ともに6％程度であるのに対して、非正規労働者は男性で28.6％、女性で48.5％にも上る。貧困率そのものは1983年には12.0％だったものが上昇を続け、人口に貧困率をかけた貧困層は1400万人から2050万人まで増加している。これは非正規労働者の数の増加に対応していると見ることができる。そしてコロナ禍の影響がさらに深刻化するであろう2021年以降には、この傾向はさらに加速していくことが危惧される。

　これまでの労働者階級は「資本主義社会の底辺に位置する階級」とはいえ、正社員としての雇用が保証され、その意味では安定した階級を形成してきたが、「激増」する非正規雇用で労働する者は、雇用も不安定で賃金も正規労働者と比較して相当に低くなる。さらに、例えば結婚や家族、あるいはパートナーシップの形成が困難であるというような側面からも、従来の労働者階級とは異質な階級を構成している点でも、「最下層の階級」としての労働者階級のさらに下層に位置する「アンダークラス」となる、と橋本氏は分析する。

　橋本氏の一連の分析と主張は、「課題先進国」としての日本の姿を描き出そうとするとき、相当に説得力がある。情報革命以後、情報と化した貨幣とともに新たに出現した情報通信社会における私たちの生活は、まさに労働によって獲得されるその貨幣そのものによって、二重に分断されているのだ。こうした分析を見ると、確かに「格差社会」というよりはより分断の著しい「階級社会」が出現していること、そしてその分断は簡単には埋められないものになっていることを受け入れざるを得ない。私たちがマインドセットを変えなけれ

ば、階級を分断する格差の拡大を、ますます多くの人々が引き受けなくてはいけないことになるのだ。

（2）選択される「地場」

　他方、日本の学校は、共同体的なつながりを前提として運営され続けている。この前提は、近代日本における学校の始まりと大いに関係がある。明治5年に出された教育令によって、町と村を基礎として小学校が設置されていくことになって以降、町と村の単位で学校がつくられることになった。この形態が維持され続けた結果、むしろ町や村といった共同体の方も学校制度そのものに強く支えられる形態となっている[11]。だから学校の統廃合の問題は、町や村といった共同体そのものの存続や性質の変更を、よかれ悪しかれ含むことになる。

　ここで重要なことは、私たちが暮らす日本では、社会における様々なつながりが階級社会の進展・加速とともに分断されているために、そうした共同体的なつながりがもはや精神性あるいは気分や雰囲気といった形でしか残存しない、ということだ。これは政策上の対応や、あるいは別の形の文化の形成が行われない限り、さらなる核家族化の進展と労働移動、加えて社会階層的な分断によって加速していくことになるだろう。

　例えば、ふるさと納税という制度がある。これは、総務省が対象とする自治体への寄付によって所得税の還付や住民税の控除が受けられる制度だが、名称に「ふるさと」という文言が含まれているにもかかわらず、寄付の対象となる自治体は寄付者が住む自治体や生まれ故郷に限定されない。言い換えれば、「ふるさと」を自ら設定できるということだ。もちろん、「ふるさと」意識が必ずしも芽生えている必要はなく、実質的には返礼品を「ふるさと」判断の基準にしている場合も多いはずだ。「その身体が生まれ育った土地」というような、伝統的な概念を根底から覆している点に極めて現代的な「ふるさと」観が反映されている。

　今日、私たちはもはや「ふるさと」を選択することができる。つまり、生まれた土地に縛られて生きることはない。これまでも進学や転職によって住まう場所がその都度変わることはあったが、このままリモートワークが進めば、労

働も土地を基準に決定されるというよりは、自らが住むのに魅力的な土地であるかどうかを基準に選択することになるだろう。

　そして、こうした選択は階級の分断を乗り越える可能性を持つのかもしれない。住む場所を主体的に選択、決定するということは、受動的に受け入れて単に住むことを超えて、住むという行為に対して、貨幣に基づく価値観から離脱するような積極的な意味を見いだすかもしれないからだ。このとき私たちは、サイバースペースにも住みながら同時に、貨幣に基づく価値以外の価値をその土地に見いだして、住みたいと思える場所に住むことになる。

　これは、私たちは「地場」を選択することができる、ということを意味する。そして、私たちが地場を選択するとき、選択した場所で私たちは学校教育を享受することができる。ただし学校がもはや「気分」でしかない「共同体的なつながり」を前提にしたままで続くのなら、社会階層の分断を反映した諸問題をすべてただ受け入れていくしかない。しかしそうではなく、学校あるいは教育そのものが人的な移動について、サイバースペースにおいても労働移動においても前提としながら、新しい共同的なつながりを創り出す地場であろうとするのであれば、光が見えてくる。

　「地場教育」のポイントは、第1章で指摘されたように、「すごい事例」ではなく「等身大の、当事者自身の声で語られた実践」である。この視点は、「未来」の労働にもそのまま当てはまる。どこかの誰かがつくってくれる未来や労働は、決してリアルなものでも幸福なものでもない。未来を自ら引き受けるためには、また私たちが幸福に生きるためには、教育はまず未来を自ら刷新することができる基盤をつくり出さなければならない。それを可能にすることができる教師は、地場教育の担い手として、状況との対話と自己との対話という「二重のループ」によって思考する存在であるだろう。

5. 未来社会と教師の仕事

　では、未来の教師とはどのような存在なのか。教員には様々な側面がある。他国と比べて特に日本の学校ではその傾向が強いといえるだろう。例えば、数学の教師は単に子どもに数学を教えるだけではなく、それ以外の職務を担って

いることがほとんどだ。その中にはいわゆる「雑務」と呼ばれるものも当然含まれている。もちろん何を「雑務」とみなすかは教師個人の感覚によるところもあるが、いずれにしても多くの仕事内容を日々こなしているのが実情だろう。

　教職の性質についてはこれまでも様々に論じられてきたが、佐藤学氏らによれば、「公僕」「労働者」「技術的熟達者」「反省的実践家」の四つのモデルに整理することができる[12]。この整理は、未来の教師の労働のあり方への示唆を得るために必要な視点である。

　「公僕」としての教師は教育公務員というよりは、聖職者としての性質に該当し、子どもや社会に対して「模範」となって、職務に強く専心的かつ献身的であることが期待される部分でもある。聖職者であるために高い倫理性が要求され、だからこそある種の権威を獲得してきたともいえ、日本における独特の教師文化の形成につながった。どちらかといえば、専心的かつ献身的であるためには無限の教育的愛情を持つことになるので、教育に従事することを労働という側面は限りなく後景に退く。戦後は、こうした教師像の代わりに、近代的な「労働者」としての側面を重視する教職モデルが提起されることになった。教師も他の職業に従事している人々と同様に労働者であり、労働者としての諸権利を持つ存在だとして、教職員組合の動きと連動して権利が追求されることとなった。今日に至っても、この狭間で生じる教師の苦悩そのものは残り続けている。

　他方、教員の資質・能力に関わるモデルが「技術的熟達者」と「反省的実践家」だ。「技術的熟達者」は、「公僕」モデルにおける模範性に専門性を加えたモデルと位置付けられ、授業研究・教材研究を熱心に行う教師像になる。このモデルは、教師としての力量形成を軸に専門的な労働であるという側面を強調している点で、「労働者」モデルを専門性の面から補強している。学校などの教育現場での実践から、専門性は磨かれると想定しているが、限界もある。経験や勘、あるいはコツといった経験値を上げて、技術に過度に依存するようになると、人間関係の固定化を招き、柔軟な対応が難しくなるリスクも生じ得る。これに対して、「反省的実践家」は実践の中で理論を獲得しようとするモデルである。このモデルの教師は公共的な使命感を帯びながら、教職は複雑で

不確実なものであるという前提に立つ。そして教育活動と実践的思考を同時に遂行し、常に自己を省察していく点に特徴がある。

　未来の教師の仕事についてもこの四つの側面は維持されるだろうが、歴史的な経緯を鑑みると、「反省的実践家」の側面がこれからますます重視されるようになることが見込まれる。組織論の研究者であるドナルド・ショーンらは、この「反省的実践家」を状況との対話と自己との対話を再帰的に繰り返しつつ、それを一段深い前提や背景の理解へと深化させていく「ダブルループ」によって思考する存在とみなす[13]。多様で複雑な社会において教育という困難な営みを遂行していくことが社会的に要請され続けるとするなら、教師の専門性はこうしたダブルループを前提に職能を開発していく反省的実践家としての側面がより大きな位置を占めることになるはずだ。

　ところがこの課題は、現在の教員が置かれた環境下では簡単に解決できることではない。日本の状況は幸福なものとは言い難いからだ。例えば、先に言及したTALISによれば、日本の教師が職能開発活動にかけている時間は、通常の1週間あたりで、小学校で0.7時間、中学校で0.6時間である。TALIS参加国の平均が2.0時間程度であることを考えると、国際平均の半分にも満たない。「専門性を高めるための勉強会に参加する」の割合は、参加国平均23.0％に対して小学校で15.4％、中学校で5.9％であり、これまた圧倒的に短い時間しか確保されていないことが示されている。他方で、「学級内でチーム・ティーチングが月あたり1回以上行われている」の割合は参加国平均が23.2％であるのに対して、小学校で64.3％、中学校で58.3％と高くなっている。

　こうした日本の学校の教員を取り巻く環境を見る限り、「技術的熟達者」を育てる文化は一定程度醸成されていると考えられる。しかし、「反省的実践家」として活動するには、研修時間をはじめ主体的に目標を設定して学びに向かう態度など、量的・質的な点で大きな課題がある。

　コロナ禍やオンライン教育の導入を契機に、今後激変していくと予想される学校環境を戦略的に活用することによって、未来の社会に向けて学校そのものを、教師自身が「反省的実践家」として自身の能力を育てる「地場」にしていくことが求められている。言い換えれば、このような「地場」あるいは「地場教育」そのものを創出することこそが、教師の未来における労働の役割にな

る。

（注）

1　Society5.0は、総合科学技術・イノベーション会議が策定した「第5期科学技術基本計画」で提案されたものである。30頁コラム参照。日本経済団体連合会（経団連）はこのSociety5.0を、経済界がデジタル革新によってもたらされる「革命的な変化」の主体となって実現していくとしている。日本経済団体連合会「Society 5.0——ともに創造する未来」https://www.keidanren.or.jp/policy/society5.0.html（最終閲覧2021年6月6日）

2　内閣府「Society 5.0」https://www8.cao.go.jp/cstp/society5_0/（最終閲覧2021年6月6日）

3　ウィリアム・ギブスン（黒丸尚訳）『ニューロマンサー』早川書房、1986年。Willian Gibson *Neuromancer*, New York, 1986.

4　この問題に関する議論については、以下を参照。根村直美『ポストヒューマン・エシックス序説——サイバー・カルチャーの身体を問う』青弓社、2017年、143頁以下。

5　国立教育政策研究所編『教員環境の国際比較：OECD国際教員指導環境調査（TALIS）2018報告書［第2巻］専門職としての教員と校長』明石書店、2020年。

6　アルビン・トフラー（徳岡孝夫監訳）『第三の波』中央公論社、1982年、231頁以下。Alvin Toffler, *The Third Wave*, New York, 1980, p.168ff.

7　総務省「地方公共団体におけるWi-Fi整備・活用事例集」平成31年3月。
https://www.soumu.go.jp/main_content/000618328.pdf（最終閲覧2021年6月6日）

8　内閣府、前掲注2参照。

9　橋本健二『新・日本の階級社会』講談社、2018年、11頁。

10　ここで橋本氏が根拠としている貧困率は、SSM調査の回答者の等価所得中央値の2分の1を基本とした貧困線をもとにしている。詳しくは橋本（前掲注9、2018）73頁以下を参照のこと。

11　なお、明治5年に学制が発布されたことによって、全国の教育行政を文部省が統括することとされ、全国を8大学区・256中学区・5万3760小学区に区分けして、この区の単位でそれぞれ1校ずつ設置することとされたが、この学区制は明治12年の教育令によって廃止されたという経緯がある。

12　佐藤学『教育方法学』岩波書店、1996年、135頁以下。

13　Chris Argyris, Donald A. Schön: *Theory in practice-increasing professional effectiveness*, San Francisco, 1974[1]/1992[2], p.18ff.

　　ざっくりつかむ GIGA スクール構想

　　GIGA とは「Global and Innovation Gateway for All」の頭文字を取った用語で、文部科学省が2019年１月に打ち出した構想である。主に、①校内通信ネットワークの整備、②児童生徒１人１台端末の整備の二つの柱がある。Society 5.0時代を生きていく子どもは、ICT 教育を基盤とした先端技術を活用することが求められるが、学校における ICT 環境には格差が見られる現状がある。GIGA スクール構想の背景には、学校の授業でデジタル機器を使用する時間で日本が OECD 加盟国の中でも最下位であることや、学校外でも ICT を学習外に使用する比率が OECD 平均より高いことなどが指摘されている。こうした教育における ICT 環境の格差や国際的な整備の遅れに関する危機感を背景に、国がリーダーシップを発揮して ICT を活用した学びを促進していこうとするのが GIGA スクール構想の狙いである。GIGA スクール構想に先立つ2019年６月に「学校教育の情報化の推進に関する法律」が公布・施行されており、国や自治体の責任において学校教育の情報化を進めていくことが定められている。この法律では障害のある児童生徒への教育環境整備や教職員の資質向上なども定められている点も重要である。特にコロナ禍においては、オンラインあるいはオンデマンドの授業によって子どもの学習機会を確保することや、授業などにおいて ICT を活用する教師のメディアリテラシーの向上が喫緊の課題として指摘された。今後、ハード・ソフト・人材を一体とした整備が一層加速されることが期待されている。

（中村美智太郎）

column　　貧しさの基準は？－絶対的貧困・相対的貧困－

　「貧困」が注目されることがしばしばある。元々の「貧困」のイメージに近いのは「絶対的貧困」だろう。絶対的貧困は、ある最低必要条件の基準が満たされていない状態、一般的には十分な所得がない、最低限の生活が成り立たないといった状態を指す。いわゆる発展途上国に関して話題となるような「貧困」である。

　一方、日本を含む先進国で注目されるのは、ある人々が地域社会の大多数よりも貧しい状態を指す「相対的貧困」であることが多い。例えば、所得がその国の可処分所得の中央値の半分に満たない人々が、相対的貧困状態にあるとする調査もある。

　「貧困率」は文字通り、どれくらいの割合の人々が貧困状態にあるかを示すものだが、貧困率という言葉が日本国内で使用される場合は、相対的貧困を用いての貧困率であることが多い。政府統計のうち相対的貧困率を算出している調査としては、総務省「全国消費実態調査」と厚生労働省「国民生活基礎調査」があり、算出方法は若干異なっている。また、絶対的貧困は「貧困」の状況が比較的見えやすいが、相対的貧困は、一見普通の生活をしているが実は経済的に困窮していた、ということもあるため見えにくいことが多い。

　相対的貧困を対象とした貧困率が話題になる時は、経済的に豊かな生活をする人がいる一方で、見えにくい形で生活苦になっている人が増えている場合など、その国や地域における経済格差が大きくなっているような背景もあり、状況については注視する必要がある。

（加藤達也）

三　教育委員会のしくみと人口減少

吉澤　勝治

本章ではこれからの社会における教育行政のあり方について考えてみたい。「教育行政」はとかく、市民の草の根の教育実践とは遠い働きと思われがちだ。教育行政を司る「教育委員会」と聞くと、どこか杓子定規で融通の利かない組織というイメージを持つ人も少なくないだろう。

　しかし実のところ、戦後の教育委員会を中核とする教育行政の仕組みは、まさに地域住民の教育意思を、より直截的に反映させる仕組みとしてデザインされたものであった。不祥事や事故など、学校で問題が生じると、教育委員会に批判の矛先が向けられることが多い。では、教育委員会のどこに行政の仕組みとしての難しさがあったのか、また急激な変化が今後予想される社会で、どのようなあり方が望まれるのか。

　以下ではまず、教育委員会制度の成り立ちと改革の経緯を簡単にたどった上で、教育委員会と首長・議会の関係、学校との関係について素描したうえで今後の教育行政の課題について検討し、最後に今後重要性を増す学校再編課題への対応について考えてみたい。

１．教育委員会制度とその改革

（１）教育委員会の成り立ち

　戦前は、教育に関する事務は専ら国にあるとされ、地方では、府県知事および市町村長が国の教育事務を執行していた。戦後、米国教育使節団の報告や教育刷新委員会の提言に基づき、教育制度の抜本的な改革が進められた。

　その一環として導入されたのが教育委員会制度である。「教育委員会法」が1948年に制定された当初は、委員会を構成する教育委員は投票による公選であったが、教育委員会に政治的対立が持ち込まれるなどの弊害が指摘されたため、教育委員会法に替えて1956年に「地方教育行政の組織及び運営に関する法律」（以下「地教行法」）が制定されて公選制は廃止され、首長が議会の同意を得て任命することになった。

　以降、地方の教育行政は一般の行政機関から独立した地位を持つ合議制の行政機関である教育委員会によって推進されてきた。では戦後の教育行政において、どのようにして中央の教育行政は地方教育行政に伝えられ、「たての行政

系列」といわれる構造が形成されてきたのであろうか。

　教育行政は、中央（国）レベルと地方（都道府県、市区町村）レベルに分かれる。中央（国）レベルで教育行政を行うのが文部科学省であり、地方レベルの教育行政を主に担うのが教育委員会とされている。

　日本国憲法は国会を「国権の最高機関」（第41条）とし、行政権の帰属する内閣はその行使について「国会に対して連帯して責任を負ふ」（第66条第3項）ことを定めている。しかし実際の意思決定場面においては、内閣や各省庁は法律案・予算案の作成を担い、その執行において多くの行政立法を制定するとともに、地方における行政活動をも通達等の行政規則で規制してきた。例えば、学校教育法については、施行令（政令）、施行規則（省令）が定められ、さらにこの施行規則を受けて学習指導要領が告示として出されている。そのほかにも地方教育行政や学校の運営を方向付ける通達も多い。

　教育委員会は複数の教育委員の話し合いによって決める合議制の執行機関で、法律には「自らの判断と責任において、誠実に管理し及び執行する義務を負う」（地方自治法第138条の2）ことが記されている。この文部科学省と教育委員会とを直結させる公教育のシステムは、教育の主体を地方に分散させつつ、国の意向も反映しやすく、日本中どこにいても同じような水準の義務教育を提供できるというメリットがある。

　実際、文部科学省は法制度上の関係性を基盤に、意向伝達等が円滑に実施されるような仕組みを構築してきた。1949年以降、「都道府県教育長協議会」「全国都道府県教育委員会委員連絡協議会」「全国都道府県教育委員会連合会」「全国都市教育長ならびに教育部課長協議会」等、数多くの組織が設置されてきた。これらの総会の場に文部科学大臣、事務次官、文部科学官僚が文部科学省にとっての重要度に応じて出席し、教育委員会の実情聴取や文部科学省からの意向伝達等を行ってきた。

　また、任意団体の全国連合小学校長会（1949年開設）、全国中学校長会（1949年開設）、全国高等学校長協会（1948年開設）等の全国的総会にも文部科学省の関係官僚が来賓として招かれ、国の教育政策や教育行政の方向性等について説明をする場として活用されている。こうしたチャンネルやネットワークの形成は、文部科学省が教育委員会との関係性の構築と同時に、事務局や学校現場

へ直接的に影響力を持つことを可能にしてきたとも考えられる。

（2）地方分権化の進展と教育委員会改革

　国が地方を一律に統治する中央集権型の行政システムは、明治以降の日本の発展を支える大きな一因となってきた。しかし、人口の減少や経済のグローバル化など、社会の構造が大きく変化するにつれ、従来型システムの機能不全が目立つようになった。その結果、教育委員会制度を中核とする教育行政システムも見直しが求められるようになった。

　教育行政システムの見直しにつながった第一の契機は、1990年代に始まる地方分権化の動きである。バブル景気とその崩壊の前後にもなると、生活様式は多様化し住民の複雑なニーズに応えるため、住民により近いところでの行政的意思決定が必要とされ、地方分権を進める動きが強まった。そのため国は行政改革の一つとして、1999年に地方分権一括法を制定し、地方分権へ向け最初の一歩を踏み出した。この法律によって、地方公共団体の事務は、自治事務と法定受託事務に区分されることになり、国と地方との関係は上下主従から対等・協力へと少しずつ変わり始めた。

　こうした地方分権化に向けた動きは教育行政にも影響を与え、地方分権一括法が2000年に施行されると「地教行法」が改正され、教育行政においても「地方分権化」「規制緩和」が推進された。その結果、学校組織の編制や教育課程に関して、国や都道府県の関与が弱められ各地方公共団体の多様な取り組みが、より広範囲で認められるようになっていった。

　見直しの第二の契機は2000年代の国際的な学力競争や「ゆとり教育」批判を背景とした公教育における行政の責任とリーダーシップへの疑念であった。当時は施策的には「総合的な学習の時間」の導入など「ゆとりの中で生きる力をはぐくむ」方向性が強調される一方で、OECD（経済協力開発機構）の国際学力調査が存在感を増し、そこでの日本の相対的な順位低下が危機感をあおる結果となった。2000年の３月には内閣の諮問機関として教育改革国民会議が設置され、教員評価や学校への組織マネジメントの導入が提案されるに至った。

　教育という活動は専門的知識と技術なしには成り立たない、高度な専門性を必要とする活動である。とりわけ小中学校等の基礎教育は、身体的にも知的に

も発達途上の子どもたちが対象である。彼らに学ぶことの面白さを体験させつつ、基礎的な知識を涵養していかなければならない。これが教員に専門的トレーニングが必要とされ、学校においてプロフェッショナルリーダーシップが強調されるゆえんである。

　一方、こうした独自性・専門性の高い内容を素人である教育委員の合議で決定していくという仕組みは、その専門性が高度になるほどに両者はかみ合いにくくなる。教育委員会制度の基本的な理念にあるレイマンコントロール（素人統制）とプロフェッショナルリーダーシップのバランスが課題として指摘されるようになったのである。

　中央教育審議会（以下は中教審）の「地方分権時代における教育委員会の在り方について（部会まとめ）」（2005年1月）では教育委員会制度の必要性を示しつつも、その問題点として、「教育委員会が、実質的な意思決定を行っていない」「住民の意向を十分に反映せず、教員など教育関係者の意向に沿って教育行政を行う傾向が強い」「地域の実情に応じて施策を行う志向が必ずしも強くない」などの問題点が挙げられている。

　見直しの第三の契機はいじめ自殺問題を発端とする、首長やマスコミによる教育委員会への機能不全の指摘である。2011年10月、滋賀県大津市の中学校で発生したいじめによる自殺事件は、教育委員会の組織体制や体質への不満を表面化させる一つのきっかけとなった。学校側と監督する教育委員会は当初、自殺の原因はいじめではなく家庭環境が問題と説明していたが、生徒が自殺する6日前に学校側は「生徒がいじめを受けている」との報告を受けて、対応を検討した事実が明るみに出た。大津の市長が発足させた第三者委員会は生徒の自殺がいじめによるものであると結論を下し、ここでも教育委員会の組織構造や課題解決行動が問題とされたのである。

　2011年9月には、当時大阪府知事であった橋下徹氏が教育の目標は首長が設定するという「教育基本条例案」や「府教育行政基本条例」「府立学校条例」の制定などを通して教育委員会制度を抜本的に見直し、学校教育を首長の直接的な影響下に置くことができる方向へと改革に動き出した。

　教育行政をめぐる首長と教育委員会の軋轢は静岡でも発生した。静岡県では教育委員会の閉鎖性や機能不全を指摘する知事の意向から2012年、「教育行政

のあり方検討会」が設置され、2013年3月に教育委員会組織の構造を見直す報告書をまとめている。2013年9月、同年の全国学力・学習状況調査で静岡県の小学校5年生の国語Aが全国最下位となった際には、川勝平太知事が憤慨し、平均点以下の学校の校長名を公表し、新聞社が学校を特定して紙面に掲載するという事態に発展している。

　中央教育審議会の教育制度分科会長として2015年度からの教育委員会制度の改革に携わった小川正人氏は、当時から次のような課題が指摘されていたと語っている。「教育委員会は、『建前』は行政委員会として首長（部局）から独立していることで首長・議会の政治的リーダーシップや関与が及ばない一方、『実態』は、予算や人事等の固有の権限を持っていないため独自の政策や活動に取り組めていない。その結果、文部科学省—都道府県教育委員会という上級教育行政機関の『精神的権威』と教育専門家集団ネットワークに依拠した専門職自治を基盤にした強固な縦割り行政の下で、教育委員会は上意下達的な教育行政機関として自治体の総合行政を損なう存在となっている」[1]

　こうした流れを受けて2015年度からは「地方教育行政における責任の明確化、迅速な危機管理体制の構築、首長との連携の強化等」を目的に、「地教行法」の一部改正が施行され新しい教育委員会制度が始まった。

　新制度には①首長による大綱の策定、②総合教育会議の設置、③教育長と教育委員長を一本化した新たな責任者（新教育長）の設置、④教育委員会のチェック機能の強化、⑤国の関与の見直しなどの特徴が盛り込まれている。

　教育行政の事務執行権はこれまで通り教育委員会が持つが、首長が教育の基本方針を定めた教育大綱を策定し、首長部局が主催する総合教育会議で首長と教育委員が協議・調整をすることが定められた。首長においては、教育の成果につながる施策を医療・福祉・文化も含めた総合的教育行政の視点から強力に推進するリーダーシップが求められるだろう。

　ただし、どのように優れた理念を伴った制度であっても、その制度の持つメリット・デメリットを理解しつつ適切な運用・改善に努めなければ十分には機能しない。今回の改革について留意しなければならない課題は何か考えてみたい。

2．地方教育行政の機能

（1）首長・議会と教育委員会

　首長や教育委員会は地方公共団体の行政を担う組織であり、地方自治法では「執行機関」として位置付けられている。議会は「議事機関」であり、予算や条例等、地方公共団体における重要な意思決定を行うと同時に、首長や教育委員会等の行政機関を監視またはチェックする役割を持っている。教育長や教育委員の人事案への同意や教育委員会に報告を求める権限を持っている。

　一方で首長は総合教育会議を開催し、「教育の大綱」を策定することや教育事務の協議・調整を教育委員と行えるようになった。教育委員会の事務執行に首長が直接意見することが可能になったのである。こうしたことを踏まえると今後の地方教育行政においては、国よりも地方に、また教育行政の独自性よりも政策全体（首長の方針）との一貫性や総合性に重きが置かれていくことが予測される。

　となれば、首長、教育委員会は議会との関係をどう構築するかという点が、住民自治のためにはこれまで以上に重要になる。首長や教育委員会は議会を通じて、住民に対する説明責任を積極的に果たすことが望まれる。

　前述の小川氏は、「2000年の分権改革は、地域づくりと一体化した地域教育の創造を進める端緒を切り開いたが、自治体と地域住民が積極的に教育に参画するシステムの構築は未だ実現途上にある」[2]として、今後の地方教育行政に対して首長や教育長のリーダーシップが発揮される場面に期待している。首長のリーダーシップの発揮は、新しい地方の公教育を構築していくチャンスでもある。

　しかし同時に、教育には多数決では決められない複雑・多様・深淵な視点を含めた未来志向の検討や配慮からのチェックも忘れてはならないであろう。

（2）指導主事の役割

　教育委員会制度については独自性・専門性の高い内容を素人である教育委員の合議で決定するという機能がうまく作用せず、合議は形骸化しているという

問題点が指摘されていた。では今後の教育委員会のあり方、そして特にその業務を中核的に担う指導主事には何が求められるのであろうか。

　教育行政は一般行政と異なり出先機関としての学校現場を抱え（静岡県の2020年度には県立学校108校、政令市を除く県費負担教職員等約2万人）、その管理・指導・支援等が求められている。事務局職員の指導主事がその役割を遂行する中心である。指導主事の職務は、単に学校の校長、教員に対して指導助言するのみでなく、専門的事項の指導に関するすべての事務に従事し、教育長の職務を補助することが含まれる[3]。

　近年、分権改革により地方公共団体の裁量権が拡大していることから、教育や子どもの問題に迅速に対応することが必要となり、教育委員会にはこれまで以上に教育行政の事務執行において総合的な高い専門性が求められている。指導主事は学校現場の教育実践に直接・間接的に指導助言をする立場にあることから、教員として学校においてリーダーシップを発揮できるなど有為な経験・実践力を持ち、学校教育における実績等が評価され指導主事候補として推薦を受け任命される。

　教育委員会の定例会、臨時会等の説明資料の作成に当たるのも指導主事である。作成された原案はたたき台として事務局内で協議修正され、会議資料として教育長や教育委員に提出される。この原案が高い精度と、広角的で複数の視点を持ちかつ丁寧でわかりやすいものであれば、教育委員は経緯や状況把握が的確となり、比較的短時間であっても保護者や地域住民の意向を踏まえた協議ができる可能性が高まる。従って、教育委員会のチェック機能向上には、実質的に指導主事等の力量によるところが大きい。

　また、こうした資料や説明は、教育長や首長部局幹部、議員の判断にも大いに影響するため、教育委員会の施策等が学校現場と乖離しないよう、良い点、悪い点を含めて現場の状況を的確に把握して伝え、政策として具体化していく力量が要求される。

　しかし現実問題として、多くの指導主事は学校現場の教育活動においては高い資質・能力を持っていたとしても、そこで教育行財政や指導主事の業務に関する知見を高めてきたとは限らない。指導主事としての研修はわずかであり、結果として指導主事就任当初は前任者からの引き継ぎ事項、申し送り事項をこ

なすのに精一杯で精神的・時間的余裕も少なく、前例に沿って業務を遂行せざるを得ないのである。

　教育行政を担う指導主事をいかにして育成し、活用していくかは今後の学校教育にとっても大きな課題である。

３．これからの地方教育行政のあり方

（１）地域とともにある学校づくり

　今日の地方教育行政には時代の要請として、複雑化する学校課題への対応、各種取り組みを通じた家庭や地域の教育力の回復、さらには地域コミュニティづくり等の地域創生の役割が期待されている。これまで地域と学校の間では、地元市町村からの財政的支援、授業への地域人材の活用や地域企業との連携などが進められてきた。これからは、さらに進めて地元市町村の未来戦略（行政施策）と一体化した教育活動、あるいは地域住民の活動や地域企業等への積極的な参加交流を通した教育活動を実践し、「地域とともにある学校、地域をつくる学校」としての機能発揮が必要になる。

　平成29年・30年改訂の学習指導要領は、「社会に開かれた教育課程」を教育課程の理念として示し、学校と地域の連携・協働について、「教育課程を介して学校と地域がつながることにより、地域でどのような生徒を育てるのか、何を実現していくのかという目標やビジョンの共有が促進され、地域とともにある学校づくりが一層効果的に進められていくことが期待される」[4]と述べている。地域と学校の関係を「支援」から「連携・協働」へと変化させるためにも文部科学省はすべての公立学校に学校運営協議会を設置して、コミュニティ・スクール（67頁コラム参照）として地域と学校の「連携・協働」の推進を図っている。

　また、一部改正された社会教育法（2017年）では市町村教育委員会に対して、（地域学校協働活動にあたっては）「地域住民等の積極的な参加を得て当該地域学校協働活動が学校との適切な連携の下に円滑かつ効果的に実施されるよう、地域住民等と学校との連携協力体制の整備、地域学校協働活動に関する普及啓発その他の必要な措置を講ずる」[5]としている。

教育委員会は今後、コミュニティ・スクールに設置される学校運営協議会と地域学校協働活動をコーディネートする地域学校協働本部を両輪として、学校を核に保護者、地域住民が積極的に学校教育活動に関われるよう、連携・協働を推進していく鍵となる。そのためには、子どもや学校を中心に置き、自分ごととして地域全体の未来を見据えて行動していく必要がある。教育行政学者の大桃敏行氏は「地方分権化の推進は単なる中央から地方への権限移譲ではなく、行政の在り方それ自体の転換を迫っている。これまで公教育を支えてきた教育行政や教師の専門性の内容の変更を迫るものである」[6]と指摘している。

　学校・教員の教育意思と保護者や地域住民の要求とが一致するとは限らない。今回の制度改革の背景には、保護者や住民側からすれば、自分たちの要求が個々の教員やその教育実践に届くことが少なかったと感じる状況が少なからずあったのではないか。今後は、教員の専門的判断と保護者や住民の要求とが、直接的な緊張関係に置かれることも覚悟しておく必要があろう。地域住民も巻き込んだ議論が必要であり、子ども、学校を中心に置いた議論を地域と学校で展開すること、そして、地域特性を踏まえた社会教育システムを保護者、地域住民とともにどのように構築していくかを議論する場が不可欠だ。学校を核として地域とともに地域社会をどう構築していくか。そうした意識の醸成が求められている。

（2）地域課題の解決に向けた社会教育システムの構築

　いかに技術革新が進展しようとも、そこで暮らす個々人の生活や人生は、人々が構成する社会の中で営まれる。今日、社会が大きく変容しつつあり、高齢化や地域コミュニティの衰退など住民が向き合わなければならない課題は山積している。地方部、都市部を問わず、人口減少・高齢化の進展等の課題は、地域社会の構造にさらなる変革をもたらす恐れがあり、住民相互の対話や相互扶助による地域づくり、共生社会の形成をどう維持し前進させていくのか、地域における持続可能な社会教育システムの構築に向け新たな政策展開が必要となっている。

　人口減少・高齢化という日本社会が直面する大きな課題に対し国は、各地域の特徴を生かした自律的で持続的な社会を創生できるよう、「まち・ひと・し

ごと創生法」（2014年11月）を公布し、都道府県や市町村には総合戦略策定を閣議決定により努力義務化した。同戦略の中には、学校を核とした地域活性化および地域に誇りを持つ教育を推進するとともに、公立小・中学校の適正規模化，小規模校の活性化、休校した学校の再開支援を行う旨が盛り込まれている[7]。

　また、中教審の「新しい時代の教育や地方創生の実現に向けた学校と地域の連携・協働の在り方と今後の推進方策について（答申）」（2015年12月）には、（総合教育会議において）「首長と教育委員会が共に手を取りながら、子どもの豊かな学びと成長を一層支援していくことが重要視されており、両者のパートナーシップの構築は、学校と地域の連携・協働を推進していく力となる」と記されている。子どもの未来のためには、地域が主体的に地域づくりに取り組み、地域の将来像を描いていく必要があり、地域の中で地域を支えるマネジメント人材を発掘・育成していくことも重要である。そして、従来の自治会と相互補完する、女性や若者も含む地域住民や地域の関係団体から組織化された新たな仕組み（地域運営組織）を構築して、地域学校協働本部と連動させる必要があると考える。

　地域課題にはその地域の特徴、独自性があり、その解決においては、医療、保健、福祉、労働等との連携を強化し、社会の様々な機能を活用した教育の充実を図ることが要請されている。特に、過疎地域等の条件の不利な地域においては、地域づくりを支える人材育成を含めた社会教育システムの構築は必要不可欠となる。多くの地域で、少子化への対応は喫緊の課題であり、学齢人口の流出もできるだけ抑えたい。そのためには学校教育にとどまらず生涯学習関連施策を踏まえた社会教育システムの構築が急務で、一般行政と教育行政の壁を乗り越えた連携・協働が強く求められている。

４．学校配置と教育行政

（１）学校配置という問題
　人口の減少はかねてから指摘されてきた問題ではあるが、危機感が表面化したのは元岩手県知事の増田寛也氏が座長を務めた「日本創成会議」の人口減少

問題検討分科会の2014年のリポート（通称「増田リポート」）が出て以降である。同報告は、出産適齢期の女性人口の推移による分析を根拠に2040年までに全国約1,800市町村のうち約半数（896市町村）が消滅する恐れがある、と指摘する[8]もので、地方公共団体の危機感は一気に強まった。

　一方で「近年の人口動向を分析すると、若者や女性を中心に都市部から過疎地域等の条件不利地域への移住を志向する、いわゆる『田園回帰』と呼ばれる動きが見られ始めている」[9]ことも指摘されている。今後の人口減少社会に向けた適応策として「コンパクト＋ネットワーク」の形成を推進する上では、過疎地域等において実際にこうした「田園回帰」による人々の動きがどの程度見られるのかを把握し、働き方や社会生活のあり方の変容も踏まえて、今後の施策検討につなげていくことが必須である。

　一方で地域社会学者の山下祐介氏は、地域住民組織の統合や戸数ゼロによる消滅はあるものの高齢化を理由に消滅した集落はなく、1990年代の終わり頃に限界集落だったところは、その後の高齢化進行で人口の9割近くが高齢者になってはいるが、それでも生き残っているという[10]。その理由として、住民が相互に助け合っているということ、人が住んでいる限りそこに見合った形で道路等の維持が続けられ、また、子どもや孫などの家族が意外と近くに住んでいて日々を支え合っていることを挙げている。利便性には目をつぶっても高齢者が全く一人で孤立して暮らすことは少なく、家族をはじめ様々な人たちが支えているという現状があるのだ。

　先述した調査結果にも指摘されていたように、若い人たちが地方や農山村に移住する「田園回帰」といったケースが増えていることを考えると、学校再編を躊躇する場合もあるだろう。子どもの数に合わせて学校を減らしたら、学校の数に合わせて子どもの数が減っていくことにつながりかねないからだ。また、若い人たちの価値観も変わり自然豊かな田舎で子育てをしたいという人たちが増えていることも事実である。

　地域の人口が減少すれば、床面積による計算で公共施設全体の約4割を占めるといわれる学校のインフラ維持の面でも、また教育活動の面でも課題が生じる。「公立小学校・中学校の適正規模・適正配置等に関する手引〜少子化に対応した活力ある学校づくりに向けて〜」（2015年1月）は、「公立小学校・中学

校の設置者である各市町村においては、それぞれの地域の実情に応じて、教育的な視点から少子化に対応した活力ある学校づくりのための方策を継続的に検討・実施」することを求めている。

　手引は、その際、学校統合により魅力ある学校づくりを行う場合や、小規模校のデメリットの克服を図りつつ学校の存続を選択する場合等の複数の選択があると考え、設置者である市町村教育委員会が、学校統合の適否または小規模校を存置する場合の充実策等を検討する際や、都道府県教育委員会が、これらの事柄について域内の市町村教育委員会に指導・助言・援助を行う際の、基本的な方向性や考慮すべき要素、留意点等をまとめている[11]。

　さらに、都道府県の役割を踏まえつつ、市町村教育委員会に対する必要な指導、助言または援助に取り組むよう促し、首長と教育委員会の対話の場として設けられている総合教育会議の活用等についても記している。

　行政の取り組みを見ると、半数以上の市町村が子育て支援や空き家等の情報提供・あっせん、就農支援や住まいに関する補助・助成などの移住推進施策を講じている。こうした施策も奏功し、転入者の増加という形で着実に成果を挙げているものと考えられる。せっかく若い人たちがⅠターン、Uターンで戻ってきてもそこに子育てができる学校がなかったら、結果的に別の地域へ行ってしまうのである[12]。道路が整備される等、都市部との時間的距離が縮まっているということがあり、末端の山村でも都市部に通勤できるようになってきている。高齢者から子どもまで、地域社会の多様な人々が、学校を地域で共有する「場」として、地方公共団体全体の課題とし位置付けたい。なぜなら、それは、地域を勇気づけることにつながる可能性を秘めているからである。

　一例を挙げよう。北海道立奥尻高等学校は1975年の開校から2015年度まで道立高等学校として運営されていたが、過疎化、少子化の波を受けた奥尻町の要望を受けて、北海道教育委員会は町立に移管し2016年度からは町立高等学校として運営されている。そして2017年度から、奥尻中学校との連携型中高一貫教育や、島外からの生徒を受け入れる「島留学生受入事業」を開始するなど、新たな取り組みを次々打ち出している。教育学者の篠原岳司氏らのグループは、町長、町民、卒業生等へのインタビュー調査を実施し町長のリーダーシップ、町議会での議論、町民の総意により高等学校の町立移管が実施されたことで、

「町立移管以前に存在していたという過疎化が進む町への閉塞感や将来への否定的な感情は、現在では未来への期待感へと変わり始めている。その地域の未来展望を拓くものとしても捉えられることが、奥尻高等学校の町立化から示唆されることである」[13]と述べている。町立移管という行政決定によってもたらされた教育の諸活動によって、町全体がさらに活性化されていると理解できよう。町立移管という学校設置者の変更は、学校経営管理および教育行財政上の諸事項の変更としてのみ捉えられるのではなく、町の高等学校として地域に開かれた教育活動の展開を受けて、また高校生が地域で目に見える存在として生活することを通じて、町民と高等学校との関係性を変え、心理的距離を近づけていると推察できる。

（3）静岡県の学校再編について

　少子高齢化と人口減少社会を考えると、学校の再編はどの地方公共団体の教育委員会においても避けては通れない課題だろう。先述したように、地方公共団体全体の課題として考えることが大切である。交通環境の整備状況、市町の地理的・自然環境、人口動態等、各市町・学校が置かれた状況は極めて多様である。市町の規模によっては単独で十分な検討を行う体制を整備することが困難な場合が想定される。このため、広域の教育行政を担う県教育委員会は、域内全体の学校教育の充実発展に責任を持つ立場から、市町のニーズや実情を踏まえた適切な指導・助言・援助を行うことが期待されている。ここでは、静岡県の過疎地域等条件不利地域（東海道沿線から外れた中山間地域）に焦点を当て、学校の再編の課題について提案したい。

　学校の再編を考えるには、地域社会の限られた財政資源の配分に関わっている以上、行財政的な観点からの検討が欠かせない。少子化等のさらなる進展による学校の小規模化に伴い、児童生徒が集団の中で切磋琢磨しながら学んだり、社会性を高めたりするのが難しくなる等の課題の顕在化が懸念される。よって、教育的な視点でこうした課題解消に早期に対応することが求められている。その際、地域コミュニティの核としての学校の機能を重視する観点からは、学校再編によって魅力ある学校づくりを行い、地域の活性化を図ることや、地域の総力を挙げて創意工夫し小規模校のメリットの最大化やデメリット

克服を図りつつ学校を存続するなど、市町には複数の選択肢が考えられ、いずれも尊重されるべきである。

　先にも述べたが、子育て世代や地域を支える人材育成を考えると学校は暮らしに不可欠なインフラの一つである。過疎地域など条件の不利な地域であってもインフラ整備における不平等は避けたい。とするなら、義務教育段階の学校への通学のみならず高等学校（通信制を除く進学率は約94％）や特別支援教育の機会についても、それらをどう保障していくか地域社会で検討していかなくてはならない。

　また、コロナ禍によってテレワーク導入の促進による通勤のあり方や働き方が変容しつつあることは、地域にとってチャンスでもある。道路や電気等のインフラを整備し改善されれば、そこでの暮らしが選択される可能性は拡大する。子育て世代や地域を支える人材育成を考えるとき、学校は暮らしに不可欠なインフラであり、こうした点を勘案して如何に地域を維持していくのかを含めて学校再編のあり方を考える必要がある。

　静岡県は、「地域の子どもは地域で育てる」ことを原則として「障害のある子どもと障害のない子どもが、居住する地域社会の中でお互いに支えあいながら、共に生き、共に育む」ことを目指した[14]「共生・共育」を理想としている。個々の教育的ニーズに応じた適切な教育を行うことと「共生・共育」を両立することを目指して、特別支援学校の設置が課題となっている区域に特別支援学校やその分校の設置を検討している。2002年に伊東城ケ崎高等学校に特別支援学校の高等部の分校が併設されて以降、2020年までに10校の高等学校で「共生・共育」に向けた努力が重ねられている。

　過疎地域等の条件不利地域においては、地域内に小・中・高等学校等を存続させることで通学の困難さを解消し教育を受ける権利を保障しつつ学校教育の質を担保することが求められる。居住する地域社会の中でお互いに支えながら、個々の教育的ニーズに応じた適切な教育を目指し、「地域の子どもは地域で育てる」という意識を持った再編整備でありたい。そのためには学校の複合施設化や施設共有等の有効活用も視野に入れ、小規模ではあっても学校間、学校種間の連携を推進し、教科の校種を越えた協力を実現する必要がある。地域の子どもすべてを見据えて、その地域特有の学校現場が抱える課題に応じた施

策や工夫が柔軟に実践できるように、総合的教育行政の視点から設置者相互の計画を擦り合わせつつ、パートナーシップにのっとった首長同士、教育長同士の連携・協働を実現していくことが求められている。

（注）

1　小川正人『教育改革のゆくえ　―国から地方へ』ちくま新書（2010）pp167〜168

2　小川正人　前掲書 pp173〜174

3　「地教行法」の第17条には、「指導主事は、上司の命を受け、学校及び幼保連携型認定こども園などにおける教育課程、学習指導その他学校教育に関する専門的事項の指導に関する事務に従事する。また、指導主事は、教育に関し識見を有し、かつ、学校における教育課程、学習指導その他学校教育に関する専門的事項について教養と経験がある者でなければならない」と記されている。

4　平成29年・30年に告示の学習指導要領

5　平成29年一部改正「社会教育法」第5条2項
「社会教育法の改正及び地域学校協働活動の推進に向けたガイドラインについて」
（平成29年4月25日）

6　大桃敏行「地方分権の推進と公教育概念の変容」『教育学研究』第67巻　第3号　（2000.9）　pp23〜33

7　「公立小学校・中学校の適正規模・適正配置等に関する手引」（平成27年1月）においては，地域コミュニティの核としての学校の役割を重視しつつ活力ある学校づくりを実現する観点から，市町村が，①学校統合を検討する場合の魅力ある学校づくりの一環として，統合の検討プロセスから対象校に学校運営協議会を設置し，地域の意見を最大限反映させることや，②小規模校を存続させる場合のデメリットの緩和策として，コミュニティ・スクールの導入を契機として学校教育活動への地域人材の効果的な参画を促すなどの工夫が盛り込まれている。

8　増田寛也『地方消滅 - 東京一極集中が招く人口急減』（2014）中公新書

9　国土交通省・総務省「平成27年度過疎地域等条件不利地域における集落の現況把握調査報告書」（2016.3）pp

10　山下祐介『限界集落の真実―過疎の村は消えるか?』（2012）ちくま新書

11　文部科学省「公立小学校・中学校の適正規模・適正配置等に関する手引〜少子化に対応した活力ある学校づくりに向けて〜」平成27年1月27日

12　国土交通省・総務省　前掲書 pp 3 -40 静岡県 静岡U・Iターン就職サポートセンター、"ふじのくにに住みかえる"静岡県移住相談センターに専任職員3名を配置して対応している。

13　篠原岳司・高嶋真之・大沼春子「都道府県立高等学校の学校設置者移管に関する研究北海道奥尻高等学校を事例に」『北海道大学大学院教育学研究院紀要　第135号』2019年12月

14　静岡県教育委員会『静岡県における共生社会の構築を推進するための特別支援教育の在り方について−「共生・共育」を目指して−』2016年4月

| column | コミュニティ・スクールと開かれた学校づくり |

　「コミュニティ・スクール」とは、学校運営協議会（地方教育行政法第47条の5）を設置する学校の通称である。学校運営協議会には、①校長が作成する学校運営の基本方針を承認する、②教育委員会や校長に学校運営に関する意見を述べる、③教職員の任用に関して教育委員会に意見を述べる、といった機能がある。国は2022年度までにすべての公立学校への学校運営協議会設置を目指しており、こうした働きを通して、学校運営に地域の声を積極的に生かし、地域と一体となって特色ある学校づくりを進めていくことがその狙いである。

　コミュニティ・スクールで提案された改善策を、地域主導で実践に移していくためのしくみが**地域学校協働本部**（「学校応援団」などの呼び名が使われることもある）である。このしくみは、地域がよりリーダーシップを発揮して地域の教育や学校の支援を行うためのもので、例えば授業への地域の教育力の導入やボランティアの組織化等、従来学校が主体となって進めてきた活動についても、地域がより主体性をもって実現していくための仕組みとして提案された。

　いずれの仕組みについても、その活動の実態は地域の特徴や事情によって大きく異なるため、一括りには論じられないが、地域と共にある学校づくりに向けて今後の発展が期待されている。

（吉澤勝治）

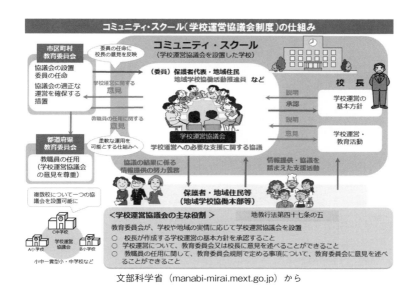

文部科学省（manabi-mirai.mext.go.jp）から

四 「地域の人口問題」と静岡県の特徴

中條　暁仁

近年、「地域」という語が強調されている。その背景には、「失われた20年」と呼ばれた1990年代初頭のバブル経済崩壊に始まる地域経済の疲弊や高齢化の進展がある。地方行財政のひっ迫により、これまで行政が独占的に担ってきた地域運営に限界が見え、NPOなどの非営利組織や町内会等の地縁組織などがそれに参画・協働することを通じて、地域社会を取り込みながら地域運営に当たろうとする動きが、全国的に盛んになっている。

　また、本書が編まれている現在なお収束のめどが立っていないコロナ禍は、我々にとって地域あるいは地理について、あらためて考えるきっかけにもなっている。すなわち、毎日報じられている感染状況の「地域差」、あるいは移動の自粛に代表される人間の「空間的行動」などは地理的事象そのものである。感染に対応する国や都道府県よる政策には、部分（地方）を足し合わせた全体（全国）の論理に従う国と、部分の実情に基づく自治体との間で生じる齟齬を是正するための、地域性に基づく政策の導入が求められている。これらは、地域や地理がいかに人間の生活に深く結び付いているかを示す証左といえるだろう。

　ところで、「地域」という語の使われ方は、人によってまちまちである。例えば、2020年7月29日付読売新聞に「都市部から地域へ再拡大、クラスター発生が市中感染の引き金か」という見出しの記事があった。これは、新型コロナウイルス感染の第2波拡大を報じた記事だが、ここで注目したいのは内容ではなく「地域」という語の使われ方についてである。見出しに用いられている「地域」は、「大都市圏」に対する「地方圏」を指すと思われるが、そうであるなら大都市は「地域」ではないということになってしまう。

　この記事が端的に示すように、近年多くの人々が意識する「地域」とは英語で「グローバル」に対比される「ローカル」を指す場合が多いようだ。グローバルでもなければナショナルでもない、もっと狭域で私たちの身近な居住圏域である市町村域、あるいは町内会域といった空間を「地域」と呼んでいるといって差し支えないだろう。

　このように「地域」という言葉は曖昧で多義的に使われるため、しばしば議論が錯綜する。そこで本章では、「地場」が捉える空間的範囲を踏まえた上で、近年の「地域」という語をめぐる言説を整理し、さらに本書で取り上げて

いる事例の舞台となっている静岡県の人口減少時代における地理的特徴について述べてみたい。

1．「地場」と「地域」をめぐる言説の整理

（1）「地場」が指す空間的範囲とは？

　学問として地域を対象に取り扱ってきたのは、伝統的には地理学である。筆者は地理学徒であるため、地理学における地域の理解を提示しておきたい。

　そもそも、地域は「区切りのついた一定の広さを有した空間」として理解されている。地域は一定の範域を有しており、無制限に広がっている空間ではない。例えば、行政域を見てみても、市町村から都道府県までの範域を「ローカル」、日本という国家領域を「ナショナル」、世界を「グローバル」と位置づけることができる。こうした空間領域の設定は、地域に対する見方や考え方によって自在に変更することが可能である。もちろん、グローバルな視野で見れば日本という国家領域はミクロスケールとしてのローカル、アジア州という領域をメソスケールに位置づけることができよう。

　本書のタイトルにある「地場」と聞いてまず思い浮かぶのは、「地場産業」であろう。これはそれほど古い語ではなく1970年代に地方の零細産業に対して使われ始めたとされる。証券取引所で使用され、それが所在する都市とその周辺部に立地する小規模資本を指す代名詞だったようである。転じて、「地場」には「ローカルな社会を基盤とする」という意味合いが込められるようになったが、依然ローカルがどこまでの範囲を指すのかについては解釈に幅がある。これは、人々が自らの生活の舞台をどのように定義しているか、という地域的アイデンティティの持ち方が多様であることを意味するのではないだろうか。

　地場産業研究に最も精力的に取り組んできた地理学の成果を見ると、地場産業が展開する空間的範囲は「平成の大合併」前の自治体の領域から、広くても複数の自治体を合わせた合併後の規模程度である場合が多いように思われる。地場産業地域の具体例には、楽器の静岡県浜松市、洋食器の新潟県燕市、眼鏡フレームの福井県鯖江市、タオルの愛媛県今治市などが挙げられ、全国に分布している。これらは、特定の市域内に特定の製品を生産する中小の事業者が集

積し、空間的には一つの行政域内にまとまっていることが多い。学界において地場産業を Local Industry と翻訳することも定着しており、前述のように地場とは特定の市町村域に収束する比較的狭い空間的領域と理解できる。本書においても、同様の認識で議論が進められる。

　次項以降、人口減少社会をめぐって政策的に流布されてきた様々な「地域」に関するキーワードをいくつか取り上げ、その意味を整理しておきたい。

（2）「地域」をめぐる政策的言説

a．限界集落論

　人口減少社会の先進地域として取り上げられるのは過疎地域であり、近年提起された限界集落論[1]がよく知られている。

　過疎地域では近年、最小のコミュニティ単位である集落からの人口流出は鈍化しているものの、残存人口の加齢に伴う自然減少が目立つ。社会学者の大野晃氏は、高齢化が著しく廃村の危機に直面した四国地方の山村を踏まえて「限界集落」を提示した。その定義は「65歳以上の高齢者が集落人口の50％を超え、高齢単身世帯が増加し、このため集落の共同活動の機能が低下し、社会的共同生活の維持が困難な状態にある集落」である。「2025年問題」として指摘されるように、これまで地域社会や地域経済の担い手だった「団塊の世代」の人々は高齢後期を迎えて、集落の小規模・高齢化は一層進むと考えられる。限界集落の呼称については様々な見解が出され、政策用語ではないが、都市と農村との地域格差を象徴する語として政治的に取り沙汰されてきた経緯がある。最近では、限界集落に代わって「小規模・高齢化集落」という語も用いられている。

b．地方消滅論

　地方消滅論[2]は、2014年に岩手県知事や総務大臣を歴任した増田寛也氏を中心とする日本創成会議が主張した論である。それによると、国内の製造業の空洞化が進み、高齢化によってニーズが増大した医療・福祉が基盤産業化している地方圏では、人口減少と高齢化が一層進み、高齢人口すら減少に転じると地域経済が立ちゆかなくなる。特に医療や福祉の担い手である若年女性は高齢人

口がしばらくは増加を続ける大都市圏へ流出する傾向を強める。地方圏にとって若年女性の流出は、人口の社会減少をもたらすのみならず出生率低下につながり人口の再生産が困難になり消滅の危機にさらされ、結果として少数の大都市圏に人口が集中する「極点社会」が到来すると想定する。

　地方消滅論の要点は、「地方消滅」と「極点社会」の到来を主張し、我が国の人口減少に警鐘を鳴らすものであった。ただし、地方圏から大都市圏への人口流出を抑止する対策を講じる財政的余裕がないことを踏まえるならば、この論は地方の活性化のためには、ある機能に特化して振興を図るしかないという「選択と集中」の論理に傾斜するリスクを孕むとの批判もある。そうなると「消滅自治体」に名指しされた自治体では諦めの意識が醸成されてしまい、「農村たたみ」が加速するという危険性もある。

ｃ．地方創生論

　「地方創生」論[3]は、地方消滅論を背景として、第2次安倍改造内閣発足後の2014年9月に打ち出された政策を背景とする諸議論を指す。東京圏への若年人口の流入が続けば、地方圏の自治体の持続可能性が失われ、日本の人口減少が加速するという危機感に端を発している。回避するためには、結婚・出産・育児に対する支援のみならず、出生率の低い大都市圏から地方圏への人口の再配置を目指すとともに、地方圏において人口再生産が可能となる経済基盤を整備すべきとし、政策目標を設定し交付金を拡充することで，地域の基盤整備を企図した。

　地方創生の考え方には、東京圏を中心とする大都市圏を国民経済の成長エンジンとして位置付け、地方圏には大都市圏への人口供給と育児・医療・介護といったケアを最終的に担わせようとする意図が垣間見え、地域の多様な成長を重視しているように見えつつも、国民経済の成長率と総人口を最終的な問題としているとの批判もある。

ｄ．地域づくり論

　「地域づくり」論はバブル経済崩壊以降に登場し、1980年代に盛んに使われた「地域活性化」に代わる語として用いられている[4]。1990年代後半以降、農

山村をはじめとする地域の経済は分工場の立地や公共事業といった外来型の地域振興が限界を迎え、地域資源を活用することによって内発的に新たな経済基盤を創出していく必要性が意識されるようになった。「地域づくり」には、農業の6次産業化やツーリズムといった新たな経済基盤の創出はもちろんのこと、定住、医療、保健、福祉、教育など日常生活に不可欠なサービスの維持なども内包され、人口減少と高齢化に直面する中、地域社会の持続性を模索するための取り組みとして理解されている。そこでは、地域住民が自らの意思で立ち上がるというプロセスが重視されているほか、新しい事業を進めるために地域社会での合意形成の仕組みや行政との協働関係の構築を含めた革新性も意識されている。地方消滅論や地方創生論のアンチテーゼとして使用されることも多くなってきた。

2.　静岡県の地理的特徴とその強み

（1）減少局面に入った県人口

　静岡県の総人口（グラフ1）は、1920年に155万387人を記録してから漸増し続け、1935年には193万9,860人、終戦後の1947年に235万3,005人となってからも増加を続けた。1970年には300万人を超えて308万9,895人、1980年に344万6,804人、1990年に367万840人、2000年に376万7,393人となってピークに達した。以降、県の総人口は減少局面に入っていく。2010年には376万5,007人とわずかではあるが減少に転じ、2019年には365万6,487人と減少が続いている。

　総人口は減少局面に入ったが、県内をよりミクロに見ていくと減少に転じた地域もあれば、逆に増加し続けている地域もある。静岡県を一括りに人口減少地域として扱うのは一面的で、県内の地域差に注目して捉える必要がある。いわゆる「過疎県」という呼び方は静岡にはそぐわない。次に、静岡県の特徴を見ていこう。

（2）自然環境と交通基盤の整備
a．地勢と気候

　静岡県は本州の太平洋側のほぼ中央に位置し、海から高山まで大きな標高差

を有する地勢となっている。北東には富士山（標高3,776m）が、北には3,000m級の山岳が連なる南アルプスがそびえている。駿河湾の最深部は2500mに達し、日本一深い湾とされる。南東には伊豆半島が太平洋に向かって突き出しており、半島に平地は少なく山地が多くなっている。

平地は、県の中央に県庁所在地の静岡市が位置する静岡平野が安倍川の作用によって形づくられ、大井川の下流域には牧之原台地、天竜川の下流域には三方原台地や磐田原台地があり、後述するように茶園や畑地が広がっている。

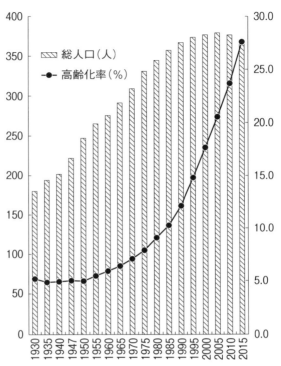

グラフ1　静岡県における人口の推移
資料：国勢調査（各年版）

県内には大河川も多く、急流として知られる富士川、南アルプスを源流とする大井川、長野県から南流する天竜川、伊豆半島を北流する狩野川などがある。このうち、自然条件と後述する人文条件を加味すると、富士川より東を東部、大井川より西を西部、その中間地域を中部として、県内を大きく三つに区分することが多い。また、行政区分もこれを用いることがある。

静岡県の気候は夏に雨が2,000mmと比較的多く、冬は乾燥した晴天が続く典型的な太平洋岸式気候となっている。標高の高い山岳部は寒冷であるが、全般には温暖で過ごしやすく、沿岸域は暖流である黒潮の強い影響を受けている。夏季には、梅雨前線や台風により伊豆半島や大井川上流域で降水3,000mmと多くなりやすく、たびたび水害に見舞われてきた。一方、冬季は遠州灘沿岸地域

で乾燥した北西の季節風（「遠州のからっ風」）により降水が少なくなっている。

b．交通インフラの特徴

　静岡県の交通インフラ（図１）は我が国の社会経済を支える最重要路線を擁し、特に戦後、全国に先駆けて高速交通が整備されてきたという特徴がある。これはひとえに、静岡県を首都東京と中京の名古屋、大阪という三大都市圏を結ぶ交通路が通り、「東海道メガロポリス」を構成しているという地理的位置に由来するものであり、地理的優位性を象徴している。

　静岡県北部は長野県や山梨県と境を接するものの山岳地帯のため、両県を結ぶ交通は極めて限定的である。それゆえ、西に接する愛知県と東に接する神奈川県とを結ぶ東西の交通路が発達してきた。近世には、京都と江戸を結ぶ東海道が東西を貫通し、宿場町が発達した。県内には宿駅が22カ所設置され、現在

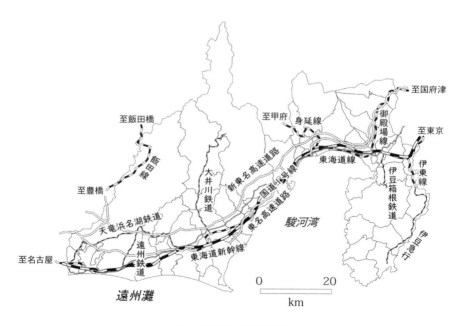

図1　静岡県の交通路線図

の県内各都市はこれらの宿場町を起源とするものが多い。

　現在も旧東海道に沿って国道1号線や東名高速道路（1969年開通）、JR東海道本線（1889年開通）、JR東海道新幹線（1964年開業）など、我が国の最重要交通路が沿岸部の平地に沿って貫通している。それから分岐して、山梨県甲府市とを結ぶJR身延線や長野県南部とを結ぶJR飯田線、神奈川県北部とを結ぶJR御殿場線などがある。

　高速道路では、近年も東名高速道路のバックアップを目的に新東名高速道路（2012年開通）が高規格で建設されたり、本州の内陸幹線である中央自動車道と接続する形で中部横断自動車道（2018年部分開通）が整備されたりしている。また、私鉄各線は県内主要都市の浜松市に遠州鉄道、静岡市に静岡鉄道、富士市に岳南鉄道、三島市・伊豆の国市・伊豆市に伊豆箱根鉄道、伊東市から下田市の沿岸に伊豆急行が運行されている。大井川鉄道や天竜浜名湖鉄道なども JR東海道本線から中山間地域に延びている。陸上交通が充実しているためか、航空路において長らく空港が設置されてこなかったが、2009年に牧之原市と島田市の境に富士山静岡空港が建設され、九州や北海道、沖縄に路線が開設されている。

（3）静岡県の主要産業と人々の移動

a．工業

　静岡県は、愛知県の中京工業地帯とともに太平洋ベルト地帯の中核をなす「東海工業地域」を形成しており、工業集積の著しい地域として知られている。工業統計によると、静岡県の工業出荷額は6.7兆円（2013年）に上り、三大工業地帯に次ぐ全国屈指の規模である。空間的に主要工業地域は複数の都府県にまたがって形成されるが、静岡県では単独で工業地域を形成していることが特筆される。県内の製造業事業所数や従業者数、製造品出荷額を見ると、特に輸送機械や楽器の生産が盛んな西部の浜松市が最も多く、次いで電気機械を生産する中部の静岡市、紙・パルプの富士市、東部の沼津市や三島市の順になっている。静岡県は沿岸に延びる交通路に沿って稠密な工業都市が分布していることがわかる。一方で、山間地域において工業地域の立地は見られず、主要産業は農業となっている。

特に工業の盛んな浜松市では、近世期より綿繊維や製材を中心に工業が展開し、それらを基盤として自動車やオートバイなどの輸送用機械と楽器の生産が発展した。すなわち、近世の綿織物工業が染色・紡績工業をおこし、近代に至って繊維機械工業を生んだ。それは工作機械工業の発達を促し、戦後にオートバイ工業や自動車工業を生み出した。綿織物工業は景気の浮沈に影響されていたため、それに代わり得る工業創出に向けた原動力になった。また製材業も木工機械工業を生み出し、それが楽器工業の発展をもたらす一方、合板工業も生み、プロペラ工業の創出に波及しオートバイ工業に至ったとされている。各種工業が関連し合い、また先行工業が新たな別の工業を派生させるという図式で浜松の工業は発展したといえる。

b．農業・水産業

　静岡県の農業を見ると、2015年現在の経営耕地面積68,000ha のうち最も大きいのは樹園地で41.1％、次いで水田が33.8％を占め、柑橘栽培を中心とする果樹と稲作が中心となっている。畑作では、ミカンを中心とする柑橘栽培をはじめ、日本一の生産量を誇る茶や温室メロンのほか、イチゴ、ワサビなどの生産量が大きい。概して作目の多様性が特徴であり、農業産出額（2014年現在）は2,154億円で全国15位と健闘している。その中心は茶と果実生産となっていて土地利用型農業が展開されている一方、生花の生産も盛んで土地集約型農業も見られる。

　一方、水産業は2013年の漁業生産額ベースで496億円に上り、全国３位の漁業県となっている。焼津港や清水港などがカツオやマグロといった遠洋漁業の一大基地となっている一方、浜名湖や大井川河口域では高級魚であるウナギの養殖が広く展開する。また駿河湾の沖合にはサクラエビやシラスの漁場が広がり、静岡市内の由比・蒲原地区ではサクラエビを扱う水産業者が多い。

c．首都圏や中京圏に包摂される人々の移動

　次に、静岡県と首都圏および中京圏との結び付きを、県内主要各都市から東京都や神奈川県、愛知県への通勤や通学の実態に注目して捉えてみたい。静岡市から東京都心と名古屋都心までは約180km、浜松市からは東京都心へは約250

km、名古屋都心へは約100km、沼津市からはそれぞれ約130kmと約250kmとなっている。新幹線を利用すれば、60〜90分程度の時間距離であり、通勤や通学が可能な範囲となっている。

　静岡県から県外に通勤や通学している人は2015年現在45,428人で、県内に在住して県内外へ通勤・通学する約203万人の2.2％を占めている。この数値は必ずしも小さな数字とはいえず、首都圏と中京圏との結び付きに地域差が生じている。例えば、東部の三島市では5.7％、西部の湖西市では45.6％にも達する。表1によれば、県外へ通勤・通学する人数に占める割合を示す依存率が最も高い方面は愛知県で30.0％。県内主要都市では西部の浜松市において69.0％にも上り、愛知県との結びつきの強さをうかがわせる。その他、中部の静岡市では17.6％、東部の沼津市で3.7％と東に向かうにつれて減少する。名古屋市に向かう人は浜松市で15.6％、静岡市で10.6％、沼津市では2.0％あり、大きな地域差がある。

　一方、首都圏の東京都への依存率が高いのは三島市で47.2％、沼津市の44.0％、静岡市の39.2％と続く。浜松市は12.1％で、交通利便性の高さによって比率が上下することがわかる。隣県の神奈川県に対しては、三島市で41.8％、沼津市で38.7％であったのに対し、静岡市は18.2％であり、浜松市は4.0％にとどまる。このような地域差には、首都圏への交通アクセスの利便性の違いがあり、新幹線の存在が通勤や通学を可能にさせる要因となっている。

表1　静岡県内主要都市における県外通勤・通学者比率（％）

		静岡県	静岡市	浜松市	沼津市	三島市
県外通勤・通学者比率		2.2	1.3	2.1	2.8	5.7
依存率	東京都	27.4	39.2	12.1	44.0	47.2
	（区部）	*13.6*	*34.6*	*9.7*	*39.2*	*43.3*
	神奈川県	26.6	18.2	4.0	38.7	41.8
	（横浜市）	*5.4*	*8.6*	*1.9*	*13.0*	*10.5*
	（川崎市）	*1.1*	*2.2*	*0.6*	*0.0*	*3.5*
	愛知県	30.3	17.6	69.0	3.7	2.2
	（名古屋市）	*5.5*	*10.6*	*15.6*	*2.0*	*3.5*

資料：国勢調査（2015年）

近年、三島市内や隣接する長泉町内では住宅の着工も盛んになりつつあり、そこには首都圏に通う人々が居住するなど「静岡都民」の存在が垣間見える。

3．静岡県における人口減少地域と「過疎地域」

（1）「過疎法」指定地域の分布

　まず、我が国における過疎地域の分布を確認しておく。過疎地域とは、いわゆる「過疎法」と呼ばれる1970年施行の「過疎地域対策緊急措置法」に始まる10年単位で更新される時限法で定められた地域のことを指す。現行法は、2021年4月に更新された「過疎地域の持続的発展の支援に関する特別措置法」である。同法は地理的位置や地形的条件を要件とせず、人口減少率や市町村の財政状況によって地域を指定している。地理的に農山村を指定するものではないが、農山村の多くは過疎法に基づき地域指定されている。

　現行法で指定されている地域をみると、全国1,700余りある市区町村のうち820自治体が過疎地域に指定され、その人口は1,131万人で、面積は22万7,026㎢に及ぶ。人口は総人口のわずか8.9％に過ぎないが、面積は実に60.1％に達する。静岡県に注目すると、伊豆半島に集中しており、西伊豆町と松崎町、南伊豆町、河津町、下田市、伊豆市中部では川根本町が指定されている。これらは全国に比べれば限定的であり、前節でも指摘したように静岡県は過疎地域とはいえない。

（2）「隠された過疎地域」の実態―静岡市山間地域「オクシズ」―

　過疎県とはいえない静岡県であっても、「隠された過疎地域」は存在する。筆者が継続的に調査を行っている、「オクシズ」という愛称が付けられた静岡市の中山間地域である。具体的には、1964（昭和39）年に合併して静岡市（旧清水市と合併した旧静岡市）となった安倍6カ村と呼ばれる旧玉川村、旧大河内村、旧梅ヶ島村、旧清沢村、旧大川村、旧井川村である。これらの地域との合併は、平成の大合併に通じる広域合併の先駆け的事例といえよう。非常に広域な中山間地域であり、安倍川全流域と大井川上流域の標高3,000mに及ぶ山岳地帯（南アルプス）を含んでいる。中でも井川地区は静岡市役所本庁舎から

約60kmも離れており、自動車で2時間を要する。

　ここでオクシズを構成する旧梅ヶ島村の人口推移（グラフ2）を見ると、1965年以降、旧梅ヶ島村は急激な人口減少に見舞われる。初代過疎法によれば、1965～1970年に10％を超える人口減少が認められることを地域指定の人口要件としていたが、同村は－21.4％という大きな減少に直面し、それを満たしていた。しかし、初代過疎法が制定されたのは1970年で、オクシズが旧静岡市と合併したのは1969年であった。オクシズは静岡市という見た目には「都市」となってしまい、過疎法による指定要件から外れ、現在に至っているのである。言い換えれば、過疎山村である実態は変わらないのに、「都市」として扱われ続けるという矛盾を抱えた地域となっているのである。過疎指定地域ではないために、静岡県や静岡市が国庫の補助を得ることなく独力で道路や公的施設の整備を行わねばならず、それゆえ対応が遅れたという指摘もある。これが「隠された過疎地域」のゆえんであり、こうした『隠された過疎地域』は全国に少なからず存在し、過疎の問題を見えにくくしている。

4．地場教育と地域

　本章では、静岡県の自然環境や社会経済環境を概観し、そこから地域性を見いだしてきた。静岡県は温暖で冬季に雪害が生じないなど、自然環境が生活に及ぼす影響の少ない地域であり、また首都圏と中京圏の間に位置し、両圏域を結ぶ交通の要衝となってきた。高速交通体系に恵まれたことにより各種産業の立地も幅広い。人口は減少局面に入っているとはいえ、人口の多さという点では上位にランクされるなど、その地理的優位性は高いといえよう。

　一般に国民経済は社会的分業によって成立しており、その地域的反映として産業や交通などの分布に地域的な不均等性が生じるのはある意味当然といえる。一方で、教育において極端な地域的不均等が生じるのは望ましいことではない。

　「地場教育」は居住地域に対する理解を深めた上で、学校が所在する地元、ローカルな地域性に基づいて展開される教育として理解できる。本章では、静岡県において東海道沿線地域など、産業的に優位な地域がある一方で、そこか

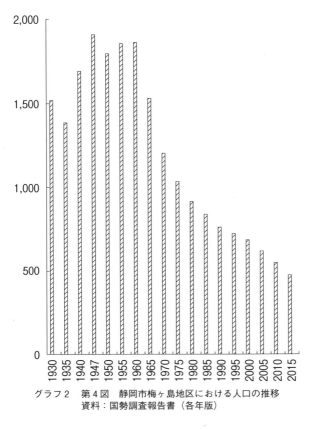

グラフ2　第4図　静岡市梅ヶ島地区における人口の推移
資料：国勢調査報告書（各年版）

ら外れた中山間地域のような社会経済的条件が相対的に不利な過疎地域もあることを見てきた。

可能な限り教育格差を生じさせないための様々な努力と同時に、ローカルな地域の持つ強みを、教育資源に変えて展開する「地場教育」の必要性を見いだすことができる。地場教育を展開することで、静岡に住民票を置く居住人口や常時居住してはいなくとも静岡と関わりを持ちながら生活する「関係人口」を増加させていくこと

も不可能ではないはずだ。この意味では子どものみならず、彼ら彼女らを送り出す親に対しても必要な教育といえるのではないだろうか。

（注）

1　大野晃（2005）：『山村社会学序説：現代山村の限界集落化と流域共同管理』農山漁村文化協会.

2　増田寛也編（2014）：『地方消滅―東京一極集中が招く人口急減―』中公新書.

3　中澤高志（2016）：「地方創生」の目的論. 経済地理学年報62，pp.285-305.

4　小田切徳美（2014）：『農山村は消滅しない』岩波新書.

田園回帰は加速するのか?

　「田園回帰」と称される動きは、2000年代以降に生じた大都市圏から地方圏への移住ブームを指す。当初は「田舎暮らし」という表現が流布し、1947-49年前後に生まれた「団塊の世代」が退職後にスローライフを求めるようになったことから注目されるようになった。さらに、2011年の東日本大震災も地方の良さを認識する一つの契機となり、若年人口の地方圏への分散が確認されるようになった。

　田園回帰の背景には、大都市圏における「住みづらさ」に起因する地方圏への漠然とした憧れというプッシュ要因と、地方圏の人口流出に伴う慢性的な人手不足が移住者を必要とするプル要因となったことを指摘できる。また、より直接的な要因として「地域おこし協力隊」の創設や「二地域居住」等の政策、前述の東日本大震災がもたらした影響、増田寛也氏らが警鐘をならす「地方消滅論」に対する危機意識の高まりもその要因に挙げられている。

　今後は、コロナ禍によって感染症リスクの低い低密度居住が見直され、テレワークの定着とも相まって田園回帰が活発化する可能性もある。2020年には首都圏人口の転出超過も報道され、注視したいところではあるが、それらの動きが地方圏あるいは中山間地域における人口の回復にまでつながるとまでは考えにくい。むしろ感染症や自然災害など大都市が抱えるリスクの受け皿として、中山間地域の価値を再認識することが重要であろう。

（中條暁仁）

「関係人口」とローカルイノベーション

　「関係人口」は、人口減少に直面する中山間地域において広がりを見せる新しい人口論で、定住人口でも交流人口でもない、その中間にある人口として位置付けられている。これが提起されるようになった背景には、定住人口の増加や維持の困難性が認識され、これに代わる交流人口の拡大を図っても地域社会の維持が難しいことが意識されてきたことがある。

　関係人口は、当該地域に居住しなくても何らかの形で関わることによって地域社会に影響を及ぼし、結果としてその維持に寄与する人々として理解されている。こうした人々は四つに類型化できるとされ、①中山間地域への移住を意識し、地域課題の解決に貢献しようとする人々、②地域課題への関心は低いものの、その価値を認め大切にしようとする人々、③地域課題の解決に積極的に関わろうとする人々、④都市に転出した地域住民とその家族にあたり、地域課題を理解し、地域社会の維持に関わろうとする人々に区分されている。関係人口には、地域の価値を域外の視点から再評価する視点が含まれており、それが地域住民を触発し、地域づくりの原動力を創出する可能性もある。これは「ローカル・イノベーション」と呼ばれ、田園回帰による移住者と並んで、中山間地域に新しい価値観や行動力をもたらすものとして期待されている。

（中條暁仁）

五　データで見る静岡の
生活と教育

加藤　達也

「静岡県は、どのような県なのだろうか」

イメージはそれぞれあると思う。静岡県と聞いたとき、広がる茶畑を思い浮かべる人もいれば、豊かな海産物を食したことを思い出す人もいるだろう。例えば、静岡県の「日本一」にはこんなものがある。

・茶（生産量・栽培面積）[1]
・わさび（産出額）[2]
・温室メロン（作付面積・収穫量・出荷額）[3]
・かつお（漁獲量）[4]
・プラモデル（出荷額）[5]
・ピアノ（出荷量・出荷額）[6]
・温泉宿（温泉利用宿泊施設数）[7]
・国体サッカー少年男子優勝回数[8]

　一部を羅列してみたが、イメージ通りのものもあれば、ちょっと意外なものもあるのではないだろうか。茶については生産量や1人あたりの消費量も日本一といわれる一方でコーヒーの消費量は47都道府県中最も少ないというデータもある。また、「サッカー王国」という通称が定着しているが、日本中学校体育連盟の調査によれば、生徒100人あたりの中学校サッカー部員数（2017年）は47都道府県中、上位から7番目であり、これまた意外な印象を受けるかもしれない。

　ちなみに、富士山は静岡県と山梨県にまたがっており、山頂がどちらに属するかは数十年来の争点となってきたが、茶畑と富士山といえば県の風景の代名詞となっている。

　とある静岡県内の小学4年生が、社会科の授業で「静岡県はどのような県なのか」について数カ月にわたり学習したところ、「全体で見れば、生活に必要なものはだいたい何でもある県」「それぞれ地域によって特色はあるけど、足りないところを補い合っているみたいな、安定した県」とまとめていた。大抵の大人が聞いても、それほど違和感はないのではないだろうか。

　「幸福度調査」等（100頁　コラム参照）を見ても、静岡県は取り立ててよい

というわけではないが安定的にそれなりにいい結果である。例えば、メディア等でも紹介される日本総合研究所「全47都道府県幸福度ランキング2020年度版」（東洋経済新報社）によれば、静岡県の総合幸福度は47都道府県中20位で、ここ数年はやや下降傾向にあるものの、比較的上位で安定している。ただし、日本で実施されている幸福度調査は基本的に「客観的幸福度」であり、調査元が「何をもって幸福といえるのか」という「幸福」像を指標化して、そこにデータを当てはめて算出している。例えば、日本総合研究所の調査では、健康分野の指標は上位だが、余暇や娯楽の面の指標でやや課題があるとされている。

　それでは、生活と教育から見たとき、静岡県はどのような県なのだろうか。本章はこの本の事例の舞台となっている静岡県の「基礎情報」について、各種データ[9]を切り口に整理し、静岡県を生活と教育から概観することが目的である。あくまで相対的に見た上でということ前提に、静岡県の生活と教育を捉えるための材料としてお読みいただきたい。

1．静岡県の生活

（1）静岡県の生活環境

　まず、静岡県がどのような県なのか地理的な面と人口の面から概観する。静岡県は日本の中央付近に位置し、北には富士山や南アルプスの山々があり、南は太平洋に面している。県をおおよその地域で分けて見る場合、政令指定都市である浜松市のある西部地区、同じく政令指定都市の静岡市がある中部地区、富士山周辺の富士市や三島市のある東部地区、伊豆半島のある伊豆地区と、一般的に四つの地域に区分されることが多い（静岡県の地理的な特徴の詳細については、第1部第4章四を参照）。

　交通網を見ると、古くは東海道、現在は東名高速道路、新東名高速道路に代表されるように、人の往来に関する条件の良さは、静岡県内外の人々の移動の利便性につながっている。例えば、東海道新幹線の駅は県内に6駅（東から熱海、三島、新富士、静岡、掛川、浜松）あり、東西に長い静岡県をカバーしている。また、首都圏からのアクセスに着目すると、東京駅から熱海駅は新幹線

で１時間弱、さらに伊豆方面に足を延ばすならば、特急「踊り子」で東京駅や品川駅から下田まで乗り換えなしで気軽に行くことができる。

　年平均気温の高さ（2018年は17.7℃、47都道府県中４番目で本州では最も高い）や年間快晴日数の多さ（2018年は64日、47都道府県中２番目）にも表れているように気候は温暖である[10]。和歌山県、愛媛県に次ぐ豊富なミカンの生産は、この温暖な気候に支えられている。

　人口は約361万人[11]であり、47都道府県中10番目前後を推移している。福岡県や茨城県、広島県などが比較的人口規模の近い県になる[12]。浜松市の約80万人、静岡市の約70万人という政令指定都市の人口もふまえれば、人口減少は静岡県でもかなり深刻な問題ではあるものの、元々の人口規模は少なくないといえる。

　あらためて数値を見ると、地理的な条件の良さが、静岡の県民性の「安定」を下支えしているといえるのかもしれない。

（2）静岡県の暮らしと経済

　生活を支える経済面に目を向ける。2017年の静岡県の県民所得[13]は約12兆4,537億円[14]で47都道府県中10番目、県民１人あたりに換算すると約338万円[15]で、47都道府県中４番目とされている。県内総生産は17兆円[16]を超えており、これらによれば、生産性は相対的に全国でも上位に入る。

　これは静岡県の産業に裏打ちされていると考えられる。静岡県は、しばしば「日本経済の縮図」と呼ばれ、輸出型産業が多いだけでなく[17]、観光業では、冒頭に紹介した温泉宿を含め、旅館営業施設数が47都道府県中トップ[18]にあり、また、農林水産業では自然環境に恵まれて全国有数の資源を保有するなど、多彩な産業が集積されている。特に、「加工・組立型のものづくり県」としての特徴があり、製造品出荷額等は全国シェア5.3％（2017年）と他の指標に比べて高く、北陸４県や四国４県を大きく上回り、東北６県に迫る水準にある[19]。

　もう少し県民一人一人に焦点を当てて経済を見てみる。2019年の都道府県別賃金では、静岡は約287万円、47都道府県中18番目となっている[20]。県民１人あたりの可処分所得に目を向けると、2014年で約233万円、こちらも47都道府県中では16番目[21]である。この辺りのデータは、先ほどの県全体の産業や経済

の概観と比べると若干見劣りする印象を受けるかもしれないが、それでも中上位には位置している。

　県全体と個人の経済の間には、やや「ギャップ」を感じるが、それは「県民所得」や「県内総生産」の内訳に、「企業所得」が入っている影響によるものと考えられる。静岡県の企業を利益等の面から見ると、輸送用機器メーカーなど製造業企業の貢献度が高く、2019年経済産業省企業活動基本調査によれば、静岡県の企業の営業利益、当期純利益はいずれも47都道府県中7番目となっている。

（3）静岡県の経済格差

　それでは静岡県民の家庭の経済状況はどうだろうか。貧困率に着目してみよう。日本で扱われる貧困率は一般的に「相対的貧困率」であり、その国の文化水準や生活水準と比較して困窮した状態を指す世帯の割合を意味している。より詳しくは現状いくつかの算出方法[22]があるが、都道府県別の貧困率について算出している二つの研究からデータを引用する。

　まず、「住宅・土地統計調査」を基にした研究[23]によるものである。同研究によると、2013年の貧困率は全国平均13.4％に対して、静岡県は11.1％。「東海・北陸地域の低貧困率傾向は変わっていない」（静岡県は東海地域に区分）とするなど、静岡県の貧困率は他の地域に比して高いとはいえない。また、都道府県別の最低生活費から貧困率を割り出した研究[24]によると、2012年時点で全国平均18.3％に対して静岡県は15.1％と、こちらでもそれほど高い貧困率ではないとされている。

　ちなみに失業率を見ると、2018年1.5％→2019年2.0％でやや上昇、47都道府県中では低い方から16番目→20番目[25]となっており、少し気にかかる数値となっている。47都道府県中で見れば経済的には比較的余力がある一方で、県民の生活については楽観ができる状況ではないのかもしれない。

（4）静岡県民の健康

　経済面から離れ、少し健康面に触れたい。

　まず、健康の面からデータを見る。健康といえば、「静岡県は健康寿命の長

い県」という報道を見聞きしたことがある人も多いのではないだろうか。健康寿命とは、WHOが提唱した比較的新しい指標で、平均寿命から寝たきりや認知症など介護状態を差し引いた期間を指す。

　厚生労働省による、過去3回（2010、2013、2016）の調査を平均した静岡県の健康寿命は男性72.15歳、女性75.43歳で、いずれも47都道府県中2番目であり、「健康寿命の長い県」報道の裏付けとなっている。だが、それぞれの年を追って見ていくと、徐々に全国平均との差が詰まりつつあることがわかる。

　全国的な傾向として、健康寿命が延びてきていることも大きな理由であり、これ自体は歓迎されるべき傾向だろう。静岡県においては、比較的多いとされる脳卒中の防止に向けた取り組みがなされるなど、要因の分析や改善に向けた動きが見られる。元々日本は世界トップクラスの長寿国で、健康寿命についてもシンガポールに次いで2番目に長い国（2016年）であり、さらに国内でも静岡県は長い健康寿命を維持し、身体的に「健康な県」であることはおおよそ間違いないだろう。老衰で亡くなる人の比率が47都道府県中で男女共にトップ（2015年）というデータ[26]もある。

　ちなみに、静岡県民は早起きとされる。総務省の社会生活基本調査（2016年）によると、平均起床時刻は午前6時18分で47都道府県中2番目の早さである。冒頭に紹介した温暖な気候と合わせて見れば、朝型向きの県なのかもしれない。一方で、1日あたり7時間38分という睡眠時間は全国平均を下回り、47都道府県中37番目である。日々の疲れが気になった静岡県民は、まずはゆっく

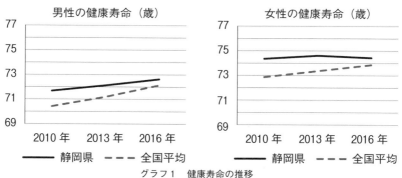

グラフ1　健康寿命の推移
※厚生労働省「第11回健康日本21（第二次）推進専門委員会資料」2018.3を基に筆者作成

りと睡眠を取ることを心がけてみてはいかがだろうか。

　スポーツの面に目を向けると、前出の総務省の調査によれば、静岡県でスポーツを１年間に行った10歳以上の人の総数（％）は68.2%[27]で、47都道府県中12番目に多い。内訳を見ると、「ウォーキング・軽い体操」が最も多い（41.5%）のは全国的な傾向と変わらないが、「サッカー」をしたという人の割合（6.8%）は47都道府県中３番目と、この辺りは土地柄がうかがえる。また、少し意外かもしれないが、静岡県でスポーツ少年団に加入する小学生の率が増加している種目は陸上競技というデータ[28]もある。この調査によれば、静岡県における陸上競技の団員数は2002年を100%とすると2014年時点で133.9%とされ、少子化で各種目の団員数が減少していく中で突出した数値となっている。静岡県内のスポーツの傾向も変わりつつあるのかもしれない。

２．静岡県の教育

（１）児童生徒の学力

　学力を測る公的調査として、文部科学省が実施している全国学力・学習状況調査がある。この調査を静岡県と重ねたとき、2013年に起こった、いわゆる「学力調査結果公表問題」を思い起こす人もいるのではないだろうか（第１部第３章参照）。当時の教育委員会や各学校で相当の対応がなされたことは事実であり、現在でも、毎年結果が公表されると静岡県内では新聞の一面で報道されることが恒例になっている。そもそも、この調査の目的は「義務教育の機会均等とその水準の維持向上」が根底にある。2019年度（2020年度は実施されず）はすべての都道府県・政令指定都市について各教科の正答率が平均値の上下10%以内に収まっており、歓迎されるべき結果である。都道府県間の比較や全国平均との差異は、あくまで各自治体の傾向を知るためのものだということを忘れてはならないだろう。

　その点をふまえた上で、現在の同調査による静岡県の学力を見てみよう。直近のデータである2019年度の調査結果のうち、教科の正答率をグラフ２に整理する。

　おおむね全国平均かそれを上回る数値となっており、いくらかの安堵感を

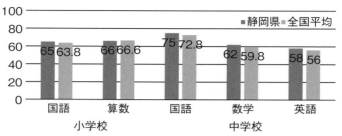

グラフ2　2019年度全国学力・学習状況調査 静岡県−公立（政令市含む）各教科正答率（%）

持った静岡県の教育関係者もいるのではないだろうか。この調査結果を受ければ、各教科の学力は向上しており、一定の授業改善がなされてきたことが推察できる。

　しかしながら、そもそも「学力」は非常に大きな概念で、学力テストで測れる知識や思考力はあくまで学力の一部に過ぎない。測ることはなかなか容易ではないが、主体性や協働する力、自己肯定感といった、いわゆる「学びに向かう力」も重要な「学力」である。

　そこで、学習状況調査の結果のうち、学習や生活の態度に関連するいくつかの項目を抜粋して見てみよう（グラフ3）。

　質問項目のうち、「（5）自分には，よいところがあると思いますか」に「1.当てはまる」「2.どちらかといえば当てはまる」と回答した静岡県の児童生徒は全国平均より多く、静岡県の児童生徒は比較的自己肯定感が高いことがわかる。自己肯定感は、伸ばしたいと狙ってもなかなか伸ばすことは難しく、この結果は強みと捉えてよいだろう。一方、「（10）難しいことでも，失敗を恐れないで挑戦していますか」についての回答率からは、やや課題を感じるものの、穏やかな気候の中で育っている県民性の反映なのかもしれない。

　また、「（23）今住んでいる地域の行事に参加していますか」への回答から、地域行事に参加している児童生徒が多いことがわかる。児童生徒の地域防災訓練への参加が定着している静岡県の現状を踏まえれば、納得できる数値だろう。さらに、「（24）地域や社会をよくするために何をすべきかを考えることがありますか」に「1.当てはまる」と回答する児童生徒が増えていくことは、教育界としても地域としても望ましいことではないだろうか。

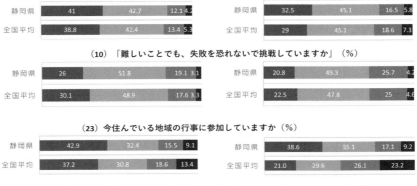

【小学校】　　　　　　　　　　　　　【中学校】

（5）「自分には、よいところがあると思いますか」（％）

（10）「難しいことでも、失敗を恐れないで挑戦していますか」（％）

（23）今住んでいる地域の行事に参加していますか（％）

（24）地域や社会をよくするために何をすべきかを考えることがありますか（％）

グラフ3　2019年度学力・学習状況調査 静岡県-公立（政令市含む）児童および生徒質問紙調査（抜粋）

　　■　1. 当てはまる　　　　　　　　　　　■　2. どちらかといえば、当てはまる
　　■　3. どちらかといえば、当てはまらない　■　4. 当てはまらない

　ただ、気になる結果もある。児童質問紙（小学生対象）の項目「国語の勉強は好きですか」に対して「1. 当てはまる」と回答した児童が全国平均は26.5％だったのに対し、静岡県は20.9％と5ポイント以上の差があるなど、国語に関する質問項目のほぼすべてにおいて、「1. 当てはまる」「2. どちらかといえば、当てはまる」と回答した率が全国平均を下回っている。この国語に関する質問への回答の傾向は、多少変動はあるものの、ここ10年ほぼ変わっていない。先の「学力調査結果公表問題」による対応によって、この調査で測る教科の「学力」が向上した一方で、日々の授業において調査を意識しすぎた指導がなされていたり、現在もその流れが定着したりしているとすれば、そして、その結果として知識・技能は向上したが「国語嫌い」が生まれ続けているとするなら、テスト中心に学校現場が動いている状態「テストレジーム」[29]が起きていることを否定できない。

　静岡県の学力については、わかりやすい教科の学力は向上を見せている一方

で、学力を幅広く捉え、伸ばしていく点については努力の余地があるだろう。

（２）特別支援教育の状況

　生活や学習上の困難を改善または克服するため、幼児児童生徒一人一人の教育的ニーズを把握し、適切な指導および必要な支援を行う特別支援教育だが、対象は主に特別支援学校や特別支援学級（必要に応じて小中学校に設置される少人数の学級）に在籍する児童生徒、通常の学級に在籍する発達障害等のある児童生徒となっている。現在、少子化が進んでいるにもかかわらず、特別支援教育の対象となる児童生徒は増加しているのが全国的な傾向であり、静岡県も例外ではない（図４）。

　県や各市町は現状に対応するため、特別支援学校・学級および通級指導教室（小中学校に在籍する児童生徒に、週１〜２回程度特別な指導をする場）を増やしている。簡単そうに聞こえるかもしれないが、例えば、特別支援学級を１学級新設しようとするだけで、各種の手続きだけでなくカリキュラム面や教室環境等の整備が必要で、予算面だけでなく労働面も含め、相当のコストを要する。体制が整った分、その裏には関係者の尽力があったことを併せて想像するべきだろう。

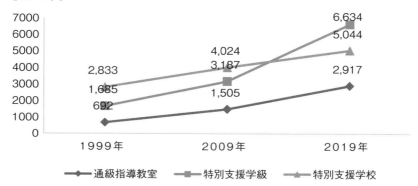

グラフ４　静岡県内の特別支援学校・学級及び通級指導教室に在籍する児童生徒数の推移（政令市含む）
※静岡県教育委員会「静岡県の特別支援教育 2020」を基に筆者作成

　ただし、特別支援学校の児童生徒数に限っては、2019年から2020年にかけて若干だが減少に転じている。少子化の勢いが特別支援教育の対象の児童生徒数

増加を上回ったためか、それとも共生社会の形成に向かいインクルーシブ教育（第二部六　「ぬくもり」の章参照）が浸透してきたためか、この１年のみで理由を考察することは難しいが、この減少が一時的なものなのか、今後も減少傾向が進んでいくのかを含めて、目が離せないデータである。

　関連して、静岡県の公立特別支援学校における特別支援学校教諭等免許状の保有率は67.8％[30]で、47都道府県中42番目である。この免許状は基礎免許状（小学校教諭や中学校教諭）に付帯するため、保有していなくても教員としての資格に問題があるわけではないが、特別支援教育における一定の専門性を担保するものであり、静岡県の現状は勘案されるべきだろう。仮に保有率を上げようとするならば、免許状取得に必要な単位を認定する大学側の条件整備をする必要があり、こちらもまた別の側面での難しさが出てくる。

（３）不登校児童生徒数

　ここ数年、静岡県内の教育上の問題として注目されているのが不登校である。2019年度の調査における不登校児童生徒数は、静岡県は少ない方から数えると47都道府県中43番目、つまり不登校児童生徒が多い県に位置付いている。同調査は政令市単位での結果も公表されているが、静岡市は調査自治体の中で児童生徒1,000人あたりの不登校児童生徒数が最も多く、浜松市もまた相対的に多い（グラフ５）。

　この結果を受けた静岡市は、研究機関等と連携し不登校に関する教員向け研修プログラムを作成、実施している。静岡市に限らず、不本意に不登校状態にある児童生徒がいる現実に対して、教育関係者がいち早く対応した点は評価されるべきだが、それでも不登校児童生徒は全国的に増加傾向にある。

　不登校の原因は多岐にわたる。例えば、同調査によると、学業不振や進路不安、いじめ等の学校に係る状況が要因とされている場合が多い一方で、同等かそれ以上に、家庭の生活環境の急激な変化や親子関係をめぐる問題等、家庭に係る状況が要因となっているケースが報告されている。原因が家庭にあると推察できたとしても、教育関係者が家庭への支援まで担うことは難しい。不登校を学校だけの問題だけにとどめず、福祉的な支援の充実による家庭の支援、さらには「登校」の考え方の捉え直し（オンライン授業やフリースクールの可能

性）等、より広い視野を持って対応すべき問題だということをあらためて認識すべきだろう。

（4）静岡県における教育支出

　少し視点を変え、静岡県はどの程度教育にお金をかけているか、というデータに着目してみる。グラフ6は、地方教育費調査[31]から、2018年度の小学校および中学校の在学者1人あたり経費（年額）のうち、全国平均と静岡県の数値を引用し筆者がグラフ化したものである。全国平均より少ない印象を受けるが、それもそのはずで、小学校の経費は47都道府県中46番目、中学校の経費は47都道府県中44番目となっている。この数値は国庫補助金や都道府県支出金、市町村支出金等の合計から、該当学校に係る費用を児童生徒数で割っており、教職員の人件費も含まれる。人件費から見ると、児童生徒数の多い、規模の大きい学校が多ければ多いほど、いわゆる「コスパが良い」状態になり、1人あたりの経費が抑えられていると考えられる。そのためか、埼玉県、愛知県、福岡県、神奈川県、大阪府といった人口の多い地域に同様の傾向が見られる。

　また、少し教育費からは離れるが、総務省の調査[32]から、歳出総額のうち教育と近い性格を持つ民生費が占める割合を算出すると、歳出総額は47都道府県

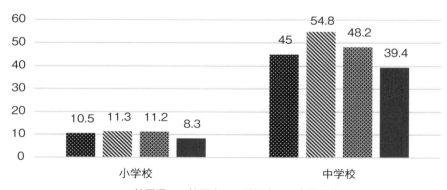

グラフ5　2019年 児童生徒1000人あたりの不登校児童生徒数（人）
※文部科学省初等中等教育局児童生徒課「令和元年度 児童生徒の問題行動・不登校等生徒指導上の諸課題に関する調査結果について」（2020.11.13）を基に筆者作成
※図中の静岡県は、政令市を含む

中多い方から11番目である。一方、民生費の割合（16.8％）は17番目となっており、全国平均（16.6％）に近い数字となっている。民生費には、社会福祉費や生活保護費、児童福祉費などが含まれ、直接的な教育費ではないものの、子どもも含めた人々の生活を保障し下支えするものである。歳出総額のうち民生費の比率が20％を超える都道府県には、神奈川県や福岡県、大阪府、埼玉県といった人口の多い地域が見られ、先出の「小学校および中学校の在学者1人あたり経費」が抑えられている地域と重なる。もし、静岡県における民生費の割合が若干低く感じる面があるとすれば、静岡県が「安定」していることでカバーされているからか、あるいは潜在的には必要な公的支援が不足しているのか、注視する必要があるだろう。

3．データから見えた静岡の生活と教育

これまで、データを基に静岡県の生活と教育を描き出そうと試みてきた。ページ数の制約から生活についても、教育についても、限定的な範囲にとどまったが、それでも筆者は静岡県がより良くなっていく可能性を感じている。

地域社会における人々の暮らしが物理的にも精神的にも豊かになっていくには何かしらの工夫や仕掛けが必要であり、そのためには「材」や「財」が必要となる。本章で紹介してきたデータは、静岡県が豊富な「材」や「財」の潜在

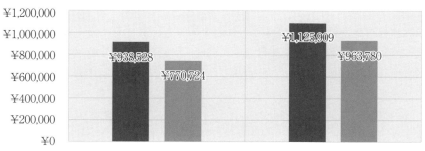

グラフ6　在学者1人あたり経費（年額）
※文部科学省「地方教育費調査（平成30会計年度）」より筆者作成

する「地場」である可能性を示しているのではないだろうか。

　自然豊かで温暖な気候をはじめとした地理的な好条件、県全体としての人口の多さや産業の豊富さは、貴重な「材」だといえる。しかもそれが健康で自己肯定感の高い人々が織り成すものであったとすれば、これほど貴重な人「材」はないだろう。これらの「材」は、身近にありながら、普段の生活では気付きにくく、自覚できないことも多い。そんなとき、いくつかのデータから浮き彫りにできるものがあれば、それは課題解決への「材」になり得るかもしれない。

　経済的にも、これまで県全体として相対的に良好であり「財」にも恵まれているといえるのかもしれない。ただ、この「財」は数値上では見えたものの、県民一人一人の生活については見えるようで見えず、「財」が行き渡っている感はやや薄かった。県民の生活や教育により多くの「財」が投じられてもよい状況であることは、データからも感じ取られるだろう。

　静岡県で、身近なところから「材」や、もしあるとすれば「財」も投じることができれば、支援が必要な子どもや、学校に登校できていない子どもも含め、一人でも多くの子どもが生き生きと学び、地域や社会をよりよくしようとする大人に育っていく、そんな教育に近づいていくかもしれない。

　ご多分に漏れず、静岡県において従前から生活面の課題はあり、コロナ禍の中、困り苦しんでいる人々も少なからずいる。また、一定の教育課題があることも述べてきた通りである。ただ、基本的に現代の教育課題という面で見ると、それらは人に起因するというよりは、構造上の問題であることが多い。特に義務教育制度は、戦後につくられたまま大きく形を変えることなく現代に至っており、社会が変化し続ける中、制度疲労していることは教育関係者ならば、誰もが肌で感じていることだろう。不登校の問題は、おそらくその顕著な例と考えられる。

　「静岡県はどのような県なのか」という問いから、静岡県の生活と教育をデータで見ていくと、そこには多様な「材」があり、よりよい教育への可能性を持った「地場」を垣間見えるように思う。この「地場」に気付き、「教育」へどのように昇華できるかということも、「地場教育」の一つの論点だろう。

（注）

1　農林水産省「令和２年産茶の摘採面積、生葉収穫量及び荒茶生産量（主産県）2020.8.19

2　農林水産省「平成30年生産農業所得統計」2020.1.15

3　農林水産省「令和元年産指定野菜（秋冬野菜等）及び指定野菜に 準ずる野菜の作付面積、収穫量及び出荷量」2020.8.28

4　農林水産省「令和元年漁業・養殖業生産統計年報」2020.5.28

5　経済産業省「工業統計調査（2018年実績）」2020.8.28

6　同上

7　環境省「平成30年度温泉利用状況（都道府県別）」2020.6

8　（財）静岡県サッカー協会 HP2020.11現在

9　本稿におけるデータについては、2021年２月末時点において確認が可能な限り新しいものを扱う。そのため、項目の公表状況によって年にばらつきが生じる点はご容赦いただきたい。

10　2018年政府統計

11　静岡県公表2021年２月26日現在

12　人口は総務省「2019年10月１日現在人口推計」（2020.4.14）参照

13　県民所得は、県民雇用者報酬、財産所得（非企業部門の財産所得の純受取）、企業所得（企業の財産所得の純受取を含む）を合計したものである。従って、個人の所得水準を表すものではなく、企業利潤なども含んだ各都道府県の経済全体の所得水準を表していることに注意されたい。(内閣府「県民経済計算利用上の注意」より)

14　内閣府「県民経済計算」2020.10.14

15　同上　１人あたりの県民所得は、「県民所得÷県の総人口」として算出されている。

16　静岡県統計利用課「平成30年度静岡県の県民経済計算（確報）」2021.2.4

17　静岡県経済産業部政策管理局産業政策課『静岡県の産業データブック－令和２年度版－』2020.12

18　厚生労働省「平成30年度衛生行政報告例」2019.10.31

19　日本銀行静岡支店「静岡県の産業・金融面の概要」2019.8

20　厚生労働省「令和元年賃金構造基本統計調査」2020.9.18

21　富山県統計「都道府県別１人当たり個人可処分所得」http://www.pref.toyama.jp/sections/1015/ecm/back/2014sep/tokushu/1_4_01.html

22　例えば、「国民生活基礎調査」における相対的貧困率は、一定基準（貧困線）を下回る等価可処分所得しか得ていない者の割合とされ、貧困線とは、等価可処分所得（世帯の可処分所得（収入から税金・社会保険料等を除いたいわゆる手取り収入）を世帯人員の平方根で割って調整した所得）の中央値の半分の額とされている。(厚生労働省2019「国民生活基礎調査（貧困率）よくあるご質問」)

23　田辺和俊・鈴木孝弘「都道府県の相対的貧困率の計測と要因分析」日本労働研究雑誌2018.2

24　戸室健作「都道府県別の貧困率、ワーキングプア率、子どもの貧困率、捕捉率の検討」山形大学人文学部研究年報2016.3

25　厚生労働省「労働力調査」2020.5.29

26　厚生労働省「平成27年都道府県別年齢調整死亡率の概況」2017.6.14

27　総務省「平成28年社会生活基本調査　調査票Ａに基づく結果　生活行動に関する結果　生活行動編（地域）スポーツ」2017.7.14

28　公益財団法人日本体育協会・公益財団法人笹川スポーツ財団「スポーツ少年団現況調査報告書日本スポーツ少年団登録データの分析（2002年～2014年）」2016.10

29　志水宏吉『マインド・ザ・ギャップ！─現代日本の学力格差とその克服─』2016　大阪大学出版会

30　文部科学省初等中等教育局特別支援教育課「平成29年度特別支援学校教員の特別支援学校教諭等免許状保有状況等調査結果の概要」2018.3

31　文部科学省「令和元年度　地方教育費調査（平成30会計年度）確定値　都道府県別集計　総教育費」2020.12.2

32　総務省「地方財政状況調査（令和元年度決算）」2020.11.30

　　　「幸福度調査」で測る「幸せ」の中身は？

　「幸福（well-being）」への注目度が高まっている昨今、様々な幸福度調査が実施されている。直近の代表的なものとして、国連の持続可能開発ソリューションネットワークがまとめた「世界幸福度調査」やOECD（経済協力開発機構）による一般成人を対象とした幸福度調査（いずれも2020年公表）があり、日本国内のものでは内閣府「満足度・生活の質に関する調査」（2018）、日本総合研究所「都道府県別幸福度ランキング」（2020）、博報堂「地域しあわせ風土調査」（2014）などがある。

　幸福度は、主観的幸福度と客観的幸福度に分けられる。前者は、シンプルに「幸せ（と感じている）かどうか」という質問によって、後者は「幸福度に関連すると思われる指標」によって測られる。特に、客観的幸福度による調査は、それぞれの調査元が「何をもって幸福と言えるのか」という、ある意味で哲学的な問いから導き出された「幸福像」を細分化するような形で分野や指標を組み立て、定義した上で調査を実施している。

　例えば、第2部「希望」九の章で取り上げている「世界幸福度調査」は、主観的幸福度を調査するとともに、客観的幸福度にあたる6項目（1人あたり国内総生産、社会保障制度などの社会的支援、健康寿命、人生の自由度、他者への寛容さ、国への信頼度）を加味して順位付けし、世界ランキングを公表している。また、「豊かさ」の章で取り上げているOECDの調査は、11分野（所得と富、住宅、雇用と仕事の質、健康状態、知識と技能、環境の質、安全、仕事と生活のバランス、社会とのつながり、市民参画、主観的幸福感）を24の指標により測定している。こちらも、内訳を見ると客観的幸福度と主観的幸福度を複合させた調査となっている。

　日本で実施されている幸福度調査は、ほとんどが調査元による「幸福像」に基づいて既存のデータを分析する客観的幸福度によって測られており、個々人が幸福度「調査」に直接回答しているわけではない。他方、「幸せの国」と呼ばれるブータンでは、調査員が国民の家を訪問、幸せかどうかという質問も含めて時間をかけて対話し、調査している。どちらも幸福を測る調査ではあるものの、その方法には大きな違いがある。

　従って幸福度調査から情報を得る場合には、それぞれの調査がどのように実施され、どのような指標をもって「幸福」を測っているか、というところまで踏み込んだ方がより適切であろう。また、個々人の価値観によって「幸福」の位置付けも異なってくることも踏まえる必要がある。

（加藤達也）

第2部

地場教育の展開

一 「豊かさ」の章

―豊かな暮らしを創造する教育のかたち―

小清水　貴子・野村　智子

CASE

アースランチプロジェクト＜実践リポート＞

　公共と民間の複合機能を持つ施設「ミルキーウェイスクエア」に各校の代表児童たちが集まってきた。今日は、料理の考案から食材の栽培・調達、調理、プレゼンテーションに至るまで、すべて児童が中心となって企画、実現した創作料理「アースランチ」のお披露目の日である。

　舞台は人口約45,000人の牧之原市。キャリア教育の取り組みの一つとして「アースランチ　フェスティバル」が開催された。牧之原市は、「起郷家＝郷に学び、将来を見通し、自ら行動を起こす」の育成を理念に掲げ、小中9年間のキャリア教育をスタートした。この理念を実現するため、静岡大学教職大学院と共同して開発されたプログラムが（アースランチプロジェクト）である。このアースランチプロジェクトは、子どもたちがワクワクしながら地域の資源を再発見し、料理の考案・創作・演出を通して創造的思考を高めることが狙いとして掲げられている。

　このプログラムは次の三つの点で通常の学校のカリキュラムとは違っている。

① 地域住民の参画を前提に、大学教員その他高度な専門性を有する方々がその活動を側面からサポートする。

② 単一の学校のみで取り組むのではなく、市内の小学校4校が参画し、学校をチームとして創造性を競い合う。

③ 国内外の様々な学力指標を念頭に、今後の変化の激しい時代をたくましく生き抜くための資質・能力を高める。

写真1　私たちのアースランチ召し上がれ

2020年、先行実施された市内の4小学

校の「アースランチプロジェクト」の目標は、「アースランチを創作するプロセスを通して、学校や地域の特色、自分の体と食物の関係について理解し（知識及び技能）、身近な資源を再発見して活用し、試行錯誤を繰り返しながら物事を改善していく（思考力、判断力、表現力等）とともに、物事を協力して企画遂行、創造する未知の可能性を、自らの生活や行動に生かすことができるようにする（学びに向かう力、人間性等）」ことである。

　アースランチプロジェクトは基本的に次の①から⑧までのユニットで構成されている。各学校では、このカリキュラムを原案にして、それぞれの学校のカリキュラムに合うよう、アレンジした形で実施される。

　ユニット①では、食を題材に身近な資源を新たな視点で見つめ直し、想像力を膨らませることの楽しさやアイデアの出し方を学ぶ。目の前にある資源を新たな視点で見直し、組み合わせを模索することを通して、フェスティバルで披露する料理のアイデアを出し合い「再発見し、活用する」力を育成することがその狙いである。

　ユニット②では、実際にアースランチの試作品を作り、自分たちの発想のどこに問題点があるのかを見いだす。その上で、地域の大人など経験者のアドバイスを聞き、自分たちに足りないものを取り入れ企画を作っていく。試行錯誤しながら企画を作り上げて、外部人材として活動に参加される方々の多様な生き方に触れることもできる。

　ユニット③では、アースランチの試作品から料理に必要な食材の分量や、それらをどのように入手するか、その構想を練る。そして、食材調達のために栽培活動を企画し、必要に応じて他学年や地域にも依頼することで、子どもたちは目的を達成するための「計画を策定する力」を身に付けようとする。

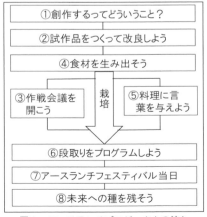

図1　アースランチプロジェクトの流れ

ユニット④からは、朝の始業前や休み時間など、授業以外の時間を活用し児童の主体的な栽培活動を開始する。自分が育てた食材を食べることを通して、身体と地域環境との関係に着目し、いのちや食育、ESD（持続可能な開発のための教育）とも関連を持たせた指導を行うことで、人々がお互いに助け合いながら生きていく「相互依存性」の理解を深めていく。

　ユニット⑤では、地域や学校の思いを乗せたアースランチのネーミングを考え、フェスタの来場者の心を動かすプレゼンテーションの内容を考える。ここではプレゼンテーションの仕方を学び、「言葉を用いて表現する力」を高めていく。

　ユニット⑥では、フェスタ当日の人の動き、料理の提供やプレゼンの仕方をシミュレーションすることで、「物事を整理して段取りする」力を身に付ける。

　ユニット⑦は、フェスティバル当日であり、自分たちで作った一品料理とプレゼンテーションで、自分たちの思いを外部に発信する。それとともに、近隣の学校で作った料理に触発されながら、自分たちが住む市の特徴や良さをあらためて実感していく。

　ユニット⑧では、これまでの活動を通して自分の成長を振り返り、ゼロからモノを創作するプロセスを未来に生かすことができるように意識付ける。経験を振り返り改善に生かし、キャリア教育として意義付ける総まとめのユニットである。

　以下に2020年度の実践の様子を紹介しよう。

写真2　稲刈り

　コロナ禍による2020年の一斉休校が明けた6月から、学校を一つのチームとして、学校菜園と地域で採れる食材と基本的調味料のみを使って、一品料理の創作が始まった。本プロジェクトに参加する先行実施校4校は、どの学校も学校菜園を所有しており、地域との結び付きが強

い。

　まずは、自分たちで育てた食材や地域の食材を使ってできる料理を想像する。子どもたちの柔軟な発想で、大人が考えつかないようなユニークな料理が次々と考案される。茶ーザ、茶ーハン、牧之原ずし、特製ピザライス…。次はその料理の実現可能性を探るための試作である。「食べた時に、とろ～り自然薯が出てきたら、審査員はびっくりするよ」「擦った自然薯を包む時、自然薯がネチョネチョして手にくっついてうまく包めないよ」「自然薯を凍らせて包んだら、とろ～りもネチョネチョも解決するんじゃない？」。各校のアースランチは、子どもたちがワクワクしながら、試行錯誤を重ね改良されていった。

　高度な専門性を有する学校外の方々を積極的に活用することは本プロジェクトの特徴でもある。ポスター作成とプレゼンワークショップをデザイナーとして活躍する羽室吉隆氏に依頼し、（コロナ禍のため）オンラインで各学校を結んで授業が行われた。

　ポスター作成では、小学校で撮影されたスナップショットを約500枚の中から選りすぐりのものをポスター写真にした。そして、子どもたちが考えたメッセージを載せ、ポスターが完成した。

　一方、プレゼンワークショップでは、相手にわかりやすく「伝える」ためのスキルを身に付けることを、目的にして行われた。国語の授業との教科横断的な学びが行われ、実際の授業ではデザイナーのパソコンの操作画面がテレビ画面に映し出され、リアルタイムでプレゼン資料が出来上がっていった。コロナ禍の中、オンライン授業でも、子どもたちの学びは止まらない。以下は子どもの感想の一例である。

写真3　デザイナーと一緒に作成したポスター

- プレゼンは、ただ自分の思ったことやものの説明をするだけだと思っていたけれど、それが、できた理由や経験、未来の展望を入れることがよいことがとてもわかって、プレゼンって面白いなあと思いました。
- 牧之原は、最初はお茶しかないと考えていましたが、プレゼンをきっかけにとてもたくさんの野菜があって、良い街だなと気付くことができました。
- プレゼンは、最初は簡単なものだと思っていましたが、中にはいろいろな思いがこめられているんだなとも思いました。説明や内容がよくて、これからの人生のためになりました。

　プロによる授業で、子どもたちは、プレゼンテーションとはどんなことなのか、現実社会ではどんなことが求められているのかを学んでいったように思う。学校内の教育活動では、なかなか触れ合うことが難しい人との出会いで、子どもたちの希望や可能性は広がっていく。

　フェスティバル当日の会場内は、各学校の「アースランチ」創作の取り組みの過程を紹介した写真やメッセージで飾られた屋台が展示され、温かな雰囲気である。各校の代表者は、身ぶり手ぶりを交えて、アースランチの食材の紹介、アピールポイント、創作を通して体験したことや気付いたこと、未来への展望を盛り込んだプレゼンテーションで、自分たちの思いを表現した。

写真4　作成したプレゼン資料の一部

　各校がそれぞれ考案したプレゼンテーションが終わると、次は審査員による試食である。ランチを口にする審査員の顔には笑みがこぼれる。「おいしい！まさか、こんな食材の使い方あったとは…」「ふるさとや学校への思いが詰まっている！」と、各校のアースランチ創作への思いを受け止め、審査に移った。

　「栄えある、アースランチ大賞は…」。MC

の言葉に、リモート画面の向こう側で、手を合わせて結果発表を待つ子どもたち。どうか、私たちの学校が大賞でありますように…。

写真5　審査発表を待つ子どもたち

結果発表にガッツポーズを見せる子ども、がっくりとうなだれる子どもがリモート画面に映し出された。フェスティバル当日の朝まで、仲間と協力し、見たこともない食べたこともない料理を考案し、試作・改良を重ねてきた子どもたちである。それゆえ大賞を逃した落胆は大きい。しかし一方で、切磋琢磨の結果、市内で採れる食材に目を向けながら、自分たちにないアイデアや表現方法を認め合い、各校との関わりに充実感を得ていたことも、子どもたちの感想からはうかがえる。大賞を逃した学校にも、「青春の一ページ賞」「食材のオーケストラ賞」「B級グルメの革命賞」といった、各アースランチの特徴を捉えた特別賞が贈られた。

子どもたちは、五感をフルに活用するアースランチの体験から、協働と創造を学び、「学校の仲間と地域の魅力」「食材を通しての自己・他者理解」を体感した。こうした経験は、自分自身が考え選択し、人生の価値を紡ぎ出していく原点になっていくのではないだろうか。

学校と地域の相互関係を生かした教育基盤の上に、新しい教育のかたちを追求する起郷家教育はスタートしたばかりである。今後の「起郷家」育成の歩みが楽しみだ。

（野村　智子）

写真6　ふるさとシチューON さつまいもライス

写真7　ドリームバーガー

1. 豊かな暮らしに対する思い

　豊かな暮らしとは何だろう。CASE のアースランチプロジェクトを経験した子どもたちは、将来、どんな暮らしを描いていくのだろうか。中学校家庭科の授業実践例を基に考えてみたい。

　消費者教育に関する授業で、ある家族のライフスタイルに合う冷蔵庫を選択する学習活動を行った。家族構成は、祖母、両親、中学生、小学生の 5 人家族である。冷蔵庫が古くなり、消費電力がかかることから、買い替えを検討する。選択条件は、大きさ、値段、保証、電気代、配送料、家族の生活に合うことである。家族の生活として、祖母が高齢であること、共働き家庭で食料品は週末にまとめて買い、冷凍食品を利用することが多い、中学生と小学生は食べ盛りであることが示された。教材として、サイズ、デザイン（冷蔵室、冷凍室、野菜室等の配置と容量）、価格、消費電力など、条件が異なる複数の冷蔵庫の資料が提示された。

　教師は、冷凍食品の使用頻度が高いことから、冷凍室が中央部分に配置されて容量が大きいもの、子育て家庭であることから、家計に配慮して電気代を最小限に抑えられ、環境にもやさしい消費電力が少ない冷蔵庫を選択することを意図していた。しかし、生徒たちの意見は、「家族がメインに使う冷蔵庫は〇〇にする。それとは別に、おばあちゃんには専用の小さい冷蔵庫を購入する」であった。祖母の暮らしに思いを巡らせ、「喉が渇いたときに、わざわざ台所まで飲み物を取りに行くのは大変だから」が理由であった。「節約や消費電力の観点から考えれば、購入する冷蔵庫は一家に 1 台であるはず」という教師の想定の域を超えていた。

　このように、効率的、経済的であることが、必ずしも暮らしの豊かさにつながるわけではない。例えば、住まいを選ぶとき、交通の便の良さを重視すれば、家賃、住まいの広さ、日当たり、換気、自然環境など、それと引き替えに何かしら妥協しなければならないことが生じる。生活に対する価値観は人それぞれだが、誰もが自分なりに豊かな暮らしを求めている。本章ではその豊かな暮らしについて、我々はどのように捉えたらよいかについて考えたい。

2．人々が求める豊かな暮らし

（1）豊かさを測る国際的な指標

　まず、人々が求める暮らしの豊かさとは何か、これを考える糸口として国際的な指標を手がかりにしてみよう。国連開発計画（UNDP: United Nations Development Programme）は、2020年版「人間開発報告書（Human Development Report）」において、国民生活の豊かさを示す「人間開発指数（HDI :Human Development Index）」の世界ランキングを発表した[1]。日本は19位で、前年の20位と比較してほぼ横ばいであった。首位は前年に続きノルウェー、2位はアイルランドとスイスであり、欧州諸国が上位を占めた。この人間開発指数（HDI）は、保健、教育、所得という人間開発の三つの側面に関して、平均的達成度を測る指標である。所得水準や経済成長率など、国の開発の度合いを測るためにこれまで用いられていた指標に代わるものとして導入され、平均余命、就学状況、所得を組み合わせて算出する。つまり、経済的尺度では測れない豊かさも含めて数値化（量化）して捉えることを目指しているといえる。

　経済協力開発機構（OECD）も「よりよい暮らしイニシアティブ」の一環として、「よりよい暮らし指標（BLI: Better Life Index）」に取り組んでいる[2]。市民のよりよい生活を実現するために重要なのは、富だけではなく、仕事と仕事以外の生活のバランスなど他のことに目を向けるべきとして、社会の幸福度（well-being）に着目し、物質的な生活条件（住宅、収入、雇用）と、生活の質（共同体、教育、環境、ガバナンス、医療、生活満足度、安全、ワークライフバランス（仕事と生活の両立）の11項目が用いられている。

（2）日本における豊かさを測る指標

　日本については、2018年またはデータが利用可能な直近年のデータを基に「How's Life in Japan?」[3] が示されている。図1に示すように，他のOECD加盟国と比べると、日本の強みは、「健康状態」の平均余命、「知識と技能」の科学分野の学生の技能、「雇用と仕事の質」の就業率、「安全」の殺人件数、「所

得と富」の家計資産や家計所得である。一方、弱みは「住宅」の住宅取得能力、「市民参画」の投票率、「社会とのつながり」の社会的交流、「仕事と生活のバランス」の休暇、「雇用と仕事の質」の性別による賃金の差である。また、不平等や格差が大きいのは、「住宅」の過密率、「主観的幸福」の負の感情バランス、「仕事と生活のバランス」の性別による仕事時間の差などである。住宅環境や経済に関するモノの他に、社会とのつながりやジェンダーに関するひと、仕事と家庭の生活時間に関するコトについて課題がある。つまり、人々が求める暮らしを実現するには、モノだけではなく、ひととの関係やコトに対する幸福度を高める必要が示唆されるが、このことは、人々が求めているのは単なる物理的な豊かさではないことを物語っている。

　生活に関する指標化の変遷をたどると、公害や人口集中など高度成長の負の効果が明らかになり、貨幣的指標への過度の依存から転換する目的で策定された社会指標（SI:1974-1984）から、高度成長期の終了とともに高い生活水準や価値観の変化に伴って生活様式の多様化を測ることを目的とした国民生活指標（NSI: 1986-1990）、生活上の価値や東京への人口集中により地域の違いを捉えることを目的とした新国民生活指標（豊かさ指標 PLI: 1992-1999）、そして、豊かさを実現する国民の視点に立って構造改革を見ることを目的とした暮らしの改革指標（LRI: 2002-2005）へと、変化を遂げている。

　現代では、ライフスタイルの多様化に伴い、住みやすい社会、働きやすい社会、学びやすい社会、子育てしやすい社会、女性が活躍しやすい社会、高齢者が生き生きしている社会、情報や人の流れが活発な社会、環境にやさしい社会、安心できる社会など、社会に求めるニーズが多様化している。誰もが生きやすく、暮らしやすい社会の実現に向けて、今後さらに共生の視点が重要になる。

　そこで、次に学校教育では生活の豊かさをどのように捉えてきたのかを見ていこう。

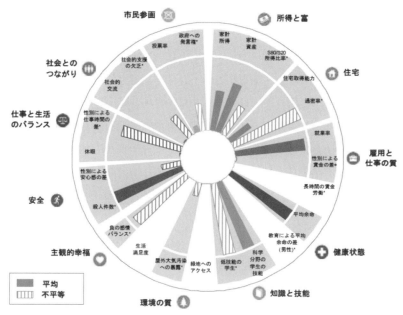

注：このグラフは、各幸福度指標について他の OECD メンバー国と比べた相対的な日本の強みと弱みを示している。
線が長い項目ほど他国より優れている（幸福度が高い）ことを、線が短いほど劣っている（幸福度が低い）ことを
示す（アスタリスク＊がつくネガティブな項目は反転スコア）。不平等（上位層と下位層のギャップや集団間の差
異、「剥奪」閾値を下回る水準の人々など）はストライプで表示され、データがない場合は白く表示されている。

図1　日本の幸福度（2018年またはデータが利用可能な直近年）
How's Life in Japan?（OECD 2020）より転載

3．家庭科教育にみる「豊かさ」の変化

（1）家庭科教育が目指してきたもの

　日本の学校教育には、生活をよりよくすることを専門に追究する国際的にも
珍しい教科がある。「家庭科」がそれである。皆さんも家庭科の授業で、調理
実習や被服実習を経験した記憶があるだろう。家庭科は小学校第5、6学年
（高学年）、中学校、高等学校で、男女が共に学ぶ必修科目として設定されてい
る。生活の営みに係る見方・考え方を働かせて、自らの手で生活をよりよくす
る資質能力の育成を目指している。生活における汎用的能力を育み、生活を創
造する教科として位置付けられる。

家庭科が教科として成立したのは1947（昭和22）年である。小学校と高等学校の教育課程に「家庭」、中学校の必修教科「職業」の一科目に「家庭」が設置された。小学校では男女共学必修、中・高等学校は女子のみ必修であった。戦後の復興期で、食べるものや着るものを十分に手に入れることができなかった時代の家庭科教育は、家庭生活を営むためのものであるとともに、調理や裁縫の技能習得により、内職など職業労働につなぐものでもあった。その後、高度経済成長期に入り、「男性は仕事、女性は家事・育児」という性別役割分業や良妻賢母に関する意識が強まり、女性が家庭生活のマネジメントを学ぶ教育としての色合いが濃くなった。

　1985（昭和60）年の男女雇用機会均等法の制定を受け、女性の社会進出が進み、共働き家庭が増え始めた。それまでの性別役割分業意識から解き放たれ、「男性だから、女性だから」と性別にとらわれないジェンダーフリーが強調された。家庭科教育においても、生活者として男女が学ぶことが重要視され、1993（平成5）年に中学校家庭科が男女共修、1994（平成6）年に高等学校家庭科が男女必修になった。

（2）生活の豊かさに対する捉え方の変化

　家庭科の内容は、家族・家庭生活、衣食住の生活、消費生活・環境と、生活全般にわたる。ここで、布でものを作る被服実習の内容を例に、生活の豊かさに対する捉え方の変化を探ってみよう。

　学習指導要領「中学校技術・家庭（家庭分野）」の目標と被服実習に関わる内容を表1に示す。平成元年告示では、Ⅰ被服において「（2）日常生活と手芸品、簡単な手芸品の製作」、平成10年告示では「A（3）ウ　衣服材料に応じた手入れと補修（6）簡単な衣服の製作」、平成20年告示では「C（3）布を用いた物の製作、生活を豊かにするための工夫」、平成29年告示では「B（5）生活を豊かにするための布を用いた製作」である。つまり、生活に役立つといった物質的な豊かさを得ることから、生活を工夫して精神的な豊かさを得ることへと、学習内容の目的が変化してきていることがわかる。

　衣服を手軽に入手できる生活の変化に対応して、工夫して衣生活を豊かにすること、ものが作られる仕組みの学習を通して、適切な商品選択や維持管理、

表1　中学校技術・家庭　家庭分野の目標と被服実習に関わる内容

	目標（抜粋）	被服実習に関わる内容（抜粋）
平成元年	（G　家庭生活） 家庭生活をよりよくしようとする実践的な態度を育てる。 （I　被服） 衣生活を快適にする能力を養う。	G家庭生活 H食物 I被服 　（1）簡単な被服の製作 　（2）日常生活と手芸品、簡単な手芸品の製作 J住居 K保育
平成10年	課題をもって生活をよりよくしようとする能力と態度を育てる。	A生活の自立と衣食住 　（3）ウ　衣服材料に応じた手入れと補修 　（6）簡単な衣服の製作 B家族と家庭生活
平成20年	これからの生活を展望して、課題をもって生活をよりよくしようとする能力と態度を育てる。	A家族・家庭と子どもの成長 B食生活と自立 C衣生活・住生活と自立 　（3）布を用いた物の製作、生活を豊かにするための工夫 D身近な消費生活と環境
平成29年	よりよい生活の実現に向けて、生活を工夫し創造する資質・能力を育成する。	A家族・家庭生活 B衣食住の生活 　（5）生活を豊かにするための布を用いた製作 C消費生活・環境

（著者作成）

繰り回しなど、限られた資源を活用する生活文化と関連させた内容に重きが置かれるようになってきた。食生活の学習も同様に、加工食品などの活用を含めて、自分や家族の健康や体調、ライフスタイルに合わせて、より豊かな食生活を送ることができる力の育成が求められている。個々人により、生活に対する価値観や人生に求める幸せは異なるが、それゆえにそれぞれが求める豊かな暮らしを自らの手で実現していく力を育成していくことが望まれるのである。

4．暮らしと人生

（1）人生の礎を築く時期

　暮らしとは、日々、生命をつなぎ、活動することである。暮らしを豊かにす

ることは、人生を豊かにすることに通じる。

　日本人の平均寿命は延び続け、人生100年時代といわれている。2019年の平均寿命は女性87.45歳、男性81.41歳であり、女性は7年連続、男性が8年連続で過去最高を更新した。30年前の1989年は女性81.77歳、男性75.91歳であり、5年半以上寿命が延びている。私たちに与えられた人生は長く、時間的ゆとりがあると感じる人もいるだろう。しかし、果たしてそうであろうか。

　生まれてから死ぬまでにたどるライフコースにおいて、私たちは就職や結婚、出産など、様々なライフイベントを経験する。どのライフイベントを経験するかしないか、いつ、どのように経験するかにより、ライフスタイルは異なる。現代ではライフスタイルが多様化し、結婚や出産を経験しない選択をする人も増えている。

　一方で、結婚や出産を経験した人の年齢を見ると、2019年の夫婦の平均初婚年齢は夫31.2歳、妻29.6歳、第1子出生時の母の平均年齢30.7歳である。晩婚化や晩産化が進行しているものの、結婚や出産のライフイベントは20〜30代に起こっていることがわかる。また、この時期は初めて就職を経験し、社会人として自立する時期でもある。人生を決めてしまうような出来事の80％は、35歳までに起こるといわれる。

　もちろん長い人生の間には、再び挑戦したり、新しいことにチャレンジしたりすることは可能である。一度しかない人生を充実して生きるために、高校・大学などへの入学や資格取得など新たな学びの機会を得る、転職、再就職など職業上のキャリアを築く機会が保障されることは大事なことである。しかし、人生を自分らしいものにするための基盤になる20〜30代の暮らし方や生き方は、その後の人生に重要な意味を持つ。

　そして、この20〜30代の暮らしや生き方を形作るのは、高等学校や大学までの10代の学びである。

（2）人生を豊かにするもの

　高校生と地域社会の関わりはどうなっているのであろうか。10代の高校生を対象にした地域社会との関わりに係る実態調査（2018)[4]をグラフ1に示す。地域社会で交流・議論する機会がある大人は、地域や地元企業の大人に比べて

学校の先生が最も多いが、全体の2割に満たない。地域社会で本気で接してくれる大人について、6割が「本気で接してくれる学校の先生がいる」と回答する一方で、「本気で接してくれる地域の大人がいる」は2割にとどまっている。つまり、高校生と地域社会との関わりが希薄であることが読み取れる。地域や社会への参画、貢献に関する意識を見ると、「将来、自分の住んでいる地域のために役に立ちたいという気持ちがある」は4割弱であった。この他、「高校時代を過ごした地域に、暮らしたり、何らかの形で関わりたい」と考えている高校生は7割弱であった。「将来的にこの市町村で暮らしたい」と回答した高校生と地域社会との関連をみたところ、地域社会や地域の大人との関係性が深いほど、定住意向が高まる傾向があることが明らかになっている。

　人生を豊かにするものとして、人との出会いや経験がある。他者から投げかけられた一言や、思いがけず経験した出来事が、それまで自分が持っていた考えや価値観を問い直すきっかけになることがある。人生が大きく変わることもあるだろう。年代や生育環境が異なる多様な価値観を持った人との出会いは自分の幅を広げてくれる。多くの人が集まる都会は、環境的な刺激は多い。しかし、都市部では婚姻率や出産率が低く、結婚や出産の焦りや不安を感じる人が多い。逆に、農村部は婚姻率や出産率が高い。先の高校生の調査に見られるように、どれだけ他者と深く付き合えるかが大事である。地域の大人との深い関わりを軸にした活動を通して、人は地域に魅力を感じ、地域で自分が成長していく実感を得ることができる。それは、自分自身の人生を豊かにすることのほか、生まれ育った地域に根を張り、生きていくことにつながる。

　学習指導要領では「社会に開かれた教育課程」における探究的な学びの場として、地域社会が注目されている。地域社会は、豊かな学びを提供するとともに、地域の担い手として子どもたちを育成する使命を持つ。地域に潜在する可能性を引き出し、これを人々が集う場の力に変え、その力を活かして展開する地場教育を通して、地域の暮らしやそこに暮らす人たちの人生がより豊かになることが期待される。

地域社会で交流・議論・交渉する機会がある大人

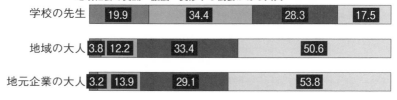

グラフ1　高校生と地域社会の関わり
地域社会との関わりに係る実態調査（2018）をもとに作成

5．豊かな学びと暮らしの創造

（1）アースランチプロジェクトの舞台である地域の暮らし

　地域で次世代を育む地場教育について、本章のケースを読み解いていく。

　牧之原市は富士山静岡空港の近くに位置し、駿河湾に面している。2005年に相良町と榛原町が合併し、県内で22番目の市として誕生した。市の花はあじさい、市の木はお茶で、特産品はお茶、メロン、イチゴ、しらす、芋切り干しがある。

　地域の暮らしについて、2020年度市民意識調査（市内在住16歳以上の男女832通、有効回収率59.5％）[5]の結果を見てみる。暮らし全般について「今現

在、幸せだと思うか」の問いに「大いにそう思う」「ある程度そう思う」の肯定的回答は約6割であった。幸せだと思う理由として、「健康であるから」が最も多く、「家族や友人との関係が良好だから」「住まいがあるから」の順であった。「今後も住み続けたいか」の問いに対する肯定的回答は約7割で、「他の場所に移りたい」理由は「地震や津波などの被災の恐れがあるから」が5割を超え、最も高かった。自然環境に対する不安はあるものの、人間関係が良好で、概ね暮らしに満足している現状が見受けられる。

（2）地場教育における地域資源を生かした学び

　アースランチプロジェクトは、地場教育として三つの地域資源を活用している。

　第一の資源は、地域の自然環境である。地域の良さに目を向けさせることを意図して、地区で採れる食材に着目させている。プロデュースされた食材はお茶、米、ミカンなどで、子どもたちは農家など専門家の協力を得て、他学年と校内で食材を栽培し、生育の様子、土の匂い、食材本来の色や香りを感じ取っていた。地域の食材に着目することによって、普段何気なく目にしている風景の中に、地域の人々の健康を守る食べ物が自然環境を生かして生産されていることに気付き、地域に対する理解を深めることができる。

　第二の資源は、地域の人々とのつながりである。子どもたちが、栽培のアドバイスや料理の試作の支援を通して地域の人と関わることは、それぞれの人が思いを持って仕事や役割を果たし、地域に貢献していることへの理解につながる。

　第三の資源は、地域の人々と集う場（機会）である。フェスティバルには児童と教員のほか、保護者や地域の人、市長や食に関わる専門家、教育委員会の関係者が参加した。場を共有することは、子どもにとっては、自分たちの提案に多くの人が関心を寄せていることを知り、学習活動を行った意義や充実感を得る機会になる。一方、参加者にとっては、地域の食に関心を持ち、暮らしを豊かにしようとする気持ちを引き出すことにつながる。

　地域によって地理的環境や歴史、文化、風土は異なり、地域独自の見方や考え方がある。自然環境や特産品などのモノ資源、人材のひと資源、文化や行事

などのコト資源など、地域には多種多様な資源がある。こうした学校の活動を通して、あらためて地域と出会い、深く見つめることは、自身の暮らしや生き方を考え、人生を過ごす場所として地域を捉え直すことを促す。そこには豊かな学びと同時に、豊かな暮らしの創造が期待される。

（3）豊かな暮らしの創造に向けて

　次の文章はある歌詞の一節である。「どんな道を選んだとしても　悩みの数同じだけついてくる　私が決める私のプライオリティ　何を取って何を諦めるの　幸せの基準はかるものさし　自分の心の中にあるのさ　足りないもの数えるくらいなら　足りてるもの数えてごらんよ」（竹内まりや「幸せのものさし」[6]）

　私たちは、生まれ育った地域には無い「幸せ」がどこかにある気がして、他の地域や都会の暮らしに憧れることがある。地域の良さは、そこにいるだけでは気付きづらい。例えば、日本で生活していると、日本の生活様式や生活文化は当たり前のものであり、その良さを実感する機会はほとんどない。しかし、海外に出かけると、逆に日本の生活を振り返り、良さに気付かされる。すなわち、ものの良さに気付くには、それを映し出す鏡が必要になる。自分の慣れ親しんだものとは異なったものを見たり、経験したりすることで、これまで当たり前だと感じていたものが当たり前のものではないことに気付かされる。地域を離れることは、マイナスではない。一歩引いたところから、自分の地域を見つめて初めて、そこでの暮らしの価値を感じることができる。

　こうした経験は、自分は何を大切に暮らしたいのか、どんな人生を歩みたいのか、自分の内にある幸せの基準を定めることにつながる。サン・テグジュペリ『星の王子さま』にあるように、ものごとは心で見なくてはよく見えない、そして、いちばん大切なことは目に見えないのである。

　豊かな暮らしやその中にある幸せは、与えられるものではない。自らの手で創り出していくものである。地域にあるモノ、ひと、コトを活用した地場教育を通して、そこに根づく人々の思いや願いを伝えることが、子どもたちがこれから築いていく豊かな暮らしや人生を支えていくといえる。

（小清水　貴子）

（注）

1 2020年版人間開発報告書　http://hdr.undp.org/en/towards-hdr-2020（2021.6.1閲覧）

2 OECD（2020）How is Life? - Measuring Well-being-　http://www.oecd.org/statistics/how-s-life-23089679.htm（2021.6.1閲覧）

3 OECD（2020）How is Life in Japan?　https://www.oecd.org/statistics/Better-Life-Initiative-country-note-Japan-in-Japanese.pdf（2021.6.1閲覧）

4 三菱UFJリサーチ＆コンサルティング株式会社（2018 高校生と地域社会との関わりに係る実態調査　https://www.murc.jp/wp-content/uploads/2018/04/news_180419.pdf（2021.6.1閲覧）

5 牧之原市（2020）令和2年度　牧之原市市民意識調査
https://www.city.makinohara.shizuoka.jp/uploaded/attachment/33076.pdf（2021.6.1閲覧）

6 JASRAC 出2104729-101

| column | モノの「所有」から「利用」へ |

近年、サブスクリプション（subscription）と言われる製品やサービスを一定期間ごとに一定の金額（利用料）で提供するビジネスモデルが拡大している。ソフトウエアや音楽などのデジタル・コンテンツに加えて、家電製品、洋服、バッグ、自動車なども対象になっている。無理をして製品を購入して維持管理に労力をかけるより、必要なときに必要なだけ利用したい、モノよりもサービス（機能、コト）にお金をかけたい人が増えている。

例えば、おもちゃは、手指の巧緻性や知能、創造性など、子どもの成長・発達を促す遊び道具である。発達段階に応じて興味関心が変化していくことから、まだ使えるおもちゃであっても、不要になる場合もある。サブスクリプションにより、月齢や好みに応じて定期的に交換でき、高価なおもちゃが定額利用で手頃に利用できる良さが注目されている。つまり、従来の「製品を所有する」から「製品が持つ機能に重きを置く」ように、消費スタイルが変化してきている。

また、安易にモノを廃棄することは環境を悪化させる、モノを共有し合うことで資源を有効活用できるなど、環境問題やエネルギー資源に対する意識が高まっている。そうしたことも、モノを「所有」することから「利用」することへ意識の変容を後押ししている。

あなたの生活を豊かにする消費スタイルとは、どんな消費スタイルだろうか。自分の身の回りにある「モノ」との付き合い方を見直してみよう。

（小清水貴子）

| column | 幸せな人生を送るヒント |

北欧は日照時間が短く、冬の寒さが厳しい。そのため、家で過ごす時間が多くなる。デンマーク語で「ヒュッゲ（HYGGE）」という言葉がある。居心地がいい空間や安らぐ時間など、心の持ち方や時間の過ごし方を表現する言葉である。居心地のよい空間を得るために、室内に自然光を取り入れる、花やグリーンを飾る、日曜大工に励むなど、モノを無駄にせず、環境負荷が少ないライフスタイルを生み出していくことだ。ヒュッゲな暮らしでは、自分らしくいられる空間で、家族や友人と共に、ゆったりと穏やかで楽しい時間を過ごすことを大切にしている。ヒュッゲと同様に、スウェーデンには「多すぎず少なすぎず」という意味をもつ「ラーゴム（LAGOM）」という概念がある。生活に対して適量のモノを持ち、適度に暮らすことを大切にしている。この考え方は働き方にも通じ、熱中し過ぎずにひと休みすることや、ひとりの時間を認めることが大切にされている。

北欧では日々の暮らしを大切にし、効率よく働くことが美徳とされている。共有スペースと個室を併せ持つオフィス空間、労働時間中の休憩、テクノロジーを活用した在宅勤務など、仕事の効率化と心身の健康が尊重され、それを実現するための工夫がなされている。

コロナ禍により、日本においても働き方や生活の仕方に対する意識が変化しつつある。暮らしの中にゆとりを持つこと、暮らしそのものを楽しむこと、こうしたライフスタイルも幸せな人生を送るヒントになるだろう。

（小清水貴子）

二 「つながり」の章

―地域コミュニティ・地元企業とつくる
成長の場―

武井　敦史・小岱　和代

「働く」ことは面白い　地域でできるお仕事体験
＜取材リポート＞

　2020年8月、コロナウィルスパンデミックで短い夏休みを過ごす小学生が、NPO法人「まちなびや」の主催する「夏休みおしごと探検隊」に集まってきた。まず、静岡市清水区の草薙商店街に集まった市内の小学校4年生から6年生16人は、「草薙まちのお仕事図鑑プロジェクト」と題して草薙商店会11カ所のお店を取材し、おしごと図鑑を作る活動に取り組んだ。

　イベントを企画した「NPO法人　まちなびや」は、働く大人や地域と子どもをつなぐプログラムを展開している。事務所を構える静岡市葵区長沼には駄菓子屋コーナーがあり、子どもたちの生活圏で日常の社交の場となっている。この発展型として、子どもたち自身でお店・サービスを考え運営するプロジェクト「こども10円商店街」がある。

　代表の弓削幸恵さんは、学校や静岡市教育センターの非常勤職員として、国際理解教育に関する研修策定、教材開発の経験を持つ。教育現場での経験を活かし、子どもと地域をつなぐ活動に民間の立場で取り組みたいと考え、2005年「学区（まち）のお宝さがしプロジェクト」をスタートした。弓削さんは放課後の子どもの居場所である地域に目を向けた理由を、「子どもを取り巻く日々の生活圏となる学区にはお宝がいっぱい。子どもは地域の『ひと・モノ・コト』と豊かに関わるほどに強さも優しさも育むことができます。そしてそんな子どもと関わることで、実は大人も支えられるのです。『子どものため』を考えることは『みんなのため』になります」と話す。

　草薙商店街での子どもたちの活動は、仕事への取材を通して、地域と大人と子どもをつなぐきっかけになっている。まず、子どもたちはお店や会社の取材にあたり、プロのカメラマンから写真撮影の仕方を、ライターから取材の仕方を教わった。カメラの使い方、撮影の時の声がけ、構図などについてもレクチャーを受けるのだ。あいさつやお願いの仕方などの作法、相手の話をよく聞

くこと、疑問に思ったことは何でも聞いてメモすることなど、プロが培った仕事の秘訣を学んだ。あらかじめ用意された取材シートに則って行うため、思考が整理されて分かりやすく、手順よく進めることができる。

　レクチャーの後、各店舗に１～２人の子どもが取材に出かけていく。すべて子どもたちに任せ、大人は見守るだけである。協力してくださったのはパン屋さん、補聴器のお店、姿勢矯正専門店、酒屋さん、薬屋さん、電気屋さん、接骨院、花屋さん、靴屋さんなどの11店。

　取材後は、取材メモをもとに、子どもがつくるおしごと図鑑「ココドモンデ」をまとめた。ここでも記事のフォーマットがあり、まとめやすく、それでいて見応えがある記事に仕立てることができる。それがまた、子どもたちの意欲を高めた。そして魅力的な「ココドモンデ」の完成である。作成した記事はポスターにされて、それぞれのお店・会社に掲示される。知らなかったお店を知り、仕事を知ることで、「今まで興味がなかった仕事だけど、なってみてもいいかなと思った」など、仕事への関心を高めるきっかけにもなっている。子

写真１　『花勇』さんのお仕事を取材

どもたちから熱心な質問や想定外の質問を受けたお店・会社にとっても、自分の仕事を考え、見つめ直す機会になったという。「子どもたちが地域と関わることは、子どもにとっての学びはもちろん、大人たちにとっても学びが多いのです」と弓削さんは語った。

この内容が、静岡で働く大人を紹介するお仕事図鑑「コドモンデ44号」（子ども自身が創る「ココドモンデ」と区別される）に「まるごと草薙特集号」として掲載された。「コドモンデ」は2011年から発行され、静岡市内小・中学校をはじめ、市内各所に計2万部配布されている。今では子どもたちはもちろん、保護者にも認知され、まちの活性化にも寄与しているようだ。

今回は地域での放課後（学校教育以外の）の活動であったが、「まちなびや」は学校教育を応援するため、地域・社会や産業界と連携しながらキャリア教育の生きた教材として「コドモンデ」を使った授業を提供している。学校でのキャリア教育は、職場体験・インターンシップ・社会人講話などの体験的な学習を効果的に活用することが必要だ。しかし、現状では「一人一人の教員の受け止め方や実践の内容・水準には、ばらつきのあることも課題としてうかがえる」（中央教育審議会答申、2011）など、一人の教員の力だけでは解決でき

写真2　弓削さんによるワークショップ

ない問題がある。その点、教員がお仕事体験先を探さなくても、地域の会社や商店とつながりのある「まちなびや」が、バリエーションに富んだ仕事を紹介することに大きな意味がある。その上で、子どもたちの実態をよく知る教員の構想があってこそ授業は成り立つ。そう考えて、あくまで授業は教員を軸にして動かすことが弓削さんのやり方である。授業では、小中学生が総合的な学習の時間の一環として、地域で働く人を取材し、その道のプロと出会った感動や仕事の楽しさ、厳しさを直に体験して「まちのお仕事図鑑」にまとめる。

「夏休みお仕事探検隊」の第二弾、カフェレストラン「ジャルディーノ」での「プロフェッショナルの仕事現場に行ってみよう」は、申し込みが120人を超えた。人気のプロジェクトとなったがソーシャルディスタンスを守るため、実施は複数回に分けられた。まず、酪農家に生まれた杉山さんが物心つく頃から牧場の仕事を早朝5時から手伝ったことや、乳搾りという根気のいる緻密な仕事について話し、子どもたちを惹きつけた。ジェラートができる過程を知ってトッピングして食べる体験はもちろん楽しい。それだけに止まらず、仕事をする人から、子ども時代のエピソードをはじめ、これまでのキャリア、仕事への誇り・やりがいと困難さ、仕事への夢が伺える。真剣に聞き入る子どもたちの姿から、日常の中で自分の意思で興味を持った仕事に子どもが触れる価値を垣間見ることができた。また、弓削さんの進行と活動についてのコーディネートは教員とは一味違う親しみやすさと自然な物言いで、学校とは違う生きた体験を後押ししているように思われた。

キャリア教育は学校が担うものという固定観念があるが、子どもを働く人に育てていくのは、学校だけでなく家庭、企業、そして何よりも身近な人が働く、地域である。地域で働く大人の姿を間近で見る機会、放課後に自分の意思で仕事に触れる機会を創出する、「まちなびや」の取り組みは、子どもたちにとって真性のキャリア教育になっているのかもしれない。

新たなキャリア教育で人を育て地域を創る
＜取材リポート＞

　社会の激しい変化に対応する人材育成のため、キャリア教育の推進が言われて久しい。静岡市立大里中学校でも、社会体験活動等を通して子どもたちの社会への関心を高め、社会との関係を学びながら、将来自立した社会人となるための基盤をつくってきた。しかし、現状の取り組みでは「自分の未来を切り拓く、変化を恐れず変化に対応していく力と態度を育てる」という理念にはなかなか至らない。2年部学年主任山下千夏子さんは「近年、生徒が夢や自信を持って将来を考えることが難しくなっている。生徒がポジティブに変わるきっかけとなる取り組みが必要」と模索していた。

　2019年9月、折しも一般社団法人シズクリ（山下由修代表）は、「地元企業のリソースを使ってよりよき静岡を創ろう」というテーマで中高生向け探究プログラムを提案しようとしていた。山下由修さんは大里中学校の前校長である。定年後のセカンドステージの場として設立した一般社団法人シズクリの趣旨は、「静岡の豊かな未来の創造」を目的に、静岡県内の小中高校と地域社会をつなげ、新しいコミュニティを創ることである。そして、シズクリが提案するプログラムは、探究的な学びを開発している「教育と探求社」のものだ。

　大里中2年部は、このプログラムに教員の持つ生徒理解、教材研究の力を結び付けることで、イノベーションを起こせるような生徒の思考、意欲を引き出せるのではないかと考えた。学校が地元企業と協力し、実社会を題材とした探究型教育を実践することは、教員にとっても新たなチャレンジである。学年部で協議を重ね、導入することを決めた。

　このプロジェクト型の授業「ビジネス・イノベーション」は、中学生が企業の取り組みや技術、社員、顧客や社会とのつながり等のリソースを見つけ、正規の授業15時間の中で新たなイノベーション企画を提案するというものである。

同年11月、静岡市立大里中学校2年生250名の生徒は、地元企業の静岡鉄道、SBS情報システム、トヨコー、あいネットグループの四つの企業人と出会った。まず、企業人による授業、インタビュー、フィールドワークによって一次情報を得る。中学生がプロから学び取る企業の実状は、新鮮で興味深いものとなった。一般的には、企業を調べたり職場体験をしたりして学習をまとめるが、この授業では、一次情報から着想を得て、企業をよりよくするイノベーションを考え提案するのである。彼らはこの授業の中で、「ビジネス・イノベーター」と呼ばれる。

　その過程では、企業の細部についてわからないことを、企業人との対話によって明らかにしていく。自分たちの発想が本当に企業をよくできるのかどうか迷いを抱くこともあったが、仲間と考え行動することで、常識や固定概念を打ち破り、正解のない問いに真正面から向き合う姿が見られた。生徒たちの変化に、2年部教員も山下代表も新たな探究的な学びへの手応えを感じた。

　授業の終盤では、各グループがイノベーション案を企業の方々に発表会形式

写真3　企業に向けてプレゼンテーション

で提案する。パワーポイントの画面、印象的にまとめた語り等のプレゼンテーションでは、中学生としては質の高いパフォーマンスが引き出され、その可能性を感じさせた。それというのも、教育と探求社が提供する探究的な学びは、学習のPDCAサイクルに沿って、手順やワークショップの持ち方、インタビューの仕方、ワークシート等のツールがパッケージ化されており、プロジェクト達成に必要なノウハウを合わせて習得できるのだ。発想を大胆に引き出すとともに、必要なスキルも効率よく学べる点は、この学習の強みである。

　発表会では各教室で企業ごとに1位を決め、その後体育館に全員が集まって、1位になったグループからさらにグランプリを選出した。企業の方々の審査により、見事グランプリを獲得したのは、トヨコーにイノベーションを提案したグループである。生徒のコンセプトは「トヨコーさんの強みを生かした新しい製品」。具体的には雨の日でも両手が塞がらずに雨を防ぐことができる傘の付いた帽子である。これを身に着けた生徒が登場した際には、「なるほど、ありそうでなかった」という新奇性と可能性が見る者を惹きつけた。そして、

写真4　優勝した新製品キャップレラ

コミカルでユーモラスな発想が、場を和やかにしてくれた。実際にこれはトヨコーの手によって「キャップレラ」と名付けられ、製品化と発売に向けて準備が進められている。他にもペットブームにちなんだペットの結婚式、バスを改造してのホテルなど、中学生ならではの柔らかな発想による提案があった。この取り組みは、中学生の育成はもとより、企業人に新たな気付きと感動を与えるものとなった。事後アンケートでは、子どもたちの8割以上が成長を実感している。一方企業の方では、9割の回答者から次世代育成とともに会社の未来を担う社員像の醸成など、モチベーションアップにつながったという結果を得た。

　山下学年主任は、シヅクリや企業の協力を得て開発した総合的な学習の時間のカリキュラムは、生徒の知的好奇心を大いに高め、取り組みに明らかな変化があったと語る。自分たちの発案が認められたことで、社会の一員として期待されていることを実感し、自尊感情を高めることができたというのである。3年生になった生徒たちは、進路指導の面接練習でビジネス・イノベーションについて熱く語るなど、高い目線から将来を見据える様子が見られるという。また、試行錯誤を伴う新たなチャレンジは、教員にも変化をもたらした。プロジェクトのファシリテーターをすることで視野が広がり、チームとしての結束も高まった。何より生徒との関係が良くなるという大きな副産物を得たのである。

　シヅクリの山下代表は、現在コロナ禍にあっても仲間を集め、協賛企業を募っている。そして、学校・企業が連携し、地域づくりを担う次世代の人材を持続的に育てるコミュニティづくりを目指す。今回の事業について、山下代表は「子どもたちは大人がどこかに置き忘れてきてしまったものを想起させる大いなるエネルギーを持っています。自分の役割を認識し、仲間と協働する子どもたちは、この子たちと一緒なら素晴らしい未来が描けるのかもしれないという希望を皆に抱かせる力があります」と語る。

　子ども、関わる大人たちが互いにつながり、ポテンシャルを引き出し合う人材開発、地方創生の取り組みは始まったばかりである。　　　　（小岱　和代）

1．人のつながりと学校

（1）「つながり」という課題

　『アイ・アム・レジェンド』という映画を見たことがあるだろうか。この映画の冒頭には、新種のウィルスによって自分以外の人がすべて死に絶えた町のシーンが出てくる。それでも主人公のロバートはマネキンを人に見立てて話しかけることで何とか精神の平静を保ちながら、生きる意味を求めて他の生存者を探そうとする。

　人は一人では生きていけない。私たちが一生懸命仕事や勉強をするのも、国をつくって歴史を育もうとするのも、きれいな服を買い求めるのも、すべて他人がいればこそである。

　けれども人間関係というものは一筋縄ではいかない。人はそれぞれに違っていて求める人間関係も異なっているからだ。知り合いが誰もいなければ幸福には生きられないと筆者は思うが、知り合いは多ければ多いほど幸せというものでもない。誰もが人間同士の関係から生きる意味を得ようとするが、だからこそ人間関係の悩みが尽きることはない。

　ではこれからの社会では、人々はどのように関係し合いながら自分の生活スタイルを創っていくのだろうか。また、そうした新たな関係づくりを支える教育はどのようなものであるべきなのだろう。この章では、「つながり」をキーワードに今後の地域社会と教育のあり方について考えてみたい。

（2）つながりの舞台としての学校とその変容

　学校はこれまで、子どもにとって二つの意味で人が相互につながる舞台を提供するものであった。

　一つは学校という場が子どもにとって、人間関係の織りなすドラマが生じる場であったということである。学校に登校すれば、そこには少なくとも同学年のクラスメートと先生とがいて、家族とは違ったより広い人間関係に触れることができる。仲違いやけんかやいじめ等、様々なトラブルが生じることはあるにせよ、学校内では児童生徒同士の生き方や意思や価値観がぶつかり合い、そ

うした人間関係の中から児童生徒は学んでいく。学校は子どもにとって第二の生活空間であり、小さな社会でもある。

　もう一つは学校を窓口に、教育という営みを通して児童生徒は学校の外側にいる人々ともつながることができるという点である。学校で学ぶことで、子どもは地域社会のカタチのみならず、日本社会全体の動きや世界中の他の地域の様子、さらには古今東西の偉人の考え方に触れることもできる。それならテレビでもできるじゃないか、と考える人もいるかもしれないが、やはり学校で学ぶのとテレビで見るのとでは違う。テレビ番組は基本的に「誰がいつ見ても理解できる」ように作られているので、断片的な情報を伝えることは得意でも、世界の様々な物事について奥行きを持って伝えることはあまり得手ではない。学校はその点、長期的な視野に立ってじっくり腰を据えて子どもの理解を促していくことができる。

　では今後とも学校は、こうしたつながりの舞台をかつてと同じように提供し続けることができるであろうか。結論を先取りして述べるならば、それは不可能ではないものの、相当の困難を伴うというのが現時点での筆者の考えだ。というのも今日の学校環境は内外ともに大きく変化しつつあるからだ。

　第一に学校内がドロドロした人間関係が生じにくい空間に変化しつつある。私たちは皆個性や欠点を持つ人間である以上、他人と深く関係しようとすれば、お互いにある程度の迷惑をかけあうことは避けられない。一方で学校内の人間関係については当人同士だけではなく学校側にも一定の責任がある。そして友人同士のトラブルが生じた際に学校にも落ち度があるとなれば厳しく責められ、教育活動にも支障を来すのが今日の学校の難しいところだ。となれば、教員は生徒同士が「お互いを尊重する」ように気を配るしかない。「お互いを尊重する」と言えば聞こえはいいが、要は子ども同士が相互に一定以上の干渉をし合わないようにするということだ。実際、昨今では児童生徒もお互いに個人の領域にはあまり深入りしないようになりつつある。だから『ドラえもん』に出てくるのび太とジャイアンのような関係は今日の学校では成立しにくい。「のび太のものはオレのもの」と言うのを教師が聞き流していたら後日大問題になる可能性は高い。

　第二に教員の持っている知識や技能を児童生徒に伝える、というカタチだけ

では公教育へのニーズに応えることが難しくなりつつある。今日の急激な社会変化の中で、生きていくために必要な物事を教員が大学等でまず学んで、それを児童生徒に伝える、という段取りを踏んでいると世界の変化への適応が間に合わなくなってきた。令和2年度から開始されている学習指導要領では「社会に開かれた教育課程」が掲げられ、アクティブラーニングがそのための手段として強調されているが、できるだけリアルな社会に触れながら活動的に学ぶことが強調されるのは、教育の中心課題が知識の伝達から自律的に学んで活動する力へとシフトしてきたからだ。

　そして第三に、特に人口減少地域の学校では、子どもが日常的に関係できる人の数自体が減りつつあるという事態も生じている。筆者は学校再編に関する委員会等の検討取りまとめに関係することがしばしばあるが、小規模校の保護者が一番心配するのが、子どもの交友関係が固定化することや部活動・集団スポーツの選択肢が減少するなど、子どもの「成長環境における多様性の欠乏」である。今後の社会では国や地域を越えて人々はより複雑で多様なつながり方をしていくことが想定されるにもかかわらず、学齢期をずっと固定化した人間関係の中だけで成長すれば、それによって子どもの将来の選択肢が狭められたとしても不思議はない。実際、学校の児童生徒数が少ないことを理由に、都市部から僻地への移住をためらったり、逆に僻地から都市部へと転居する人も少なくない。

2．これからの地域コミュニティとつながりのカタチ

（1）地縁的コミュニティのこれまでとこれから

　子どもにとって他の人とつながることは不可欠だが、学校での人間関係のカタチは変化しつつある。では、これから人口が減りつつある地域コミュニティでは、どのようにして人の間のつながりを作っていったらいいのだろうか。

　きっと誰もが最初に思いつくのは、各地域で作られている自治会などの地縁的コミュニティに期待するということだろう。核家族化が進み子どもの数が減ってきたとしても、それぞれのコミュニティで人々の間のつながりを密にしていけば、むしろ家族でも同級生でもない多様な年齢層の人々と、「ナナメの

関係」を構築していくことができるので豊かな関係を構築できるかもしれない。近年では、大分事情は変わってきたとはいえ、都市部から離れた地方であるほどにこうした地縁的コミュニティはなお強く残っている。

「地域ぐるみの教育や子育て」は疲弊しつつある学校を支えていくための有力な手だてであり、文部科学省もコミュニティスクール等（3章コラム参照）の施策を通じて、この方向を強力に推し進めようとしている。

だが一方で、こうした地縁的コミュニティにありがちな「ムラ社会」的なつながり方については「煩わしさ」や「重苦しさ」を感じている人も少なからずいることもまた事実なのではないだろうか。そこにはしばしば、身内とよそ者とを区別して、集団内で相互に行動を監視し合うと同調圧力が働くからだ。

社会学者の菅野仁氏は、この「みんな一緒に、同じように」という「ムラ社会」の原理が人の不安に支えられていることを次のように指摘している。「かつてのムラ的な伝統的共同体の根拠は、生命維持の相互性でした。貧しい生産力を基盤とした昔の庶民の生活においては、お互いに支えあって共同的なあり方をしていかなければ生活が成り立たなかったのです。（中略）しかし現代におけるネオ共同体の根拠にあるのは『不安』の相互性です。多くの情報や多様な社会的価値観の前で、お互いの思考、価値観を立てることはできず、不安が増大している。その結果、とにかく『群れる』ことでなんとかそうした不安から逃れよう、といった無意識的な行動が新たな同調圧力を生んでいるのではないかと考えられるのです」[1]

菅野氏の指摘が的を射ているならば、「ムラ社会」の原理を頼りにこれからのコミュニティを形成しようとすることは、必ずしも好ましいことではない。幸福や必要のために集団を形成するのではなく不安から逃れるために群れる、という原理で現在のムラ社会が成立しているとすれば、自分の未来に希望を抱くほどに、また自ら踏み出す勇気を持とうとすればするほどに、そのようなコミュニティとは縁を切りたくなったとしても不思議ではないからだ。

正直言えば、筆者もこの種の集団の空気が大嫌いだ。

地縁的なつながりは今後とも必要であり、また私たちの生活を豊かにするものであり得るのだが、未来のコミュニティは、それを同調圧力と相互規制とによって成り立たせようとするのではなく、もっとオープンで個人の意思や生活

スタイルが活かされるかたちで創っていく必要がある。

（2）サイバー空間の可能性と限界

　ならばインターネットやSNS等のサイバー空間を活用してつながるというのはどうであろうか。確かにインターネットやSNSは、回線さえ整っていれば、いつでも、またどこにいても同じようにアクセスして情報を得ることができるので、居住地による制約を受けることは少ない。とすれば、人口減少地域にとってこそ、そのメリットは大きいはずだ。オンライン会議を使えば対面の会話も支障なくできるので、ネットでつながれば十分と考える人もいるかもしれない。

　けれどもそう単純に考えてばかりもいられない。私たちの「時間や身体の制約を超える」というサイバー空間の性質が、かえって徒（あだ）となることもあり得るからだ。インターネットを通じたコミュニケーションについて長く研究を続けてきた心理学者のシェリー・タークル氏は2012年のTEDトークの中で、すでに次のように「常時接続」の問題点を指摘している。

　「常につながるようになると自意識に変化が生じて、新しい生き方をかたちづくることになるのです。一言で言えばそれは『我つながる、ゆえに我あり』（I share therefore I am）です。…（中略）…自分であると思えないので、私たちはますます頻繁なつながりを求めますが、その過程でさらに孤立していくのです。つながることが孤立を呼び込むのはなぜでしょう？人が孤立していくのは他者から離れて一人でいられる力を養えなくなるからです。人は孤独を自覚するからこそ人に近づきホントの関係を築こうとします。けれども一人でいられる力がなくなると、不安から逃れようとしたり、生きている感覚を得ようとしたりするために人と繋がるようになります。そうなると相手がどんな人かということはどうでも良くなって人をまるで自分の頼りない感覚を支えるスペアパーツのように扱ってしまうことになります」[2]

　周知のようにその後、日本ではSNSのあり方が大きな問題になった。氏はこうした常時接続の帰結を端的に「みんなで孤独」（alone together）と表現しているが、まさに「みんなで孤独」に陥りつつあるのが現代社会の人間像ではないだろうか。

では身体の制約を超えるという、サイバー空間のもう一つの特徴については
どうだろうか。

この点についても手放しに歓迎するわけにはいかない。「情報技術の発達に
よって、継続的な身体のつながりで社会をつくるという、人類が何百万年もか
けて作り上げてきた方法が崩壊しかけています」と警鐘を鳴らすのはゴリラ学
者の山極寿一氏だ[3]。氏はダンバー数という人類学者の用いてきた数字に着目
する。我々が安定的につながることのできる数の上限はヒトの脳の容量からし
て150人程度であるという。ところがインターネット等のメディアを活用すれ
ば、いくらでもコミュニケーションを取る対象は拡大できるが、身体がつな
がっている感覚が得られないということが起こってくる。「感情を置き去りに
して『脳』だけでつながる人間の数を増やせば増やすほど、身体のつながりが
失われ、人間は孤独を感じる」ようになったというのが氏の主張だ。

（3）第三の選択肢

今後の日本社会では好むと好まざるとにかかわらず、地縁的コミュニティは
伝統を守るだけでは求心力を失うこととなり、サイバー空間は我々の生活の中
で占める位置はますます大きくなるであろう。しかし、それで「つながりの不
全」が解消されることはない。ではそうした環境の中で人間同士の豊かな関係
性を育むためには、一体どこに活路を見いだしていったらいいのだろう。

筆者がこれからの社会におけるつながりの作り方としてもっとも有望である
と考えるのは、上で述べてきた地縁的なつながりやサイバースペースの活用も
含みながらも、より開放的で多様なつながりを、地域コミュニティをベースに
作り出して拡大していこうとする動きである。

サイバー空間のコミュニティは場所や属性の制約を受けにくいという利点は
あるが、一方で私たちの身体を使ったつながりを得られないというところに弱
点があった。一方で地縁的なつながりは、身体的な関係のリアルさは得られや
すいものの、「生命維持の相互性のなごり」という、根拠を欠いた同調圧力に
基盤を置かざるを得ないというところに問題があった。そして、そこに不安や
孤独が付いて回るというところは地縁的なコミュニティにも、サイバースペー
スのコミュニティにも共通している。

となれば、今後の地域コミュニティにおけるつながりの活路を拓くための方向性はある程度見えてくる。

　それはかつてのムラのように、居住地や出自といった制約によって否が応でも参加しなければならないようなカタチではなく、目的や関心や嗜好性など、人々の求めるものがある程度合致したところで、これを媒介にして人同士がつながるテーマコミュニティである。

　テーマコミュニティには様々なカタチが考えられるが、特に地域に基盤を置いたコミュニティにおいては、できるだけ私たちの五感を動員したつながり方を志向した方が場のもつ強みが活かされるはずだ。先に述べたように身体でつながるという点においてはサイバースペースには限界があり、そこでこそ地域を基盤とする場の強みが前面に出るからだ。

　実際、皆さんの近くで地域を基盤に活発に活動している団体を思い浮かべてみてほしい。地域コミュニティを基盤に活動する様々なスポーツやボランティアのサークル、市民農園や子ども食堂などは、このようなつながり方で人々が集まり、活動を展開している場合が多いのではないだろうか。

　こうしたテーマコミュニティにおいては「正規メンバー」と「部外者」といったように、内と外の境界を明確に分けるのは、コミュニティの広がりという観点からは望ましいことではないだろう。しかし、かといって「誰でも・いつでも・好きなように」というわけにもいかないだろう。そうなってしまったら運営者ばかりが負担や責任を引き受ける結果になりかねないからだ。テーマコミュニティでは、持続的に活動が続けられていくためにも、参画の度合いによって緩やかに負担や責任の分散もできるようなしくみも整えておくことが望ましいだろう。こうした、新たなコミュニティのあり方をかたち作り、維持していくために必要なことは何か、現在社会のあちらこちらで模索の途上にある。

（4）教育というテーマのコミュニティ

　実は、これからの公教育の行われる空間も、こうしたテーマコミュニティとしての性格を持つものになっていくことが期待されている。先に述べたように今後の公教育を学校内だけで完結させるのは難しい。だから未来の公教育はそ

うした教育機会のネットワークによって担保されるものと考えるのである。そのためには、教育の行われる場を学校の施設設備や校地という空間を超えて広げていくと同時に、学校内で行われる教育活動も多様な参画者を取り込んで実施されるものと想定する必要がある。

　ただしそうはいっても、現実にはこうした新たな公教育像に至る道には様々な課題が立ちはだかっている。先に述べたように学校には人的にも、時間的にも、制度的にも様々な制約があるからだ。

　ではどのようにしたら、こうした学校の制約を乗り越えて、新たなカタチでのつながりを作っていったらいいのだろうか。本章の冒頭で紹介した二つの事例をヒントに考えてみよう。

3. 新たなつながりの場づくりの模索

(1) 子どもが広げるネットワーク

　上で述べてきたように、学校はこれまで豊かな人間関係のドラマが演じられる場所であったが、従来のままのカタチを続けていくだけではその働きを果たすことが難しくなってきた。となれば、子どものつながりの場を学校の外側にも拡張して、生活環境全体の中で、子どもが日常的に触れ合う人の数と関係の多様性とを保っていくという方法が考えられる。

　事例Ⅰで紹介した弓削さんの取り組む「まちなびや」の取り組みは、その一つのヒントを与えるものだ。弓削さんの取り組む「学区のお宝さがしプロジェクト」は、そうしたネットワークを学校をまたいで組織化し、子どもたち自身が参画しながらつながりを広げていけるように工夫が凝らされているという点で、学校で通常行われているキャリア教育よりも一歩踏み込んだ中身になっている。

　自ら足を運んで、聞いて、まとめて、発信して、分かち合う。これは（筆者もその端くれである）情報や意味の生産に携わる仕事の一番の基本だ。

　子どもは仕事の話を座って聞くだけではなく、自身で出かけていって仕事の場所の中に入って大人に対して聞き取りをする。そしてその結果を「おしごと図鑑」にまとめ、やがてそれは地域のフリーペーパーとなって広く発信され

る。子どもは自身の学習のためという閉じた動機からではなく、それがいずれは多くの人々に読まれるカタチになるかもしれないこと、そしてそれが社会を元気にしていく一助となり得ることを意識して聞き取りに向かう。子どもたちはきっと相手に何を聞いたらいいのかを真剣に考え、まとめる過程では楽しんで読んでもらうために、どうしたらいいかを工夫するであろう。それは話を聞くだけの学びとは全然違う意味を持つはずだ。

　ちなみに「まちなびや」の事務所は弓削さんのやっている小さな駄菓子屋の奥にある。

　筆者も含め駄菓子屋に慣れ親しんだ世代には説明は不要だろうが、駄菓子屋とは何かの目的があって行く場所ではない。学校から解放された後に「とりあえず」行く場所だ。小遣いをポケットに入れてそこに行けば、同じように特に目的のない他の誰かが大抵はいて、とりあえず友達と時間を共有することができる。うまくすると、そこで何か面白いことが始まるかもしれない。そんな捉えどころのない期待を抱いて向かうのが駄菓子屋だ。

　そしてこうした、目的のない「とりあえず」の時間を共有することが、お互いの人となりを知るには一番好都合なのではないだろうか。社会では大した目的もなく活動をするという行動パターンを多くの人は忘れている。現代の社会では、あえてそうした空間をつくっていくこともまた必要なのかもしれない。

（２）ビジネス感覚を磨くプロジェクト

　二つ目の事例で取り上げたシズクリプロジェクトは、地域コミュニティのネットワークを活用して中学校の教育活動をビジネスの場面へ拓く試みだ。

　学校の教育活動の中で産業社会の生の姿を伝えようとする試みは昨今珍しくない。地元の商店や事業所等で仕事を体験する「職業体験」を取り入れている学校も少なからずある。けれどもそうした活動が産業社会のリアルを伝えているかといえば必ずしもそうではない。確かに仕事の現場に身を置いて一日活動することによって、そこで何をやっているかはある程度はわかる。ただ、それでも実際の仕事からは相当の距離がある。というのも職業体験だけでは、そこで実際働いている人が何を願い、考えながら仕事をしているかという、「働く人にとっての意味」を共有することが難しいからだ。

地元の商店や企業にとって、職業体験にやってくる児童生徒は多くの場合学校からお預かりした「大切なお客様」（の子ども）だ。だから受け入れの際には生徒に「いい体験ができた」と感じてもらえるように相当気を配っているはずだ。そこで何か問題が生じたら大変だし、「ダメ出し」もしにくい。

　筆者も近くの商店や郵便局などで、職場体験に来たとおぼしき生徒にレジ対応をしてもらうことがあるが、店員がこちらに気を使いながらモタモタしている生徒に付きっきりで一つ一つ教えている姿を見ていて、「きっと大変なんだろうなぁ」と想像したりする。

　シズクリプロジェクトの特徴は、ビジネスを「行う側になって考えてみる」というところにある。そこでは、産業社会がどのように動いているか、外側から観察するのではなく自分が動かす側に身を置いて考えてみるのだ。うまくすると事例のように中学生のアイデアが実際に商品化されるところまでいく。もちろん給与のための労働を経験したことのない中学生が、ビジネスアイデアを出そうとするのだから、そのプロセスは一筋縄ではいかない。生徒が一歩一歩理解を深めて商品開発に取り組み、アイデアをカタチにできるよう「教育と探求社」によって緻密に設計された教材とガイドラインがある。

　こうした民間企業によって開発された教育モデルの導入は、もしかしたら学校教員のプライドに障るところなのかもしれない。自分たちがそれまで苦労して築き上げてきた学校内の教育プログラムのコンテンツを、今度は学校組織の外部に求めることになるからだ。

　しかしものは考えようではないだろうか。前節で述べたように、今後の学校には様々な学びの機会を組織化してコーディネートしていくラーニング・オーガナイザーとしての役割が強く求められる。教員は自ら教えるだけでなく、コーディネーターとしての役割をより期待されるようになっていくとしたら、そのノウハウをいち早く吸収していくのも一つのあり方ではないか。

（3）つながりを紡ぐ人々
　本章の1節で述べたように、学校生活は子どもにとって他者と関係する場であり、また学校教育を通して社会とつながるという、二つの意味でつながりの舞台を提供してきた。

弓削さん実践する「まちなびや」の取り組みや、山下さんの発足させた「シズクリプロジェクト」の試みは、学校と協力関係を結びながらも、従来の「学校」の枠組みを一歩踏み出したところに、新たなカタチで「つながり」を紡ぎ出そうとする試みであったといえるだろう。

　学校が組織単独では社会変化に対応することが難しくなっていく今後の社会では、こうした取り組みは、それが拡大していくことで社会の中に新たな結び付きが生まれ、教育を通して人と人との関係をより豊かものにしていく可能性を秘めた実践といえるのではないだろうか（143頁コラム参照）。

　しかし一方で、こうした草の根の取り組みが、今後それぞれの地域社会に根付き、広がっていくものと安直に期待しているだけでは十分ではない。地域の持つ資源や抱える課題は様々で、それを教育と関係づけるためのその手だてが確立されているわけではないからだ。

　弓削さんも山下さんも、学校や地域の置かれた状況と対話しながら可能な手だてを見つけ出し、暗中模索しながら手探りで進んできた方々だが、そこに至る過程では団体の運営や活動の組織化を含め、様々な紆余曲折や試行錯誤を重ねてきたに違いない。同じように挑戦したいと考える人たちは他にもいるかもしれないが、誰がやってもうまくいくというものではないだろうし、当然ながら誰にでも生活はある。

　誰かの献身的な努力にいつまでも期待するわけにもいかないだろう。一体どうしたら、こうした新たな関係づくりに向けた挑戦に踏み出す方々を応援し、サポートしていくことができるのか。豊かな関係が育まれる地域社会を願うのであれば、私たち一人一人がこの問いに向き合うことが今求められているのではないだろうか。

（注）

1　菅野仁『友だち幻想　人と人との＜繋がり＞を考える』筑摩書房2008 pp.55-56

2　https://www.ted.com/talks/sherry_turkle_connected_but_alone?（2021.5.30確認）

3　山極寿一『スマホを捨てたい子どもたち』ポプラ社2020

4　「Society 5.0に向けた人材育成〜社会が変わる、学びが変わる〜」Society 5.0に向けた人材育成に係る大臣懇談会 新たな時代を豊かに生きる力の育成に関する省内タスクフォース（平成30年6月5日）

column　資本としての文化・人間関係

「あなたの宝物は何ですか？」。こう聞かれたらどう答えるだろうか。

ある人は「自分の家とお金」と答えるかもしれないし、他の人は「ピアノの才能とスポーツや読書の時間」と答えるかもしれない。そしてまた別の人は「かけがえのない家族や友人たち」と答えるかもしれない。

フランスの社会学者P．ブルデューもまさにこのように考えたのだろう。そしてこれらのそれぞれを「経済資本」「文化資本」「人間関係資本」に分類した。「資本」とは何かを実現したり達成したりするときの基礎となる財という意味である。

ブルデューが特に重点的に研究したのは文化資本と社会階層の関係についてである。趣味や嗜好の心的傾向（身体化された社会構造）を「ハビトゥス」と呼び、これが社会の経済階層と結び付くことで、社会階層が文化的に再生産されていくしくみを明らかにした。例えばクラシック音楽や美術館やゴルフクラブとは無縁の生活環境で育った人（筆者もその一人だ）は、たとえ努力して一流大学や一部上場企業に入り立身出世を遂げたとしても、社会階層を上がるほどにそこに属する他の人々の文化には溶け込むことが難しくなり、結果的に世代を超えて社会階層も固定化し続けていくというわけだ。

人間関係資本に注目して研究を展開したのはアメリカの政治学者R．パットナムである。パットナムは人間関係資本を「相互信頼」「互酬性の規範」「社会ネットワーク活動」の三つの側面から捉えている。人間同士がお互いに信頼し合い、相互に貢献し合って、自発的な協力関係によって営まれる活動の活発な地域が、人間関係資本の豊かな地域とされる。そして人間関係資本が豊かな地域であるほどに、地域住民の政治に関心が高く、子どもの教育成果も上がり、治安が向上し、地域経済も発展し、地域住民の健康状態も向上するといった、経済面社会面において好ましい効果をもたらしていると調査に基づいて指摘している。

文化資本や人間関係資本は、人の生活環境に「蓄積されて伝達される」ものであると同時に、人々の活動によって新たに「つくり出される」ものでもある。そしてこれからの変動社会では、後者の側面がより重要視されてくるに違いない。

そのための有力な仕掛けの一つが、本章でも述べた目的や志向によって緩やかにつながったテーマコミュニティである。ある関心を媒介にして、これまで交流の乏しかった人々が集い、コミュニケーションを活発化させて、理解やスキルを深めていくことができれば、それが喜びになるだけではなく、そこに文化資本と人間関係資本が蓄積されていく。

一石三鳥ではないだろうか。

（武井　敦史）

三 「素敵」の章

デザイン思考で切り拓くカッコいい僻地

伊藤　文彦・佐々木　浩彦

未来の下田創造プロジェクト＜実践リポート＞

1. 下田の抱える課題

　県内の自治体の多くと同様、下田市も深刻な人口減少に悩む自治体の一つである。ここに暮らす子どもたちはどのような意識を持っているのだろうか。

　下田市立下田東中学校2年生33名を対象にアンケート（2020年10月）を行い、「20年後あなたは将来下田に住んでいたいですか？」と尋ねた。Yesと回答したのは全体の39％で、理由は「自然や環境がよい」「住みやすい」などだった。Noと答えた61％の生徒は、理由として進路などの「選択肢がない」「不安や不便だ」「他の地域にも住んでみたい」などを挙げた。「下田は好きですか？」との質問には、全体の97％がYesと回答している。生徒にとって下田は、美しい自然に恵まれ温暖で住みやすい、好きな場所である一方、将来となると必ずしも肯定的には捉えていないように見える。選択肢が少ないことや今後の生活への不安などから、理想の未来を思い描く場所ではないと感じている生徒は少なくない。

　その背景には、大きく二つの要因が考えられる。一つ目は、都会への憧れである。多様な人や物であふれる賑やかな都市で生活し、夢や可能性にチャレンジしてみたいという心理が働いているからだ。二つ目は、地域の衰退感である。2045年には下田市の人口は半減（現在の49％）し、特に、年少人口は35％まで減少すると予測されている。「人が減っている」「店が少ない」という状況を子どもたちは肌で感じ、彼ら彼女らなりに徐々に衰退していく地域の未来を見据えているのだろう。こうした状況は何も今に始まったことではない。転出超過は1975年以降40年以上続いているのである。

　人口減に加え、今後ますます予測困難な時代を迎えることを考えれば、地域の未来を担う人材の育成は下田にとって喫緊の課題だ。

本稿ではこうした状況を踏まえ、市内4中学校統合による新中学校開校について準備段階から取り上げ、未来の人材育成を包含する学校づくりに向けた事例を紹介する。

2．新たな視点を取り込む構想部会

2016年8月、下田市総合教育会議で、生徒数の減少を見据え市内4中学校を一挙に一校化し、2022年4月に新中学校を開校する方向が決定した。これを受けて教育委員会では2018年2月に下田市立学校統合準備委員会を設置し、実務的な作業を担う七つの準備部会のほか、「未来の下田創造プロジェクト部会（以下、PJT部会）」を設けた。

八つ目の準備部会であるPJT部会は、教職員だけで組織する実務的な他の7部会とは異なる。教職員以外に、生徒、保護者、地域、行政、有識者などの参画を求め、学校の通常の運営業務や、学校再編の実務的な準備組織からもあえて切り離されている。既存の思考にとらわれない自由で創造的な議論を促す場として、全国でもおそらく初の試みとなる構想部会である。学校の再編を単に円滑に行うだけではなく、未来に向けた創造の足がかりとなるしくみが必要ではないかと筆者が呼びかけて設置された。新たな学校の教育の中身とともに、新しい発想を生み出しそれを実現させるための学校や地域のあり方などの視点も含めて議論をしている。

PJT部会では、未来思考やバックキャスティング（本章コラム参照）、デザイン思考といった考え方を学習[1]し、自由闊達な雰囲気を醸成しながら、既存の取り組みにとらわれない新たな発想に基づく取り組みや、誰もがワクワクするようなアイデアを構想している。メンバーには、方向性やテーマを設定するコーディネーター、進行を担うファシリテーター、俯瞰してコメントするオブザーバーといった役割を兼任させ、話し合いの内容が一方向に偏ることがないよう工夫している。また、思考方法が似通ったりアイデアが固着化したりすることを避けるため、メンバーを拡大してその都度あり方を見直したり、有識者から示唆を得たりするなど運営方法を改善しながら、部会が進化発展していけ

るよう可変性を担保している。

　話し合いでは、未来の下田を担う人材の姿を35歳と想定し、①下田に居て・戻って来て下田を担う人、②下田を離れても下田にアクションを起こせる人、③新たに下田に来て下田を担う人の三者に仮定義した。中でも①，②を育成するために、中学校段階で大切にしたい経験や、そのためのしくみやアイデアを構想している。部会においては、誰もがワクワクし、20年後の未来においても下田に愛着を持ち下田に関わっていきたいと思えるアイデアを生み出すことを目指している。

　PJT 部会は会議やワークショップを重ね、それまでの話し合いの内容から抽出した未来の人材育成に必要な経験や要素を12のキーワード（表１）として整理した。

表１　未来の下田を担う人材を育成するために必要な12のキーワード

	未来の下田を担う人材を育成するために必要な12のキーワード
1	ワクワクする機会
2	未来の自分についてじっくり考える機会
3	下田にいる身近な大人にあこがれを抱く機会
4	社会の仕組について知る機会
5	失敗してもコミュニティから受け入れてもらえるという安心感を得る機会
6	ここには私の居場所があるというつながりや安心感を得る機会
7	他者から共感や承認を得られる機会
8	外界を知ることで下田のよさに気づく機会
9	自分の選択や頑張りによって新しく楽しい世界が開けた感覚を得る機会
10	人からあなたが必要とされているという声や思いを得る機会
11	自己存在感を大いに感じられるポジティブな体験を仲間と共に得る機会
12	下田のよさを体験を通じて感じる機会

　その後、12のキーワードを活用し、未来の下田を担う人材育成のための新しい教育方針として「下田市教育大綱 PJT 部会バージョン」を作成した。2020年８月に開催された第14回の部会では、市役所統合政策課の職員を迎え、PJT 部会バージョンの教育大綱案の提言を行った。担当課からは、「総合計画との整合性も感じられる内容であり、有効に活用したい」とのコメントを得た。市民の意見が、企画部局を通して市の政策に反映されるようなボトムアップ型の過程を実現できたことは大きな成果[2]と言える。

3．20年後の未来でもつながりを

　2020年10月の第15回PJT部会は、20名の部会員以外に中学生33名、学年部教員２名、本稿を執筆されている大学教授の伊藤文彦氏と大学院生を招き、総勢57名で開催された³。「35歳になっても、ずーっと下田とつながりを感じていられるような…ワクワクするしくみを考えよう」をテーマに、筆者がファシリテーターを務め、伊藤先生と院生によるワークショップを実施した。冒頭、伊藤先生からワクワクするとはどのようなことなのかについて問題提起があった後、「集まる」「知らせる」「継ぐ」をキーワードにワクワクするしくみの事例が紹介された。院生は、アイデア創出のためのワークシートの活用方法について解説し、ワークショップの思考方法が共有された。

　アイデア創出を促す場面では、参加者を13グループに分け、ワークシートのチェックリストをもとに、①つながるしくみ、②目的や内容、③方法やツール、④アイデア展開の順でつながるしくみを構想した。その上で、⑤この企画の推しポイント、⑥さらに発展させると—という視点でアイデアを練り上げた。活発な議論の結果、様々なアイデアがまとまった（表２）。

　スクリーンに映し出されたワークシートを前に、指名されたグループ以外の自主的な発表も含めて、八つのグループがアイデアを次々披露した。下田と日本のマニアックをSNSによってつなぎ、廃墟をフィールドにサバイバルゲー

表２　「ワクワクするしくみ」のアイデアのタイトル　グループ別一覧

グループ	形態	人数	「ワクワクするしくみ」のアイディアのタイトル	グループ	形態	人数	「ワクワクするしくみ」のアイディアのタイトル
A	大人のみ	4	You tube で商品紹介	H	生徒＋大人	4	スポーツイベントお知らせ開催
B	生徒＋大人	4	ツイッターでイベントや下田の良いところを発信	I	生徒＋大人	4	マニアック"下田"
C	生徒のみ	3	1地区1動画	J	生徒＋大人	3	配信型下田ナゾ解きゲーム！
D	生徒＋大人	4	下田カレンダー	K	生徒＋大人	4	フェス開催
E	生徒＋大人	4	シモダ eats	L	生徒のみ	3	下田のよさをインスタ投稿
F	生徒のみ	3	みんなでイベントを考えようぜ!!	M	大人のみ	4	下田 de life
G	生徒のみ	3	下田ラリー				

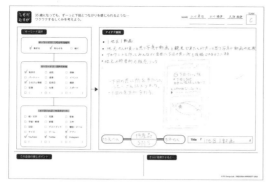

図1　Cグループ「1地区1動画」のアイデア

ムを実施する、廃墟の解体を競うイベントを開催するといったアイデアや、下田と市外の人を配信型謎解きゲームでつなぎ、黒船祭やあじさい祭りなど年間を通して関係人口を増やそうというアイデアが紹介された。

　中でも、「1地区1動画」（図1）を考えたグループは、「この企画のメリットは、下田の良いところを市外の人にたくさん伝えられることと、地元の人と観光で訪れた人とが動画を投稿し合うことによって、下田の見方を変えることができるという点です」と企画の魅力を力強く語った。

　発表を聞いた伊藤先生は、「下田とつながりを持ち続けるためにやってみたいという強い願いが含まれており、それこそがワクワクするしくみとなっていて素晴らしかった。本日のこうした話し合いや経験が、下田の未来を創っていく重要なポイントになる」と総括した。

　最後に、参加した生徒からは、「将来下田に住むつもりはなかったけれ

図2　Cグループ　リファイン後のデザイン

ど、今日この会に参加して…やっぱり、下田に住んでみてもいいかなと、また、関わっていきたいなあと思いました」「みんなとの話し合いが楽しかったし…、これからは下田じゃない下田みたいなものが創れたらいいなと思いました」との感想発表があった。部会の様子は、地元ケーブルテレビ局が取材し、特別番組として放映されることになった[4]。

　数日後、伊藤先生から一本のメールが届いた。メールには、生徒が考えたアイデアを院生の手によってリファインされたデザイン（図2）が添えられていた。中学生の事後学習に間に合うよう制作し送ってくださったのだ。翌週の事後学習で紹介した際に生徒が感激したことは言うまでもない。

　第15回のPJT部会では、生徒と大人が一堂に会し、地域の未来について同じ思考方法やルールのもとに同じテーマで話し合った。中学生時代に、地域の未来を大人と共に楽しい雰囲気の中で話し合ったという経験が、20年後の35歳の時点でも一つの思い出として残るものとなれば、下田を大切に思う気持ちや下田の見方を変える一つのしくみになるのではないかという、いわば提案型の実践であった。今回のワークショップは、生徒や参加者が、新たな取り組みのアイデアを考えることを通じて、より良い社会づくりへの参画意識を味わうことで、将来、下田に住んでいてもそうでなくても、故郷を大切に思う気持ちを持ち、よりよく生きていこうとする一つの「幸福（Well-Being）」な生き方をデザインするしかけとすることが狙いであった。

　今後PJT部会の成果として、新中学校開校後も、教職員、生徒、保護者、地域、行政、有識者が集まり、前向きなアイデアを考え続けることができるような話し合いの仕方を一つの方法として提案する計画である。　　（佐々木浩彦）

（注）
1　伊豆新聞（2019.1.17）一面「未来の下田創造プロ　デザイン思考の活用学ぶ　静岡大学伊藤教授招く　共感・発想など強調」
2　「下田教育大綱」令和3年3月策定（下田市）令和3年4月〜令和8年3月（5年間）下田市HP参照
3　伊豆新聞（2020.10.10）一面「未来の下田創造プロジェクト　20年後も大好きな町に　東中生33人初参加し協議　「仕組み」を提案」
4　地元ケーブルテレビ局SHKが2020年11月25日に特別番組として放送

1．デザイン思考が地場を動かす

（1）デザイン思考の流れ

　近年「デザイン思考」という言葉を様々な場面で耳にする。中でも2005年に、スタンフォード大学の d.school[1] が提唱したデザイン思考における「共感－問題定義－創造－プロトタイプ－テスト」の5段階モデルは、学校や企業など多くの場面で活用されるようになっている。このモデルにおいて、とりわけ"共感"のプロセスに注目が集まったのは、それまでの課題発見・解決のあり方が、実際の生活者目線から逸脱していたことへの反省からであった。そのため、より人々が心から求めるものへと適合させるために、デザインの最初の問題発見から解決へのプロセスに、様々な方法を駆使して、生活者目線を組み込ませる転換を行った事例が数多く見られるようになった。この「視点の転換」こそが、これまでのデザインプロセスに対する大きな変更点といえる。

　さらにこのデザインの流れに対して、建築家の各務太郎氏は別の角度から、問題解決型のデザイン思考の先を行くものとして1936年に設立されたハーバード・デザインスクールのメソッドを紹介している[2]。そこでは、コンテクストの異なった対象を別の何かに「見立てる力」の重要性が掲げられ、「『個人の見立てる力』と『未来からの逆算力』。未来を現在の延長と捉えるのではなく、まず自分が個人的にどういう未来にしたいのか、という願望を研ぎ澄ましていくこと。…（中略）未来から逆算した時、現在、この世界に何が必要になるか。それがデザインすべき答えであるということ」といった姿勢をデザイナーに求めている。「未来からの逆算力」とは、事例のバックキャスティング（本章コラム参照）と同義である。

　これと同様な思想をデザインに求める動きは、ロンドンのロイヤル・カレッジ・オブ・アート出身のA．ダンとF．レイビーの「スペキュラティブ・デザイン」[3]にもあった。スペキュラティブという言葉に"思索的な"という意味を込め、人間と現実との関係性を定義し直す仲介役をデザイナーに求め、サイエンスフィクションならぬデザインフィクションを構築することがその目標にあると示した。デザイナーの役割とは、「望ましい未来」のシナリオを提示する

ことであり、未来に対して、これまでのデータから推測するだけではなく、「どうあるべきか」を掲げることが重要であると示された。

　これからの望ましい地場との関わり方を考えて行く上でも、こうした「デザイン思考」の活用が突破口となり得るはずである。

（2）「共創」と「感動」

　今日、デザインという言葉は、芸術デザインの分野を超えて多方面で使用されるようになっている。デザインの対象領域が、従来の芸術的なモノから社会のカタチづくりまで拡張してきた様相を、情報デザイン研究者の須永剛司氏は、「デザインの問題とその解が、（中略）サービスやコミュニティのような私たちをその内側に包含するものへと変容したことにある。つまり、デザインの対象から『私たちの存在』を分離できなくなり、『私たち自身のあり方』がデザインの対象になるという新たなデザインの様態が生まれているのだ」[4]と述べる。[4] すなわちデザイナーは、自らも内包されるものをデザインする立場になったことに目を向けなければならないということでもある。

　それはまた、デザイナー自身もまた「共創」のシステムの中に組み込まれることを意味する。デザイナーは、人々の希望や夢を共創する協力者（媒介者）としての立ち位置にあり、その活動を動かす触媒的な役割を担っていく使命を与えられることになる。そこではデザイナー自らが動くこと以上に、人々の動きをつくり出すことが重要になってくる。

　人々が動くデザインのあり方の鍵を握るのは「感動」であると指摘するのはデザイン科学研究者の松岡由幸氏だ[5]。彼は、初めて知る「驚き」と常識として納得できる「共感」といった、ある意味二律背反する関係のわずかな共通部分に、人の心が動く感動があり、これからのデザインは、その接点をいかに見つけ出し、どう具現化していくかがポイントとなると述べた。驚きと共感の相互作用から感動を生み出すことは容易なことではないであろうが、今後のデザイナーは、人々が持つ当たり前の意識や感情の中に、思いもよらなかったアプローチを加えながら「共創的な感動」を生み出していくことが必要不可欠になると考えられる。

　人口減少地域の活性化という問題に対して、近年様々な取り組みがなされて

いるが、そこでは生活者目線での共感に基づくデザイン思考を発動させることが、極めて重要な視点となる。さらに問題発見と問題解決双方のプロセスを往還するフィードバック型の思考プロセスでは、教員やデザイナー側が一方的に先導するのではなく、むしろ児童生徒や一般の生活者が主体となって、共感に基づいた進め方が必要となる。さらにその目標については、これからの地場が「どうあるべきか」といった「望ましい未来」のシナリオを設定し、そのために今現在みんなでなし得ることを考えていくことが大切になるのである。

2．地場とつながるしくみ

（1）新たな「郷土愛」のデザインとは

　人口減少が進む地場との関係をどのようにしていくことが、「望ましい未来」へとつながるのであろうか。

……「帰ってきてほしい」でもなく、「忘れないで」でもなく、ただページをめくる間だけでも、みんなが里帰りできますように。……6

　これは、故郷を離れて暮らす家族や友人に、故郷の情報が掲載された新聞にメッセージを添えて届けるという企画「おくる福島民報」のコンセプトムービーが最後に映し出すテロップである。このしくみについては後述するが、テロップに表されたメッセージには、今後の故郷とのつながりを考えていく上で、これまでにはなかった視点を感じずにはいられない。故郷に残された人たちは、故郷を離れていった人たちに対して、「時には帰ってきてほしい、いつかは帰ってきてほしい」という強い思いを伝えようと思ってしまう。一方で、それが叶わないのなら「いつまでも忘れないでいてほしい」ことを願ってしまう。ところが、「おくる福島民報」のメッセージはそのどちらでもない。そこには、「どこにいてもいいから、今現在の故郷の様子を知っていてほしい」という願いが込められている。

　このデザイン企画には、故郷をいつまでも大事に思っている気持ち＝「郷土愛」を育んでいくための一つのヒントが垣間見えるのではなかろうか。それは、「今現在の」地場とのつながりを感じ続けることである。たとえ自分が今どこにいようと、現在進行形で故郷とつながっていられるしくみがあれば、自

らが自らの意志でいつでも自由な関わり方を持つことができる。それは、時空間を超えた、自分にしか持つことができない素敵な地場としての価値を生み出すといった、新たな郷土愛のデザインをしていけることにならないだろうか。

（2）リアルとバーチャル　〜つながるしくみ〜

　地場とのつながりを目的や手段としたデザイン企画は、特に東日本大震災以降や今日のコロナ禍にあって、様々に行われてきた。実際に戻れる故郷さえ失われてしまった人々、里帰りの機会を失ってしまった人々、進学や仕事で故郷を離れざるを得なくなってしまった人々に対して、従来にはないかたちで故郷への想いをつなげる企画やサービスを目にする場面が増えてきた。背景にはまず、災害や疫病の中で人とのつながりを持つことへの欲求がより一層高まってきたことが挙げられよう。同時に、SNSをはじめとするネットワーク技術の普及、これまでの常識にとらわれないデザイン思考的な発想といった、技術・思考方法の双方が柔軟に補完しあって、それが可能になったという側面もあるだろう。

　以下では、今日の様々なメディアに登場する「地場とのつながり」を軸としたユニークな取り組みを紹介しながら、地場とつながるための新たなヒントを探ってみたい。

①「集まる」しくみ〜「気仙沼クエスト」[7]

　図1は、宮城県気仙沼市の高校生が制作したスマートフォンのゲームだ。東日本大震災で変わり果てた地元を何とか元気づけようと、電子音とドット絵で構成した「街歩きゲーム」である。2019年9月に配信してから半年余りで、1万人以上がプレイした。観光客

図1　「気仙沼クエスト」ゲーム画面

の減少など、地域課題の解決に取り組む高校生の全国大会で、2020年最優秀に輝いた作品でもある。実在する気仙沼の建物や人物が登場することでも話題となり、店や実名の店主と会話ができたり、買い物ができたりする。

　このゲームには、単なるゲーム以上の価値を見いだすことができる。第一に地元の高校生がゲームという手段を用いて〝地元の復興〟の一端に協力しようとした点である。地元を盛り上げるために自分には何ができるかを考えた末、名作ゲームに別の役割を「見立て」た発想で新たな価値を持ったゲームを創作したことである。第二に、実在の土地に実在の店を配したゲーム作りを通して、「土地の魅力は人である」ということに作者がコメントしている点である。どんなに豊かな自然や街並みが揃っていたとしても、最後にその土地の魅力を決定づけるのは「人」であるとの気付きを高校生が見いだしたのである。第三に、ゲーム上の街並みというバーチャルな世界であるからこそ、かつてその街に関わった人々や新たに興味を持った人々が、時代や年齢を超えて「集まる」という新たな「つながるしくみ」を提案できた点である。

② 「知らせる」しくみ〜「おくる福島民報」[8]

　福島県の地方紙福島民報社は、2018年8月21日に、同日発行の『福島民報』を手紙として全国に届けられるようにした特別紙『おくる福島民報』を発行した。これは「東日本大震災の影響で県外に避難した県民が地元の情報に触れ、故郷を思い出すきっかけになれば」という思いからスタートした。

図2　「おくる福島民報」のしくみ

本紙を手紙サイズに折り畳んで、表紙面のラッピング紙面で包むと「宛名欄」が表に出て、そのまま好きな住所に郵送できる。中の紙面には家族や知人に宛てた一言メッセージ欄も用意されている。この企画は、多くの広告関連の賞に輝き、国

内外で高い評価を受けている。

　スタートした2018年度は「東日本大震災と原発事故に伴い県外に避難する県民、結婚や就職で引っ越した県民たちに向け、故郷の新聞を通じて里帰りしてほしいという思いを込めて」テーマは"里帰り"とされた。2020年度は「新型コロナウイルスの感染拡大により、…帰省したくてもできない今だからこそ、せめて故郷の時間を届けることができたら」という思いから"離れていても、おかえりなさい"をコピーとし、懐かしい祭りや伝統行事などの「賑わい」が表現されたデザインとなっている。

　この企画の価値は、新聞というメディアに新たな付加価値を実現した点にある。第一に、日常的な情報源としての地元紙も、県外に転出した者にとっては、離れた故郷の情報に触れ、思い出す機会となる――。この発想の転換が新鮮だった。第二に、新聞と郵便システムの組み合わせの楽しさがある。手紙を書くという仰々しさを抑えたメッセージ欄、いとも簡単に宛名欄が前面になった封書に早変わりするといった手軽さ。第三に、地元の情報を「知らせる」ことが「地元の今とつながることができる」といった価値や目的についての新たな捉え直しが組み込まれている。まさに、デザイン思考を使った"今までにはなかった、やってみたくなるしくみ"がデザインされているのである。

③「継ぐ」しくみ〜「ひろしまタイムライン」[9]

　図3は2020年に、NHK広島放送局が番組とツイッターを連動させた企画である。NHK広島放送局は次のようにコメントしている。「戦後75年がたち、戦争や原爆の記憶が薄れつつあるなか、若い世代に関心を持ってもらうため、身近なメディアであるSNSと放送を連動させた企画として発足したプロジェクトです。

図3　「ひろしまタイムライン」のHP画面

被爆された広島の人々の日記や手記を元にし、SNSで発信することによって、当時の混乱した状況を追体験し、戦争や原爆について、リアリティをもって考えていただく取り組みです」。

　企画が実施されて半年余りで、三つのアカウントにそれぞれ10万以上のフォロワーを集めるという成果を挙げたそうである。この企画が、このように多くの人々に関心を持たれたのは、現在のツイッターのタイムラインに過去の日記を載せ、過去と現在がシンクロするユニークな体験を演出したことによるものであろう。虚実を混ぜることによる不正確な情報伝達の危険性は十分に注意しなければならないが、現在の時間軸を流れるタイムラインに、過去を虚構的に組み込ませる本企画のような手法は、リアリティを高め多くの人々の「共感」を呼ぶことに成功したのである。

　本企画の反響の大きさは私たちに幾つかの示唆を与えてくれる。第一に、忘れてはならない過去の記録を、従来のメディアだけでなく時流に合わせたメディアに転載することで、より大きな驚きや共感を生み出すことができること。第二に、過去を現代風に翻訳することにより、今の世代へのアクセシビリティ（接近しやすさ）を高めることができること。そして第三に、歴史を継承していくこと、すなわち「継ぐ」ことは、故郷をはじめとする地場へのつながりを持ち続けるために忘れてはならない要素となることである。

　さて、「地場とのつながり」を軸としたユニークな取り組みについて眺めてきた。いずれもが大きな反響を得ているのは、デザイン思考の活用と人の心を動かすデザインのあり方への配慮が入念に行われているからだろう。実際の故郷や地場と関係を持とうにも、それぞれの制約や条件から、リアルにつながることの困難さを抱える中、各事例とも「新たなつながりのしくみ」の提案になっている。デザイン思考におけるバックキャスティングが構想され、多くの人々の気持ちを動かし、実際の行動につながるための驚きと共感の双方が融合された企画やサービスと見ることができる。

　各事例には三つずつ価値を見いだしたが、それぞれに見いだした3番目のポイントに特に注目したい。すなわち「集まる」「知らせる」「継ぐ」。これらは地場とのつながりを考える上で、欠かせないキーワードになるのではなかろうか。

3．現在進行形の「つながるしくみ」と "未来の下田創造プロジェクト"

（1）「下田とつながるしくみ」

　本章のCASEにあるように、筆者は "未来の下田創造プロジェクト" において、下田の中学生と共に、未来の下田を考えるためのデザインワークショップをやらせていただく機会を得た。当初のテーマは、人口減少に伴い中学校が統合再編されるタイミングで、未来につながる閉校式やフェスティバルの企画検討であった。しかし、具体的に検討していく中で、一つの懸念が生じた。企画は「思い出づくり」的な意味合いが中心となってしまい、将来に向けて継続させていくことは難しくなるのではないか─。そこでテーマを再考することになった。

　その後、筆者の研究室での長いブレストを経て、郷土を愛し続けるためには「いつも、いつまでもつながっているしくみ」が必要な条件なのではないかという結論に行き着いた。同様のしくみの事例を探す中で、巡り合ったのが前述した3事例であったというわけである。そこには、過去から現在、未来へと連続するような地場とのつながりがしくまれていた。そして、人々の記憶が思い出として気持ちの中だけに格納されてしまうだけではなく、今日のデジタルネットワークを積極的に活用しながら、ゲームや新聞やSNSなどのメディアの中で、常に「現在進行形」で可視化された状態でつながっていたのである。こうした経緯から、ワークショップのテーマは「下田とつながるしくみ」とし、そのしくみをワークシートに企画デザインするという "コトのデザイン" に固まった。

（2）コトのデザイン手法

　"コトのデザイン" の有効な展開方法の一つに、優れた前例からそのしくみを学ぶという方法がある。優れた事例を簡略に図式化し、さらにそれを一般的な形式にシステム化した後、各要素を別のものに入れ替えて再編していくやり方である。こうした考え方に沿えば前述の3事例は、＜（　）と（　）が（　）の目的のために（　）の方法でつながる＞に一般化される。（　）内の要

素を様々に変換することから、新たな企画やサービスといったコトのデザイン
のアイデア展開を始めるのである。

　ワークショップにおいて、「ふるさと情報やイベントなどを知らせるアプ
リ」を企画案例として提示し、アイデア展開のスタートとした。アプリの目標
は、「下田を知らせて、帰省や観光をしてもらう」こととなり、ふるさと情報
として紫陽花の開花時期、イベントの開催日、魚の水揚げ量など下田に関わる
様々な項目がリストアップされた。さらに、こうした情報以外に、積極的に
「帰省」したくなる動機とは何かについても検討が進み、その視点から「学校
時代の友達など、現地に会いたい知り合いがいたら帰省してみたい」いった欲
求や願いが見いだされた。こうした経過を経て、ふるさと情報には"他者の帰
省情報"も含め、あたかも天気予報アプリのように下田に来るのにちょうど良
いタイミングを知らせるという新たな企画案が生み出され、それを"しもだ日
和"とネーミングした。

　最初の画面には、お天気マークに似た表情によって"帰省日和"かどうかが
わかるアイコンが、その月のカレンダー上に一覧表示される。さらに、特定の

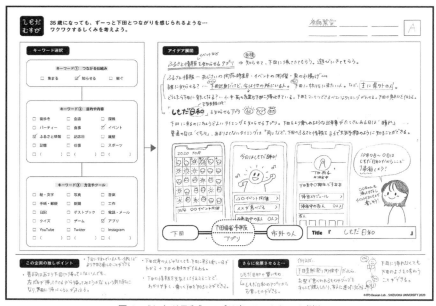

図4　"しもだ日和"アプリ案 ワークシート例[10]

日をタッチすれば、イベントや食事情報、帰省中の人数が表示され、帰省中の人をタッチすれば、その人のプロフィールやスケジュールが表示されるといったデザインとなった。このアプリを使えば「来週は友達が帰省中で紫陽花も見頃。私も帰省しよう」ということになるかもしれない。この企画の価値は第一に、「集まる」ことへの準備や運営のハードルが高かった従来の同窓会などに比べ、帰省に対して気楽な動機を誘発できるデザインになっている点である。第二に、下田在住の人は地元情報を発信し、訪れた人との交流ができ、住んでない人も下田の現在の魅力を知る手がかりになるという具合に下田内外の人、双方が価値を見いだせることである。

（3）中学生の提案

　こうした企画案例を提示しながら進められた中学生のワークショップからは、実に現代っ子らしい「下田とつながるしくみ」が提案された。図5は、中学生の企画案をリファインしたものである。このリファインプロセスは、中学生とデザインの専門家との「共創」と位置付けられる。企画やサービスといったコトのデザインは、柔軟な発想やアイデアによってこそ価値が磨かれる。こうした次元に至って、素人と専門家が「共創」するデザインとして、中学生も、自分たちのアイデアが実社会と結び付き社会を変える力を持てることをイメージできたのではないだろうか。

　以下に、全13グループの企画案の中から一部を紹介する。

Team.D:「しもだるカレンダー」

　ふるさと情報となる下田のイベント・自然・食事などを地元の中学生が撮影し、投稿するとその月のカレンダー写真としてコラージュされるという企画案で、写真をタッチするとイベントなどの名称や解説、撮影者名などが表示される。「全国どこにいても下田のことがわかる。毎年下田のことを忘れない！」と価値付けられていた。

Team.E:「しもだ eats」

　下田の美味しい食べ物などを発信するアプリ企画案。「下田の飲食店やカフェがすべて見られて、食べ物のオススメ情報もゲットできる」「スタンプラリーにして下田の飲食店巡りをする」などとコメントされているように、食事

と街歩きの双方を組み合わせるとともに、地元の人にも観光客にも有益な情報を盛り込んでいる。

Team.F:「みんなでイベント考えようぜ!!」

ツイッターを利用して「みんなで（下田の）イベント考えよう」を募る企画案。イベント自体のアイデアをみんなで出し合うことで「下田とつながるしくみ」を企画したユニークな案である。ツイッターで募集し企画された案をさらに新聞などの別メディアにも掲載してPRするところまで考えられている。

Team.G:「下田ラリー」

下田の各所を巡って、スタンプを集めることでポイントをゲットし、名物や体験と引き換えてもらうことができるといったスタンプラリー企画案。発展例にはVRを使って街歩きし、下田に関するクイズを解いてポイントをゲットするなどのバーチャルなしくみまで提案している。

（4）未来の「共創」に向けて

ワークショップを終えた中学生たちの感想から、「下田とつながるしくみ」

図5　中学生の企画案をリファインした作品[10]

といったコトのデザインへの興味と、それに伴って下田とつながることの大切さや魅力を認識できたことがわかった。それはデザイン思考を駆使した取り組みが、地場の現状を若い世代の視点で見つめ直し、未来に向けた新たな提案を見いだす可能性を十分期待できることを示している。一方で、現在の下田が抱える問題を具体的に解決できるか、それを自らの力でやり遂げられるのか、といったことについては、まだまだ自信が持てていないこともわかった。

「望ましい未来」のイメージを持ちバックキャスティングのデザイン思考を使いながらも、現在できることを遂行していくことの難しさに向き合わざるを得なかったようだ。これが、地場との関わりを真剣に「自分ごと」として問いかけた結果であるとしたなら、今回のワークショップは、地域を見据えた大きな学びのきっかけとなったと言えるのではないか。

今後「地場教育」のモチーフを活かしつつ地域への認識を高めていくためには、「地場を見つめ直し」「地場の可能性と限界を探り」「地場と自分自身がどうつながるのか」を、リアルやバーチャル、アナログやデジタルといったあらゆる方法を駆使して具体的な施策を積み上げていく必要がある。そのためには、子どもたちと専門家との「共創」に基づいた素敵なデザイン思考という視点も有効な手だてとなるものと考えたい。そして何よりも、子どもたち自身が地場の課題と共存していることを、現在進行形で意識化していくことが「望ましい未来を見据えた地場教育」の基盤となるのではなかろうか。（伊藤 文彦）

（注）

1　スタンフォード大学，d.school　https://dschool.stanford.edu

2　各務太郎『デザイン思考の先を行くもの』株式会社クロスメディア・パブリッシング、2018年，p.99

3　A．ダン＆F．レイビー『スペキュラティヴ・デザイン』ビー・エヌ・エヌ新社,2015年

4　須永剛司『デザインの知恵』フィルムアート社，2020年，p.188

5　松岡由幸『モノづくり×モノづかいのデザインサイエンス』近代科学社，2017年，p.10

6　福島民報社「おくる福島民報」　https://adawards.dentsu.jp/assets/daaDownload/proposal/AP_0072_0016_A.pdf

7　畠山英護「気仙沼クエスト」　https://plicy.net/GameSPPlay/68801

8　福島民報社「おくる福島民報」同上サイト

9　NHK広島放送局「ひろしまタイムライン」https://www.nhk.or.jp/hiroshima/hibaku75/timeline/index.html

10　静岡大学教育学研究科2年　齋藤麗愛　作成・デザイン

デザイン思考ー前例のない問題の発見と解決に向けてー

　今日、従来型の思考方法では対処困難で、前例がない問題を見つけ出し、その解決を求められる場面が増えている。こうした状況において、「デザイン思考」への期待が高まっている。

　デザイン思考の主な特徴は次の5点が挙げられる。1「満足度を優先」：問題解決プロセスにおいて目標とする要素は、「正しさ」や「ベスト」ではなく、問題解決に当たった当事者たちの満足度の高さが重要となる。2「試行錯誤によるアイデア出し」：問題解決のプロセスにおいては、問題定義とそれに関するアイデア出しの試行錯誤を繰り返しながら、最適解へとブラッシュアップしていく。3「固定概念の排除」：これまで常識とされてきたような固定概念やバイアスなどを排除して進めることが重要となる。4「コミュニケーションの重視」：個人作業よりもチーム形式での作業が中心となるため、メンバー間のコミュニケーションを重視しながら迅速で幅広い思考をする。5「イノベーションの創出」：表層的な変化を求めるのではなく、人々の潜在的なニーズから課題の本質的な変革を生むことができる――。デザイン思考が説く試行錯誤プロセス、失敗を恐れずアイデアを次々と形にし、その実践を繰り返す過程で学んでいく手法は、教育の場面で強調されるアクティブラーニングの考え方との相性もよく、近年注目を集めている。

（伊藤文彦）

バックキャスティングー未来づくりの創造的アプローチー

　現状のやり方では到達困難な目標に対して、それをなんとか実現にこぎ着けるアプローチとして、「バックキャスティング」という思考方法がある。理想の未来を思い描き、その未来を起点に現在すべきことを逆算して見つけようとする発想の手法で、SDGsのように長期的な目標実現や、現在の延長線上にはない未来の対応していくための手段として有効であるとされている。バックキャスト自体は以前からあった考え方だが、1997年にスウェーデンの環境保護省がまとめた「2021年の持続可能性目標」というレポートをきっかけに広く注目を集めるようになった。

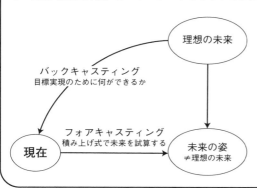

　環境問題のように、現在のリソースを前提に、そこから可能なことを積み上げていく「フォアキャスティング」の考え方は、短期的には実行しやすくとも、どうしても現状維持が強調される。これに対して「バックキャスティング」では、未来から逆算して考えるので、短期的には多少無理をしてでもゴールを目指そうという意識が強く働く。例えば「2030年にはこうなっていたい」といった、チャレンジングな目標に対して創造的解決策を生み出していくアプローチとして近年注目を集めている。（佐々木浩彦）

四 「越境」の章

—中山間地域の課題と空間を越えた
学びの可能性—

中條　暁仁・宮島　明利

中山間地での教育における ICT の活用＜実践リポート＞

（1）川根本町 ICT 教育推進事業

　川根本町は、町内 2 中学校、4 小学校において、教育大綱「子育てしてみたくなる町づくり」を基盤に、町のよさを生かし、小規模校の強みを生かした特色ある教育を展開している。2015年12月、町独自の事業として高度情報基盤の整備が完了し、町内の全家庭へ光端末が敷設された。こうした環境を生かし、本町における特色ある教育の一つの柱として、2017 年 8 月から「川根本町 ICT 教育推進事業」を掲げ、重点的に取り組んでいる。

（2）川根本町が目指す ICT 教育

　川根本町では中山間地のモデルとなるような ICT 教育の創造を目指し、小中学校 9 年間の継続した取り組みにより、将来の子どもたちの社会的な自立に向け、人々の幸せのために「適切かつ有効に活用できる力」を育もうとしている。

　本町では、Society5.0（第 1 章コラム参照）において、ICT は子どもたちの可能性を広げることのできる "便利なツール" であり、さらに子どもたちの "学習環境の一部" でもあると捉えている。そのため極力、禁止や制約を加えることはしない。

　ただし情報モラルを含め、"教えるべきことはきちんと教える" というスタンスは堅持し、実際にそれらを活用しながら、真に必要な情報活用能力を身に付けることに重点をおいている。「ネット犯罪に巻き込まれない」を合言葉に、子どもたちが "ネット犯罪被害者にも加害者にもならない" こともビジョンに掲げている。

（3）川根本町 ICT 環境と実践

　ICT 教育の推進は、（2017年に）町内 4 小学校、2 中学校で一斉に始まっ

た。校内に無線 LAN の環境を整え、1 人 1 台のタブレット端末、全普通教室に電子黒板を配備した。加えて、書画カメラやカラープリンターも日常的に使える状態であり、テレビ会議システムも各学校で一斉に活用できる環境が整っている。これらの環境を活用し、各教科や特別活動において、効果的な学びを創り出すよう ICT 機器の日常使いを推奨し、子どもたちに必要な情報活用能力を身に付けることができるよう、様々な実践に取り組んでいる。（写真 1）

いわゆる "かゆいところに手が届く" 推進体制も本町ならではの取り組みである。常勤の ICT 支援員が月 6 回程度の頻度で各学校を回り、子どもや教職員に必要な支援を行うことができるようにしたこと、インフラ整備業者が町内に常駐して日々対応可能な状態を維持していることで、機器の日常的な活用は円滑に進められている。

また、事業の受託企業体と教育委員会、各学校代表が協議会を組織し、常に情報を共有して、フィードバックを行うことで、定期的に取り組み状況を検証している。5 年間の基本となるロードマップを策定した上で、毎年ごとに振り返りを行い、事業全体の軌道修正を図りつつ、常に進化し続ける情報社会への対応を模索している。2020年度までで事業開始から 3 年半が経過し、現在では授業での教材提示や意見の集約・比較など、電子黒板と書画カメラ、タブレット端末の活用はほぼ日常化しており、SNS を有効活用した授業も意図的に取り入れている。

さらに、2018年からは、中学校の英語学習において、AI の活用による英語技能のスキルトレーニングを行ったり、小学校では新学習指導要領で必修となったプログラミング学習への対応で、静岡大学情報学部の学生による提案授業を実施したりするなど、子どもたちのニーズに応じて一歩先を行く取り組みを行うように心がけてきた。こうした一連の取り組みは日本の先進的な実践として評価

写真 1　タブレットを活用した授業

され、2018年には町内6小中学校すべてが日本教育工学協会から学校情報化優良校に、町全体が学校情報化先進地域に認定され、現在に至っている。

（4）ICT 教育推進による空間を超える取り組み

　川根本町では以前から、川根地域外から電車で通学したり寄宿舎で生活したりして川根高校で学ぶ「川根留学」の取り組みや、「川根本町学力向上ネットワークプラン」による他校の生徒と学校の垣根を超えて共に学ぶ学校間グループ連携授業（RG 授業）、中学2年生と高校生におけるカナダでの海外英語研修等のかたちで、地域的ハンデを乗り越える実践を重ねてきた。

　これらに加えて2017以降は ICT 環境を活用して空間を超える取り組みも本格化してきた。ICT 教育推進事業を開始した2017年11月には、本町と総務省の共催による「未来の学びフォーラム in 川根本町」を開催した。小中学生によるプログラミング講座によるロボットを使ったゲームや参加者によるプログラミング体験など幅広いメニューを用意した中で、メインの取り組みとして、TV 会議システムを活用し、町内唯一の県立高校である川根高校の生徒とインドの ZOHO-University（インドにある企業 ZOHO の社内教育機関）の学生との英語交流を行った。最初は戸惑いを見せていた生徒も次第に打ち解け、楽しく会話を交わし合っていた。参加者全員が、中山間地域の小さな町に居ながらにして世界とつながっていくことができることを実体験した瞬間であった。

　その後、TV 会議システムを様々な形で活用している。例えば、小中学校の教員研修での積極的な活用である。町が研修提供企業と契約をし、6小中学校の全教職員が、ネット上に提供されているコンテンツとつながり、具体的な授業風景など個々に必要な情報を得ることができるような環境を整えている。このことにより、学校の内外において、自由な時間に、しかも短時間で研修することができるようになった。

　また、茨城県古河市と6小中学校を結んでのプログラミング研修を行うなど、先進的な自治体と TV 会議をつなげての研修も行ってきた。中川根第一小学校の5年生社会科の学習では、新潟県南魚沼市の農家とつなぎ、リアルタイムでインタビューを行うなど、ICT 機器、とりわけ TV 会議システムが、子

どもたちの発想で効果的な学習を生み出すことのできる有効なアイテムとなっている。ICT支援員と相談をしながら、"それぞれの教科でどのような活用方法が考えられるか"をテーマに研修を重ねており、今後さらに活用場面を広げていきたいと考えている。（写真2）

　さらに進んだ取り組みとして、町内4小学校では、2020年度から3年間、東京都東村山市立久米川東小学校との交流学習を行っている。TV会議システムを活用し、同学年の児童とお互いの学びの成果を発信し合う試みである。2020年10月の顔合わせ交流に始まり、11月には、それぞれの小学校において、各学年で1時間ずつの交流授業に臨んだ。（写真3）

　本川根小学校では、交流当日に向け、それぞれの学年のテーマに沿い、自分たちの学校の様子や住んでいる町の魅力など教科横断的に学んだ内容について、ICTを最大限に活用しながらプレゼンテーションをつくりあげた。テレビ会議で発表し合うことを想定し、相手意識を持ち"伝えたいことをきちんと伝える"ことを狙いとした。

　当日は、実際に東村山市とテレビ会議システムでつないでのプレゼンテーションを実践したが、大人数で発表する相手校の児童に臆することなく、どの学年も自信をもって説明していた。お互いに発表で届けられる内容に反応して、感嘆の声を漏らしたり、歓声を上げたり、手を振り返したりするなどの表れが見られた。空間を超える双方向学習のよさである。また、一方的に相手の説明を聞くだけでなく、発表終了後、リアルタイムで質問をし合い、会話を交

写真2　空間を超えて新潟県南魚沼市の農家にインタビューする子どもたち

写真3　テレビ会議システムを活用した久米川東小学校との交流

わしながら、お互い双方向で学びを深め合うことができた。これまで、様々な形で空間を超える取り組みを行ってきた成果が、遠隔の友達に向かい堂々とコミュニケーションを交わす児童の姿となって表れ、研究開発学校制度の指定を受けた研究開発の中間発表としても高い評価を得た。

2021年以降は、"探求型の学び"の創造とも関わらせながら、空間を超える取り組みを広げ、より質の高い学びにつなげていきたいと考えている。さらに様々な取り組みにおいて全国と双方向の関係を構築し、"川根本町から全国に発信"を掲げ、町に居ながら各地の友達と学び合えるような取り組みへと進化（深化）させていきたい。

2020年度には、新型コロナ禍の中で、臨時休業時の学習保証として、タブレット端末を家庭に持ち帰りえらせた。オフラインでの映像教材の活用はもちろん、町内の2中学校ではTV会議システムを活用しての双方向授業の試行をいち早く進め、実際に学校と家庭を結んだ学びの場を提供してきた。現在では、その取り組みが小学校へと広がり、それぞれの小中学校において、オンラインによる双方向授業を可能にする環境が整っている。

各校の特別活動においても、TV会議の活用が進んでいる。新型コロナ感染拡大を防ぐため、学校教育においても三密を避ける取り組みが求められる中、自分の教室に居ながら他の教室の子どもたちと必要な情報を共有し、双方向のやりとりを実践した。

本川根小学校の緑の少年活動の取り組みでは、外部からゲストを招き、子どもたちが大切に育てている"岩手県大槌町のヒマワリ"に関する8年前のエピソードを語ってもらう時間を設けた。子どもたちは、TV会議の活用により、画面を通して受け取るメッセージから、津波を乗り越えて咲き続けるヒマワリの生命力を実感していた。

本川根小学校では、毎年、学区を同じにする本川根中学校と合同体育大会を開催している。両校は、体育大会の準備に際し、中学校生徒会と小学校児童会の代表が、TV会議を活用してスローガンを話し合って協議した。両校は1kmほど離れており、往復の移動時間の確保が課題であったが、TV会議システムの活用により、移動を心配することなく協議に十分な時間を充てることが

できるようになった。TV 会議に慣れ親しんでいる子どもたちは、体育大会のスローガン決定や係の打ち合わせなど、必要事項を決定するという目的に向かい、それぞれの考えを出し合い、活発な意見交換を行っていた。

　2020年施行された新学習指導要領では、Society5.0の社会を生きる力として、学びの中で培われ個々にインプットされた学習内容を活用し、外部に発信していく力が求められている。ICT 機器活用以前の学びでは、中山間地域にある本町にあっては、外部にアウトプット先を求めた場合、時間やコストがかかり、ハンディキャップを負っているイメージがあった。しかし、ICT 機器の活用が進み、紹介したような様々な空間を超える取り組みを行う中で、SNSにのってリアルタイムに世界中とつながっていくことができることを実感している。

　さらに、川根本町においては、小規模校、少人数学級であることが大きなメリットとなっている。人数が少ないからこそ、子どもたち一人一人が様々な人とつながる濃い体験を、空間を超える学びを重ねていく厚い体験を、9 年間の継続した学びの中で積み上げていくことができるからである。Society5.0を生きる子どもたちにとって、ハンディキャップであるどころか、逆に大きなアドバンテージであると考える。

　川根本町 ICT 教育のベースにある「ICT は子どもたちの可能性を無限に広げる“便利なツール”であり、さらに子どもたちの“学習環境の一部”である」という考えに基づき、子どもたちの可能性を信じて取り組みを進化させながら、今後も川根本町型の ICT 教育を推進し、空間を超えた学びを創出していきたいと考えている。　　　　　　　　　　　　　　　　　　　　（宮島明利）

1．中山間地域の学校にみる「越境」とは？

　中山間地域をはじめとする日本の人口減少地域では、15〜64歳の生産年齢人口の減少に加え、15歳未満人口の減少が顕著となる「少子高齢化型」が一般的である。それゆえ、中山間地域を中心に学校の再編成が各地で進み、民間の学習塾などの立地も得られなくなるなど、教育サービスへのアクセスが脆弱化している。

　近年の中山間地域社会の維持をめぐっては、大都市圏在住の子育て世代など若年層による「田園回帰」が話題となっている。当該地域にとって、この世代の域内への越境なしに人口増加を期待することはできないため、親子ともに若い人々の「越境」は歓迎すべきこととして各自治体は施策に熱を上げている。くしくもコロナ禍によってリモート勤務の実現が加速され、インターネットにさえ接続できればどこに暮らしていても仕事ができるような環境が整えられつつある。そのため、大都市に居住することのリスクを回避できる中山間地域への移住を検討する人々も増えることが予想される。ただ、子育て世代が移住を実現するには仕事の環境に加え、子どもの教育環境も重要な要素となってくる。そもそも移住先に子どもを通わせる学校がなければ、移住したくても移住できない。また、「ムラ社会」の伝統やしきたりという移住者にとって越えるべきハードルもあり、移住を断念したり、元の居住地に戻ったりするケースも数多く報告されている。

　中山間地域に縁のない人々に移住してもらう田園回帰以上に現実的な手法として評価されるのは、中山間地域から離れて居住しながらも当該地域社会との縁を持つ元住民（コラム「関係人口」を参照）の重要性である。特に、進学や就職、結婚によって故郷から越境しても、地元をサポートし続けられる人材をつくることが有効である。もちろん、地元から越境する人数を抑制したり、再び越境して帰還する人を増やすことができればこれに越したことはない。多くの中山間地域では高等学校の選択肢が限られるため、中学校を卒業すると進学のために域外へ越境する子どもが生じてしまう。地元から高校へ通学できるようにすることや、たとえ高校や大学への進学や就職によって域外へ越境したと

しても、将来地元に戻ってくる人材をつくることが求められる。中山間地域社会を維持するために地元出身者をつなぐ教育を考えることは、地場教育のテーマといえるだろう。

2．「オクシズ」にみる学校へのアクセシビリティ

（1）中山間地域における集落と小中学校の再編

　中山間地域における過疎化は、多くの地域において極度の少子高齢化をもたらしてきた。多くの地域において小中学校の再編問題がクローズアップされ、相当数の統合が生じている。都市においても中心市街地の空洞化によって学校の統合の問題は生じているが、通学時間の拡大という点では中山間地域に比べて影響は小さいと思われる。しかし、広大な空間に集落が点在する中山間地域において学校が統合されてしまうと、閉校となった学区に居住する児童生徒の通学時間は著しく拡大してしまい、当面は通学補助があるにしても、長期的には自治体にとっても大きな財政的負担となることが懸念されている。

　また、地域社会においても学校は子どもの教育の場であるのみならず、子どもを介して様々な地域的社会関係が構築される結節点にもなっている。中山間地域では地方自治体の行財政改革によって公民館などの社会的結節点が消失する傾向にあり、学校がなくなるということは当該地域にとっては大きな問題であり、簡単に容認できる問題ではなくなっている。その一方で、文部科学省による学校再編に関する政策や極度にまで進んだ少人数教育に対する保護者の不安等もあって、地域社会の側もそれを受け入れざるを得ず、多くの中山間地域で小中学校の再編が進められている。

　筆者は第1部第4章において、「オクシズ」と通称されるようになった静岡市中山間地域を「隠された過疎地域」と指摘した。オクシズとは旧安倍郡玉川村、大河内村、梅ヶ島村、清沢村、大川村、井川村の各地区を指し、1970年にいわゆる「過疎法」が制定される直前の1969年に旧静岡市に編入合併された地域である。この地域には55もの集落が点在し、2010年現在で住民の半数以上が高齢者となっている集落が22集落あって最も多い。空間的には井川や梅ヶ島、玉川、大川の各地区で幹線道路から外れた奥地の「行き止まり集落」で目立っ

ている。これに対して40〜50％未満の集落は11集落あり、各地区の中心集落など、高齢化の進行が比較的交通条件に恵まれた集落において進んでいる。集落を構成する世帯数との関係では、20戸未満で高齢化率が50％を超える集落は13集落あった。

　現在、オクシズには旧村（地区）ごとに小学校と中学校がそれぞれ設置されている。図1は、各小学校における児童数の変化を2019年と1975年との比較によって示したものである。これによると、児童数は4分の1から5分の1程度にまで大きく減少していることがわかる。中には、北西部の井川小学校のように10分の1以下にまで減っている小学校もあるなど、各小学校の児童数は極端に減少していることが明らかである。このような極端な少人数化が進んでいるため、中学校と連結した小中一貫教育のモデルとしての研究も進められている。（図1）

　図2は、オクシズの小学校が現在に至るまでにたどってきた統廃合の経緯を示したものである。これによると、人口が急速に減少した1960〜70年代にかけて再編成が実施されていることがわかる。特に、旧静岡市との合併を機にそれは進んだ。中山間地域では居住地たる集落が空間的に分散しているため、分校が多く設置されていた。しかしながら、1960年代以降顕著となる過疎化により児童数が減少し、少数の集落を通学域とする分校から統合が進められ、その後、本校同士の統合に進んでいったことがわかる。そして、旧静岡市と合併する1970年から1980年までの間に、旧村あたり1校ずつに統合され現在に至っている。今後、さらなる学校再編も検討されようが、空間的に分散しかつ山間地でもあるため、また本章冒頭で指摘した人口維持の観点からもそれは慎重にならざるを得ないであろう。（図2）

（2）高校へのアクセシビリティの確保

　人口減少に直面する静岡市中山間地域であるが、当該地域には高校が設置されていない。特に、交通サービスが脆弱なため自宅から高校へ通学できない距離にある子どもは、自宅を出て高校のある静岡市街地に居住することが求められる。そのため、静岡市は葵区内に「静岡市学生寮」という高校生向けの寄宿舎を運営し、高校へのアクセシビリティを確保している。中学校を卒業した子

どもたちは親元を離れて入寮し、食事や生活の支援サービスを受けながら高校
での勉学生活を可能にしている。自治体が運営する学生寮の存在は県内では珍
しく、静岡市以外には川根本町の事例が確認されるのみである。

　当初、同寮は旧井川村の村営として同村出身の高校進学者のために、1967年
に旧静岡市内にあった村有地に建設された。学生寮の設置は、静岡市中心部に
位置する高校まで片道2時間以上を要するために通学は困難であり、安定的な
教育機会を確保するための事業であったと解釈できる。前述の1970年の合併を
機に静岡市へ移管され、旧井川村のみならず旧安倍郡域に居住する高校進学者
にも開放されて、高校へのアクセシビリティがオクシズ全域に確保されるよう

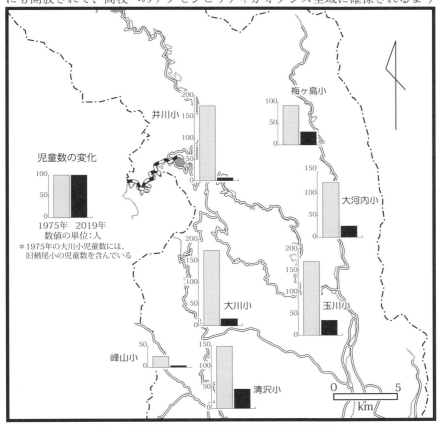

図1　静岡市中山間地域の小学校における児童数の変化
資料：静岡市教育委員会資料を基に作成

になった。2000年に老朽化の進んだ建物が改築され、居住空間はもとより共有空間としての食堂を拡張し、寮生相互のコミュニケーションや自主学習のスペースとしての機能を充実させた。2020年現在の定員は42人で、2人で1部屋を利用できるように設計されている。

　ソフト面では、生徒たちは寮の管理人たる舎監の見守りを毎日受けている。元中学校校長で舎監を務めるA氏は「私たちは彼らの親代わりですよ。毎日の子どもたちの顔つきを見れば、学校で何があったか、体調などすぐわかります。でもあんばいが難しくて、様子を見ながら対応します。卒業後も寮に近況報告をしに来てくれる子は結構いますよ」と話してくれた。舎監は思春期にある彼らとの接触には気を使いつつも、入寮者にとって頼れる存在になっているようだ。

　データで確認できる1999年以降の入寮者数の推移を示したグラフ1によると、2001年の47人をピークに漸減傾向が続き、2020年現在は9人にとどまっている。中山間地域の少子化に伴う利用者数の減少が進んでいるため、2018年か

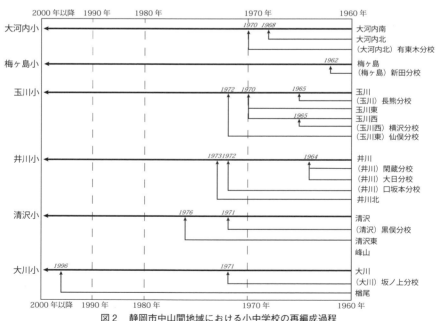

図2　静岡市中山間地域における小中学校の再編成過程
資料：静岡市教育委員会資料を基に作成

ら静岡市外出身者にまで対象者を拡大して入寮者の確保が進められている。入寮者の減少傾向が進みながらも、地域住民の子弟に対して高校教育へのアクセシビリティが確保されていることは重要であり、学生寮は中山間地域にとって必要なインフラであることは変わりない。（グラフ１）

３．教育をめぐる「越境」の試みとその意義

（１）川根本町の教育と「越境」

　これまで述べてきたように、中山間地域には空間の制約がつきまとう。第１節で指摘したが、地理的条件に基づく学校へのアクセシビリティの問題はその顕著な例であるし、教育に対しても地域性に基づく制約は生じている。従来指摘されてきたことを列挙してみると、地域社会が小規模であるがゆえに社会関係が固定化されてしまい、子ども同士の競争機会が低いこと、学級規模が小さいため学習内容に深まりが持てないこと、生活環境の変化が乏しいため多様な考え方が生まれにくいこと、大都市から遠隔に位置するため、特に受験情報など教育情報に格差が認められることなどがある。

　事例に紹介した静岡県川根本町では、町域や校区の内から外へ、外から内への「越境」を試みることにより学校や教育が受ける空間の制約を克服しようとしている。具体的には①ICTを活用した情報の越境、②学校間連携グループ（RG）授業や海外英語研修を通した子どもや教員による校区や町域をまたぐ越境、③「川根留学」や宿泊型教育実習、公営塾の開設などを通した外部人材を呼び込む越境に区分することができる。

　①の実践は、川根本町をはじめ中山間地域などのいわゆる「僻地」の学校では教育のICT化が着実に進展している。インターネットやテレビ会議システムを利用しながら、遠隔地域の子どもとあたかも一つのクラスを構成しているかのような学習が可能となっている。海外の子どもとも交流学習は可能となっており、お互いの地域を理解し、多様な考え方に触れ、新しい発見や感動、喜びが得られているなどの事実は、僻地教育研究の論考が指摘するところでもある。

　また、②学校間連携グループ（RG）授業の実践は子どもや教員が一校内に

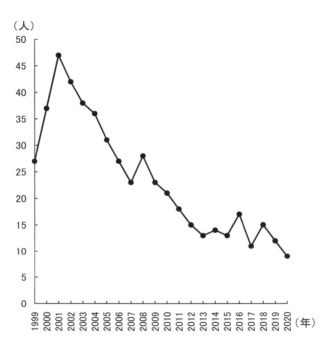

グラフ1　静岡市学生寮における入寮者数の推移
資料：静岡市教育委員会資料を基に作成

とどまることなく、町有のスクールバス7台を駆使して町内6小中学校を往来することによって、必要に応じて学びのグループを形成し、町域全体を「ゆるやかな学校」に仕立て上げている。町内校区相互の積極的越境により、僻地教育で懸念されている子どもの学力や社会性の向上、教員の指導力向上などが図られている。これらは単一校内の特色づくりや小規模特認校の実践とは異なり、川根本町が町ぐるみで取り組むことによって可能になったといえる。

　コロナ禍により空間的に過密な都市社会のリスクが意識され、ポストコロナ時代では外部人材が中山間地域に集まりやすい環境がつくられつつある。川根本町の取り組みは中山間地域での教育の信頼性を高めていることが評価され、子どもを伴った移住者の受け皿になる可能性は大いにある。ただ、これらの実践で中山間地域の抱える課題が解決されているわけではない。同町から域外へ越境する人材の抑制やその還流に向けた実践は課題として残されている。県立

川根高校への地元進学者を中高連携により確保する取り組みは進められている
ものの、同校卒業者をはじめ若年層住民の域外流出に歯止めがかかっているわ
けではない。

（2）越境する人材をつなぐ学校や教育の実践

　これまでにみた川根本町での越境の試みは、いわば「攻め」の実践だろう。
一方で、「守り」の実践も展開されなくてはならない。高齢社会化に直面する
中山間地域では地域社会の維持が目下の課題となっているが、そのためには地
元出身者をはじめとする関係人口をつないで関係性を保ち、そこから様々なサ
ポートを得ることが有効な手段となる。地元出身者をつなぐためには、学校教
育を通して地元に関与し続けられる人材を育成することは有効な手法である。
　過疎対策の先進地域として知られる島根県では、地域課題の理解やその解決
に向けた探究を深める教育が実践されている。地元に残留してもらえる人材を
養成するのみならず、進学や就職によって域外に転出しても将来的に帰還し、
地元に寄与しうる人材を得ることを目的としている。こうした人材を、近年の
社会学では「地域内よそ者」[1]と呼んでいる。Ｕターン者は、域外での知識や経
験・社会的ネットワークなどの外部資源を地元に持ち込み、それを地元の地域
性にマッチさせて地域貢献や起業をもたらすことが期待されている[2]。彼ら彼
女らは地元を客観視できる「よそ者」としての強みをもつ人材となっているた
めに、「地域内よそ者」と呼ばれている。こうした「地域内よそ者」の育成
は、地域づくりの観点からも有意義である。
　県立川根高校では「川根の郷『夢』プロジェクト」と呼ばれる実践が展開さ
れており、同町に関する知識や理解、愛着を深めてもらい、たとえ進学や就職
によって地元を離れても地元を思ってもらえるような努力がなされている。
「川根留学生」をはじめ域外出身者の関係人口づくりも行われており、今後の
動向に注目していきたい。

（3）教員養成における僻地教育の必要性

　最後に、教員養成における僻地教育の必要性を指摘したい。これは本書が編
まれた問題意識の一つでもあるが、僻地たる中山間地域とそこに所在する学校

や教育の実情を学ぶ機会は乏しいと言わざるを得ない。

多くの国立大学の教員養成学部では、過疎指定地域に設置されている高校出身者を対象に特別枠を設けて推薦入試が実施されている。また、川根本町では町内にある小中学校で教育実習生を受け入れるといった努力がなされている。しかし、そうした制度を活用する学生の数は限られており、教員養成カリキュラムに当該の問題意識を盛り込んだ系統的な科目が整備されているわけでもない[3]。地域学習や学校訪問を通じた現場教員とのコミュニケーション等により実情を学び、都市出身者が多数を占める学生に対して地域参画への意欲を高めるための教育の必要性が求められている。その意味でも、川根本町での外部人材たる教育実習生の越境は教員養成において有効な取り組みの一つといえるだろう。

4．「越境」をめぐる学校や教育の役割

中山間地域の学校や教育をめぐっては、かつて社会学者の溝口謙三氏が「一階からのエレベーターに乗ることすら困難になっている」と評した[4]。学歴が社会進出を実現し、社会階層を上昇させる「エレベーター」として機能するようになる中で、高校進学など教育機会の地理的制約を指摘したものであった。しかし、過疎法の整備などによって中山間地域は道路改良が進み、学校へのアクセシビリティが向上した。同時に地域労働市場の形成が図られたことで所得機会も増え、経済的制約から解放された。その結果、子どもたちは義務教育の後、高校をはじめとする上級学校への進学が可能となり、学歴社会における機会の均等がもたらされたのである。

ただし、現代の中山間地域では少子化が極度に進み、学校の存続が危うくなっていることは本章でも確認した。1960〜70年代にかけて、小中学校に対して複式学級解消など「教育環境の維持」を理由に学校の再編成が進められた。さらに近年では、小規模校における人間関係の固定化への懸念から、保護者の側からさらなる再編を求める動きもある。今後、義務教育の学校ですら地域社会からますます遠ざかっていくことが予想され、ましてや高校など上級学校への進学は地域移動を伴わざるを得ず、子どもは地域社会から切り離されてしま

う可能性がある。その意味で、本章で見た空間の制約に対応する学校の取り組みや将来のＵターンの可能性を踏まえた地域人材育成の取り組みは、学校が地域移動を調整し中山間地域の維持に寄与するアクターとして重要な機能を担っていることを示す。中山間地域社会を持続可能にするための教育を始めなくてはならない時期に来ている。 （中條暁仁）

（注）

1　樋田大二郎・樋田有一郎（2018）:『人口減少社会と高校魅力化プロジェクト―地域人材育成の教育社会学―』明石書店.

2　樋田有一郎（2020）: 地域移動が形成する家業継承者の二重の主体性―島根県中山間地域の地域内よそ者のライフストーリー分析を通して―. 村落社会研究ジャーナル 26-2、1-12.

3　教員養成における具体的な取り組みを進めている大学には、北海道教育大学、岩手大学、奈良教育大学、和歌山大学、岡山大学、熊本大学、鹿児島大学がある。河本大地・中澤静男・板橋孝幸（2019）: 教員養成課程におけるへき地教育入門科目の設置と受講生の評価―奈良教育大学の「山間地教育入門」初年度の事例―. 次世代教員養成センター研究紀要（奈良教育大学）5、79-89. を参照されたい。

4　溝口謙三（1972）:『教育のへき地：過疎と過密の中の子ども』日本放送教育出版.

　　　僻地ならではの特色ある教育づくりを支えるしくみ－小規模特認校－

　「小規模特認校」のしくみは1977年に札幌市の小学校3校で始まったもので、児童数の少ない小規模学校メリットを活かして特色ある教育活動を展開した上で、学区を超えて通学することを認める制度である。小規模校にとっては児童生徒数を増やすことができ、小規模特認校を選択する児童生徒にとっては教育の選択肢を増やすための取り組みである。

　小規模特認校の取り組みは、1997年に当時の文部省が「通学区域制度の弾力的運用について」と題する初等中等教育局長通知を出し、学校選択制の一つである特認校制のうち、小規模校において運用されるものが小規模特認校と呼ばれる。ただ、小規模校の規模や所在地についての明確な基準があるわけではなく、自治体の判断により指定することができる。

　小規模特認校を全国的に調査した久保富三夫氏の研究によれば、2013年度時点で小規模特認校が存在しないのは過疎対策の先進県である島根県や秋田県など10県に上るという。小規模特認校が設けられる理由として、中山間地域における学校再編成の回避が最も多くなっている。現在でも新たに小規模特認校を指定する市町村もあれば、同制度を導入したが入学者の増加が見られずに結局は再編成に至ったケースも多くあり、制度導入の効果には地域差がある。

久保富三夫（2015）：「小規模特認校」制度の先進事例に関する調査研究. 和歌山大学教育学部附属教育実践総合センター紀要（別冊）、39-50.　　　　　　　　　　　　　　　　　　　　　（中條暁仁）

　　　テクノロジーが拓く教育の新しい可能性－エドテック（EdTech）－

　エドテック（EdTech）は、EducationとTechnologyを組み合わせた造語であり、教育に活用されるデジタルテクノロジーの総称である。注目すべき点は、それによって教育の仕組みや学習スタイルを再定義するようなインパクトが生じていることである。特にコロナ禍以降、急速に普及しているオンラインコミュニケーションツールを使用した語学習得や、オンライン学習サイトを活用した学士取得などが注目を集めるようになり、空間的には遠隔に存在する学習リソースにも容易にアクセスすることによって、学習機会の乏しい地域にとってとりわけメリットが大きく、教育機会の格差解消にも期待が持たれている。

　こうしたエドテックによる教育イノベーションは、「教員が教える」という従来の仕組みに頼らなくても「学び」が手に入る時代をもたらす可能性がある。教育の主体は、それを提供する学校や教師、親などであり、学びの主体は学習者である。空間という障壁を越えてわざわざ学校に行かなくても、ICTによって一定の学習は在宅のまま容易に享受できる時代に入っている。

　では、学校は不要になるのだろうか？多くの関係者はそのようには考えてはいない。学校という場や教師の力は、学習者の学ぶ意欲や姿勢を醸成し、児童生徒がエドテックの効果を最大化するためにも不可欠な要素といえる。デジタルテクノロジーの普及は、これまでの教育手法の価値を改めて評価させているのではないだろうか。　　　　　　　　　　　　　　　　　　　　　　（中條暁仁）

五 「安心」の章

—僻地のメンタルヘルスの課題と地場教育—

鈴江 毅

CASE 1

僻地の高校で自殺未遂を起こした男子高校生（高等学校教諭　40代女性）＜インタビュー記事＞

　本校は僻地にある小規模な高等学校で、周囲の中学校5、6校から生徒が入学してくる。全体数が少ないので教員の目も行き届きやすい。中学校でいじめに遭っていたが、本校に来て立ち直った生徒も多い。中学校は小さすぎて目立つ、普通の高校は大きすぎて目立たないが、目も行き届きにくい。本校ぐらいがちょうどよい規模なのだろう。座学とともに実習も多く、高校独自の新たな授業もあるのでリセットして頑張れる。ここで新たな才能も開花させるのを助けていると考えている教員もいる。みんなが温かく迎えてくれるイメージで、保健室を利用するような生徒は少ない。生徒のメンタルヘルスはごく普通で、教員も比較的良好だと考えられる。ただ教員の絶対数が多くはないため、逃げ場が少ないというのも事実であるようだ。

　事例の生徒は高校2年生男子である。家庭内で親子関係のトラブルがきっかけで自殺未遂を起こした。父親が発見したが「こんなところで（自殺を）するんじゃない！別のところでやれ！」と言われたという。母親とも父親ともうまくいっていない様子だった。本人からSNSで発信されている悩みを同級生が見つけて、先生に知らせた。担任と養護教諭はタッグを組んで、本人から話を聞いた。その後親子関係の問題は解決したように見えたが、精神的に不安定で再び自殺を企図するかもしれないと学校では考えケース会議を開くこととした。会議は高校の教員が連絡役となり、地域の民生委員や児童相談所、地元警察、市役所などが連携して実施された。その後非常勤のスクールカウンセラーに本人から話を聞いてもらった。カウンセリングの印象は本人にとっては悪くなかった様子で、教員も安心できたようだ。

　情報を集めてみたところ結局、母親の（児童）虐待が疑われることになった。地域の児童相談所にも相談したが、具体的な対応はしてくれなかった。母親を含めた三者面談のときに、家に秘密があるように感じられたが、はっきり

したことは不明のままである。こまめに声をかけ、周りの先生も気にかけてくれてはいた。本人は自分で勉強するタイプで成績は良い。家は経済的には裕福で周囲の環境も良好であった。本人は３年生に進級したあと無事卒業し、関東の機械関係の専門学校へと進学した。現在では特に連絡が来ることはない。

CASE 2

僻地のメンタルヘルスとレジリエンスの行方（中学校教諭 30代男性）＜インタビュー記事＞

　この辺りは伊豆半島でもとびきりの僻地で、夏は過ごしやすいが、冬は風が強く、出歩きにくい。観光等これといった産業はなく、経済活動も盛んとはいえず人口減少が続いている。病院も少なく医療面でも充実しているとはいえない。人間関係は生まれてから小中学校を通じて固定化される傾向が強い。一方で離婚率は高く、パートナーチェンジが多く、家庭も複雑になりがちである。

　僻地では周囲との関係がうまくないとダメだ。地域に幼稚園は複数あるが、小学校も中学校も一つしかない。本校はその中学校に当たる。同じ顔触れの幼なじみ同士で９年間過ごすことになる。高校に入って初めて知らない人と一緒になるわけだが、なじめない場合も多い。進路は少し離れた伊豆半島の高等学校へ行く子どもがトップクラス。その他、地元への就職か外部（静岡市や東京）へ進学する生徒もいる。親は地元に仕事がないから外に行けと言うが、よそに出たことのない子どもは不安を抱く。進路をはじめ、人の生き方の多くは経済的な問題により規定されている印象だ。

　発達障害児については、小学校から中学校までは周囲の理解もあってそれなりにうまくいっている。発達障害の子をじろじろ見るような人はいなかった。高校生になって事情があって静岡市内へと移った人がいた。転校したとたんにじろじろ見られるようになり、みんなに「あの人はキモイ」と言われた。人間関係に悩むようになり、ほどなく不登校となってしまったという。

　僻地の発達障害者は、元からの生まれ故郷で生活する限り幸せだ。僻地が発

達障害者の受け皿になると思う。定時制・通信制高等学校を活用した特別支援教育ができる可能性もある。知的障害がある人でも地域では仕事に就いているし、雇用主はまじめに働いてくれると感謝もしている。「あいさつする」「毎日遅刻欠勤しない」「ちゃんと返事をする」「わからないことはわからないと言う」などの基本的なことができれば、発達障害者が働ける場所は多い。

　教育の目標、教育の効果とはいったい何なのだろうか。指導要領が全国一律である必要があるのだろうか。みんなが国際的なIT企業の社長やノーベル賞学者を目指す必要はない。むしろ田舎の教育と都会の教育が違っていてもよいのではないか。だが、それなのに公教育は最低限のそろった教育目標を掲げ、おそらくそれは揺るがないだろう。

　僻地のメンタルヘルスは悪いといわれるが、そうとは限らない。結局は経済次第なのだと思う。独り暮らしの高齢者でも、裕福なら何の問題もない。ただ精神疾患が多い可能性はあり、それは閉鎖的な地域で自殺率が高いこととも何らかの関係があるのかもしれない。田舎は受け入れられている限りは、住んでみると快適だ。受け入れられなくても、そこに住んでいる限り一緒に生活していかなくてはならない。だから村十分（じゅうぶ）でなくて「村八分（はちぶ）」なのだろう。二分（にぶ）は残しておく。

　当地では勉強面で優秀な人は外に出てしまって地元にはあまり残らない。そうではない人々が世代を重ねて溜まっていくのではないか。地域社会はピラミッド構造となっていて、頂点にはボス的な人がいる。親世代が地元の顔役で、子どもの頃、非行に走ることもあっても、それなりに地域に根付いている。一緒に育ってきたのなら発達障害の子に対しても、仲間としてやさしく接する。障害児にも寛容である。

　しかし一方で仲間でもないよそ者は放置され、親密には付き合ってくれない。排他的なのは間違いない。卒業生は6割が外へ出て、4割が残る。残る人は地域でそれなりに生活できるのでメンタルヘルスはよいが、仲間外れにされるとキツイだろう。自分で何でもしないといけない。誤解を恐れずに言えば、能力の低い者が身を寄せ合って生きているのが田舎である。中高年者も高齢になって仲間外れにされると独りぼっちになって、自殺に追い込まれる例もある

のではないだろうか。

　都会には多様な選択肢がある。選択肢が多いのは素敵なことで可能性は広がる。一方田舎は選択肢がなく、環境に自分を合わせないといけない。しかし、一度受け入れられれば、ヒエラルキーが守ってくれる。田舎にはレジリエンスはいらない。それは多様な世界に飛び込んだ人に必要なものだろう。田舎では不要だ。みんなが助け合うから。そうでないと全員が生きていけない。「幸せの定義」が人それぞれで違う。結局「価値観」についての授業が重要であり必要だ。担任として道徳の時間などを充てて展開しようと考えている。

CASE 3

複雑な家庭の女子高校生の明日　（高等学校教諭　40代男性）＜インタビュー記事＞

　これは、伊豆半島の僻地の高校に通う高校2年生女子の事例である。6人きょうだいの長女。母親が重大な傷害事件を起こして7年間刑務所に入っていたが、最近出てきたところである。きょうだいに中学生男子がいるが、暴力的で少年院に入っているという。末子は小学校2年生の男児で母親にかわいがられているようだが、その他の詳細は不明で家庭環境が極度に複雑である。本人の父親や、他の兄弟の父親もわからない。母親は現在、独身で成育歴や病歴などは不明である。駅前のスナックに勤め、観光客や近所の人相手に仕事している。人付き合いは良いが、ふらふらしてその日暮らし。母親は子育てに関心が薄くて頼りにならず、本人は小さい頃から祖母に育てられたが、その祖母との折り合いは悪い。祖母も厳しい性格で指示的、高圧的であるようだ。

　中学校のときから家出を繰り返していたが、地域では中等の難易度の高校に合格し進学している。頭は良く学校の成績も良い。高校2年の9月になって母親が出所したが行くところがなく、仕方なく同居することとなった。すぐに本人はめまい、吐き気を訴え、学校に来ては倒れるといったことを繰り返すようになった。しばらく保健室登校していたが、担任教諭が音を上げて「保健室は

１時間使用という原則があるんだから帰りなさい！」と拒絶するようになった。担任は若手の女性で、メンタルヘルスに問題を抱え、うつ傾向で最近はたびたび病気休職していた。このためこの生徒に対しては学年主任が中心となって、他の担任教諭、養護教諭らとチームを組んで対応に当たった。

　ある日、本人が家出したとの情報が入り、学年主任が各地に電話連絡など行って捜索したところ、無事県内の他の街にいることがわかった。車で迎えに行き、連れて帰って祖母に託した。祖母しか託す場所がなかったためだ。しかし、「死にたい！遠くに行きたい！」と毎日学校に電話してきて、リストカットを繰り返すようになった。ほどなく祖母の協力も得られなくなり、他の親戚に預けられた。その親戚の女性も厳しい性格で「弁当作るのが面倒だから学校行かなくてよい！」などと無責任な言動が目立ち、協力の得られない日々が続いた。学年主任が初めて母親と面談したところ、表面上は愛想が良いように見えたものの、筋道の通った話はできない印象だった。

　地元の児童相談所にも何度か相談したが、「学校で何とかしてくれ」と言われた。市役所にも相談したのだが埒が明かない。仕方なく学年主任が対応し、学校では疲れたら相談室で休ませてひたすら話を聞くことにした。クラスメートは、事情を知っている人も知らない人もやさしく接した。こうして次第に落ち着きを取り戻した。高校３年生になり「将来は看護師になりたい。看護学校に行きたい。地元には二度と戻ってくるつもりはない。どこかよその街で看護師をして暮らしていきたい」との希望を持つようになり、現在受験勉強に励んでいる。

　本校の所在する地域では親の仕事は観光、医療介護、公的機関が大半で、漁業などは１割以下。産業は乏しく、経済的に豊かとはいえない。卒業生のうち、学業成績ピラミッドの上位２/３ぐらいは外部に出ていく。学力の下から１/３くらいの生徒は互いに助け合って地元でうまくやっていく。知的障害を含む発達障害の人々や犯罪関係者など最底辺の人々は放置されるが、それでも地元の人々は最低限の世話を焼いてくれる。たくましく変化しながら生き抜いて、立派な花を咲かせるようなレジリエンスは地元の人には不要なのである。

　近辺住民のメンタルヘルスは良い。総じて高齢者も良い。うまくいっている

人はとことんうまくやっていく、ある種の社交性を備えている。一方うまくいっていない人は放っておかれる傾向にある。メンタルヘルスの弱い生徒は、家庭の教育力も低く、学校が対応するしかない。しかし、セーフティネットの網の目が粗すぎる。粗い網でも重ねればとは思うが、学校、市役所、児童相談所などだけではどうしても限界がある。「幸せとは？」といった価値観を教えるのは難しい。学校では、「自分が必要とされている」ということをわからせるような教育をしているつもりだ。

　僻地の学校では教員のメンタルヘルスも悪くなることがある。都会で勤務している間は特段問題のなかった教員が、僻地転勤を続けると徐々に調子を崩す例をたくさん見てきた。都会ではいろいろな意味で逃げ場があるが、僻地では助けを求めづらい状況におかれる。僻地の高校の教職員は助け合わないといけないのだが、それができていないことが残念である。助け合い方を知らないことが問題なのであろう。

（鈴江毅）

1．「風土」の視点から考える地域論

（1）風土とは

　この章では、僻地（中山間地域）のメンタルヘルスについて「風土」の面から考えてみたい。そもそも、「風土」ってなんだろうか。風土（ふうど、古くは「ふど」）は、主にある土地の気候・気象・地形・地質・景色（景観）などの総称という概念で使われる。英語では climate などが当てられるが、climate も日本語で言う「気候」という意味だけでなく、「風土」や「地方」という意味も持つ。climate の語源は古代ギリシア語で「傾き」の意味で太陽光の傾きが場所によって異なることから、気候という意味が生まれた。また気候が変わると土地柄なども変化することから、「風土」という概念も生まれた。しかし、「風土」という概念を考える場合、単なる自然現象の他に人間存在や歴史的・文化的な背景も考慮しなければならないことも多い。

　ヒポクラテス（Hippocrates：430〜377BC）[2]は、2,000年以上前にすでに周りの環境の影響によって疾病が生じることを見抜いていた。「医師が新しい地域に赴任して医療に携わるときには、まず季節、風、水、生活習慣、食習慣、気温に注意を払うべきである」と述べている。

（2）風土とメンタルヘルス

　逆に言えば風土が病気を呼び込むことも大いにあり得る。伝染病などが代表な風土病だと思われているが、最近の概念である生活習慣病などもその典型に当てはまる。例えば東北地方で高血圧の人が多いのは、雪深い冬の運動不足および塩蔵食料品の摂取と関係しているといわれている。

　またメンタルヘルス（精神的健康）も風土から大きな影響を受ける。以前、筆者は瀬戸内海地方で精神病院に精神科医として勤めていたことがある。その時に瀬戸内海の島嶼部の人々のメンタルヘルスが良くないことに気が付いた。小さな島に立派な精神病院があったり、連絡船で精神科に通院したりしている人も多く、因果関係は不明だが自殺者も多いという印象を受けた。はっきりしたことは判明しなかったものの、島々を巡っているうちにわかったのは、狭い

内海の瀬戸内海といえども島嶼部には独特の閉塞感があり、それがメンタルヘルスと関係しているように思われたことだ。たぶん「風土」と言い換えても構わないだろう。

その頃から筆者は一貫して、自殺予防の研究・実践活動を続けている。最近ではよく知られた話だが、全国的に見て自殺率の高いのは東北、北陸などの日本海側の地方すなわち田舎であり、低いのは東京、名古屋、大阪などの都会である。年代別でいえば高齢者の方が自殺率は高い。だから若年者が多い都会で自殺が少ないのは統計から納得できることでもある。

しかし思うに、それだけではなく気候や文化を含めた「風土」が鍵を握っている可能性がある。実は世界的に見ても自殺の多い地域と少ない地域があり、様々な原因が推測されているが、そこには気候、経済、文化などが複雑に絡み合っているようだ。同様に「風土」と言い換えることができるかもしれない。「風土」が人生を決めているのだ。

では本章に大きく関係する教育分野はどうだろうか。教育の現場で見渡せば、それぞれの学校には一つの独立した「風土」がある。学校それぞれの「風土」によって児童生徒の心身の健康は左右されている。特にいじめや不登校などメンタルヘルス面は学校風土に大きく影響されるだろう。その結果は直接的にはうつ病などの精神疾患というかたちで、間接的には進学や就職というかたちで具現化し、さらに青年・中年・高齢者として成長していく過程で、人々の運命を左右していく要因でもある。CASE 1 のインタビューのように、田舎（の学校）には能力に関係なく皆の居場所がある、というのも風土の一面だろう。

2．僻地住民の心的特性とメンタルヘルス

（1）田舎のネズミと町のネズミ（イソップ寓話）

「田舎に住んでいる一匹のネズミが、御馳走を振る舞おうと仲の良い町のネズミを招待した。二匹は土くれだった畑へ行き、麦やトウモロコシ、大根を引っこ抜いて食べていたのだが、町のネズミがこう言った。『君はこんな退屈なところによく暮らせるな。ねえ、僕のところへ来ない？　そうすれば珍しい

ものが腹一杯食べられるよ』。田舎のネズミは二つ返事で承知すると連れ立っ
て町へと向かった。ある建物に着くと町のネズミは、パンやチーズ、肉といっ
た見たこともない御馳走を田舎のネズミに見せた。めくるめく御馳走を前に田
舎のネズミはお礼を述べ、食べようとした。その時、何者かが扉を開けてき
た。二匹は潜り込める狭い穴を見つけると一目散に逃げ込んだ。そして、彼ら
が食事を再開しようとすると、また別の誰かが入ってきた。すると田舎のネズ
ミは、急いで帰り支度を整えてこう言った。『こんなに素晴らしい御馳走を用
意してもらってすまないんだけど、こんなに危険が多いのは御免だね。僕には
土くれだった畑で食べている方が性に合ってる。あそこならば、安全で怖いこ
ともなく暮らせるからね』」[3]。

　みなさんもきっとかつては聞いたことのあるイソップ童話の一節である。筆
者自身もどちらかというと田舎の出身であり、思春期にはずいぶん都会に憧れ
たものである。大学生時代、一時は京都・大阪などの大都市にも住んでいたこ
とがあるが、見るものすべてが新鮮で、刺激にあふれ、都会の洗練された友人
や演劇、コンサートなどの文化に身近に触れ、都会にいるだけで自分自身は
ちっとも変っていないのに、レベルアップしたような気分になったことを記憶
している。その頃「田舎の学問より京の昼寝！」という言葉を聞いて納得し、
コンテンツ（中身）よりコンテクスト（文脈）の重要性・優越性に思い当た
り、都会を経験しないと得られないものが多くあることに啞然としたことを思
い出す。

　しかし、このイソップ童話で恐ろしげに侵入してくるのは、果たして何者な
のだろうか。単に犯罪に巻き込まれるとか、人が冷たいとか、見えを張らない
といけないとか、物価が高くて困るとかではなく、生存競争の敗残者や虚飾を
取り去った真の姿への恐怖などが含まれているのだと思う。それは田舎にもな
いわけではないが、ずっと薄められて脅威ではなくなっている。まさに「安全
で怖いことなく暮らせる」のである。

　それは悪いことだろうか。

（2）配られたトランプで勝負するっきゃないのさ…
　次は「スヌーピー名言集」から、ルーシーとスヌーピーの会話をご覧いただ

こう⁴。

　　ルーシー「時々、わたしはどうしてあなたが犬なんかでいられるのか不思議に思うわ」

　　スヌーピー「配られたカードで勝負するしかないのさ…」「それがどういう意味であれ」

　「そんなことはあったりまえ、百も承知だ！」と思われるだろうか。しかし世の中には「生まれ育った環境が悪いから俺は幸せになれない」と愚痴をこぼしている人がいかに多いことか。自分自身はちっとも努力せず、創意工夫することもなく、ただただ周囲の人と比較して、自らの不運を永遠に嘆いて暮らしている。誰だって「今ここで」勝負するしかない。「いつかそのうち」だったり、「どこか別の場所で」なんかないんだ。それが人生だ！　セ・ラ・ヴィ！

　配られたトランプで勝負するっきゃないのさ…。

　そうだ、これがまさにレジリエンスだ。レジリエンスはたくましく生きていくのに必要な能力だが、CASE 2、CASE 3 のインタビューにあるように「田舎の人にはレジリエンスは必要ない！」という発言を僻地の教師から聞いた。無理して田舎から都会に出て苦労するより、レベルは低くても田舎で、それなりに暮らせば人生を過ごすことができる。

　学力の高い者はみな都会に出ていったので、それほど高い能力を持っていなくとも、それなりの地位を築くことはできる。他の者も同じような人なので気兼ねなく、好きなことができると。あえて言えば田舎者に高等教育は必要ない。地域のコミュニティにそれなりに貢献できればもう十分である。数学やら英語やら古典やら、教養的なものは不要である。学問なんか役立たずだ。

　考えてみれば、レジリエンスという概念そのものが、都市の要素を内に抱えているように思う。全世界が田舎だった昔はレジリエンスの必要性の影もない。では現代日本の田舎ではどうかと問われれば、やはりレジリエンスといった大げさなものは必要ない、必要なのはほんの少しの能力、ということになるだろう。

　目標が違うだけだ。「世界一の学者になりたい」のか「田舎でそれなりの役割を果たしたい」のか。どちらが優れているとか劣っているとかではなく、そ

れぞれの人の「価値観」というしかない。そのことについて教えるのは……「道徳」という科目にならざるを得ないだろう。道徳での「生きる意味や生きる目的」といった「価値観」教育が避けて通れない重大なテーマとなるだろう。だとすれば、道徳教育はそのまま本書のテーマとする「地場教育」の大きな柱ということになる。

3．安心と向き合う「地場教育」の可能性

（1）安心・安全が第一（セーフティ・ファースト）

　安心（あんじん、あんしん）とは気掛かりなことがなく、心が落ち着き安んじることである。本来は「あんじん」と読むが、江戸期より「あんしん」と読むようになった。そもそも安心とは安心立命（儒教において天命を知り、心を平安に保つことまたは、その身を天命に任せいつも落ち着いていること）を略したもので、禅宗では現在もこれを仏の教えにより恐怖や不安から解放されて悟りの境地に到達し、心の安らぎを得て主体性を確立することという意味で用いられている。仏教では達磨が初めて用いたとされ、不安や恐怖の原因は自分の欲望に由来する煩悩にあることから、これらの境地を開くことは信心および信仰の証しとされた。ちなみに、建設現場などに掲げられている「安全第一」という標語は、英語の「セーフティ・ファースト」からきている。最初であり最後の境地ということになろう。

　学校には「学校安全」という概念がある。学校安全は、幼児児童生徒（以下「児童生徒等」という）が、自他の生命尊重を基盤として、自ら安全に行動し、他の人や社会の安全に貢献できる資質や能力を育成するとともに、児童生徒等の安全を確保するための環境を整えることを狙いとしている[5]。学校安全は、一般に危険を避けて安全に行動するとともに、他の人や社会の安全のために貢献することを目指す「安全教育」と、学校環境の安全について必要な条件整備を図るための「安全管理」とを包括する概念と捉えられている。

　防災教育や防犯教育、危機管理などを扱っている筆者はこれこそが、教育においても最初で最後の目標であり、原点ではないかと考えている。そして、それは僻地あるいは中山間地域の学校教育の可能性につながっている。

（2）メンタルヘルスの危機を「予防」しよう

　医学とは主に病気の治療に関する学問だと考えられているが、その中に「予防医学」という考え方がある。世の中の健康事象を予防という観点から捉えていこうというもので、公衆衛生学などの基本になる。「予防医学」では、病気を予防するだけでなく、より広い意味で疾病予防、障害予防、寿命の延長、身体的・精神的健康の増進を目的としている。病気を未然に防ぐだけではなく、病気の進展を遅らせること、再発を防止することも予防であるとされている。

　予防とは「予め悪い事態にならないように防ぐ」ことである。予防は「１次予防、２次予防、３次予防」の三つに分けて考えられ、「１次予防」には疾病などの発生を未然に防ぐ①健康増進、②特異的予防がある。「２次予防」には発見して処置する③早期発見・早期治療、④重症化防止がある。そして「３次予防」には社会復帰を促す⑤リハビリテーションである[6]。

　予防医学を精神的健康という面から捉えるとどのような風景が見えてくるだろうか。WHO は2007年に精神的健康を以下のように定義している。「精神的健康とは、単に精神障害でないということではない。それは、一人一人が彼または彼女自らの可能性を実現し、人生における普通のストレスに対処でき、生産的にまた実り多く働くことができ、彼または彼女の共同体に貢献することができるという、十全にある状態である」[7]。

　精神的健康を保つ、言い換えれば精神的健康を崩さず、よりよい明日を築くには、これらの予防が重要になってくる。またひとたび精神的危機に陥ろうとも、これらの予防法から回復の道がたどれよう。メンタルヘルス不調を予防するには社会・環境の影響が大きい。ということは、田舎での生活がプラス面に働くことが多いのではないだろうか。

　それは例えば発達障害の人々にも当てはまるだろう。CASE ２で教師が語っているように、僻地は発達障害の人にとって彼らが受け入れられる、「安心」できる環境であるのかもしれない。人口にある一定の割合で存在する知的障害の人々も、田舎の理解ある仲間と共に、互いに価値を認め合い豊かな人生を歩んでいける可能性について指摘しておきたい。

（3）悩んでいる人を、見つけて、声をかけて、話を聞いて、つなぐ

　近年、地震や大雨台風被害、火山噴火被害など、災害被害に繰り返し見舞われている我が国では、災害時の被災者および支援者の精神的健康被害の予防として「PFA」[8]（災害時の心理的応急処置）が注目されている。PFAは基本的に災害時などを想定しているが、この考え方は普段の生活の中でも十分役に立つ技法だと思われる。特に僻地においては、必須の社交技術のように見える。

　PFAの基本は「準備した上」で、悩みや問題を抱える人を「見つけて」、その人に「声をかけて」、よく「話を聞いて」、関係者に「つなぐ」ことだ。この考え方は僻地でも、いや僻地だからこそ有効だと思われる。筆者は自殺予防にも同様に有効と考えている。PFA自体は大人向けのものだが、子ども向けのPFA教室も全国で開かれているので是非参考にしていただきたい。

　悩んでいる人を、見つけて、声をかけて、話を聞いて、つなぐ……この考え方は地域コミュニティを基盤に教育を創ろうとする「地場教育」にとって不可欠であるはずだ。

４．「地場教育」は現代日本人のメンタルヘルスを救うか？

（1）私たちはみな「敗者」である

　地域社会の土着性を離れて、人工空間を基盤に生活が営まれる場所が都市であるとするならば、他の先進国に比べた場合、日本全体がむしろ僻地だといえるかもしれない。僻地の中の都会とさらなる僻地、さらに僻地へ…ということは、どこまでいっても私たちは僻地（田舎）住まいのネズミなのだ。

　筆者自身、医師としてのキャリアを小児科から始め、精神科を経て公衆衛生学、メンタルヘルス支援活動へと道をたどってきた。その後学校保健分野に進み、養護教諭育成という教育の世界に移り、あらためて教育というものを考えてみた。そして気付いたことは「教育は理想だ」ということである。「こうあるべし、高邁な人間、素晴らしい人間になりなさい」なのだ。

　テストでは常に100点満点を取ることを目標にさせられ、高校野球をするなら「甲子園で優勝が目標だ！」となる。しかし、それは理想にしかすぎない。全国の参加校4,000校以上の中で優勝は常に１校である。「それがゆえに尊い」

のだが、敗れ去ったほぼすべての高校生に生きる価値はないのか。そんなことはないだろう。優勝経験のある高校生だけが、後に社会人となって成功するのか。そのようなことはない。世の中の99.9％の人は「敗者」である。それが激烈な競争であればあるほど、一握りの成功者の進む道の後は死屍累々であるはずだ。

　成功者の物語は示唆に富んでいる。波乱万丈、読んでためになる人生読本だ。一方敗者の物語はどうだ。語られることはなく、顧みられることもない。しかし、この世の物語のほとんどは敗者の物語である。「敗者」である私たちの物語は語られる価値がないのだろうか。

　物事は理想通りにはいかない、それを認めることが健全な社会への第一歩ではなかろうか。一方、医療は「現実」である。わが身の不甲斐なさを背負いながら、心を病んでいる若い人たちに、現実を擦り合わせていくのが精神医療の一面である。精神科の先輩医師から「現実はいつも健康である」という言葉を受け継いだ。現実的な自己・他者把握こそが健康で安心な人生につながる。

（2）安心につながる「地場教育」の可能性

　僻地の教育の特色とは何だろうか。都会が理想あるいは虚飾（偽り）の世界であるとしたら、僻地は実態あるいは真実の世界であろう。僻地には僻地の偽りがあることは承知の上で、さて、どちらを取るか。進歩か安定か。理想を追求することも、現実の世界を見つめことも、どちらかだけでは我々は存在できない。どちらもこの世の中には必要なのだろう。だが、とかく教育の世界では理想が追求され過ぎた。地に足の着いた、身の丈にあった安心を求めて、安全第一に、まずこの世を生き抜くための「地場教育」の重要性が増している。

　今日も新聞・テレビではコロナ禍の話題で持ち切りである。そこでは従来の派手なコミュニケーションを駆使した、盛り上がることを是とする理想の世界は息を潜めている。その代わりに目の前には、ピカピカ輝くものにずっと覆い隠されてきたリアルな生活、等身大の自分自身が見える。世界の終わりか、夢も希望もないのか。何のために我々は生きているのだ。その日その日を生き延びることこそが人生か。教育もまた時代の変化に抗いがたいものであるなら、今こそ大きな潮目になっているのかもしれない。　　　　　　　（鈴江　毅）

（注）

1　CASE 1 ～ 3 については、インタビューをもとに内容を要約した記事であり、情報提供者の情報、地域・場所を特定されないよう内容をゆがめない範囲で、一部脚色をした。

2　ヒポクラテス（Hippocrates）前460年頃～前375年頃：医聖といわれる古代ギリシアの医師。

3　Arthur Rackham's illustration in Aesop's Fables: A New Translation by V.S. Vernon Jones（London, 1912）　アーサー・ラッカム - http://www.gutenberg.org/files/11339/11339-h/images/141.jpg

4　スヌーピー名言集 https://www.pinterest.jp/pin/129408189271400071/

5　「生きる力」をはぐくむ学校での安全教育．文部科学省 .2019年 3 月

6　川田史宝、内山有子、鈴江毅他．養護教諭のための公衆衛生学 第 7 章精神保健：p137-158．東山書房．2018

7　世界保健機関 2007年 9 月 3 日．"What is mental health?"．World Health Organization．

8　心理的応急処置（サイコロジカル・ファーストエイド：PFA）フィールド・ガイド

https://saigai-kokoro.ncnp.go.jp/pdf/who_pfa_guide.pdf

| column | 若年層への自殺予防教育 —あなたもゲートキーパー^{注)}— |

> **column 若年層への自殺予防教育 ―あなたもゲートキーパー^{注)}―**
>
> 　我が国の自殺者数は、1998年より年間3万人を超え、その後も高水準を継続し、自殺は深刻な社会問題となっている。最近、自殺者総数自体は減少傾向にあるものの、若年に限れば自殺者数はあまり減少しておらず、若年層の自殺予防は喫緊の課題になっている。
>
> 　筆者はこれまで、高校生を対象に自殺予防を目的とした心の健康について理解を高めるメンタルヘルスリテラシー教育を実践してきた。「セルフケアの重要性」「知識・技術習得の重要性」「ゲートキーパー活動の実践」「理解しやすい授業内容」「自殺予防活動の推進」「普段からの人間関係の重要性」「逃げることの重要性」などの各点について学ぶことができるよう、教育プログラムは開発された。メンタルヘルスリテラシー教育は、様々な年代に対して実践することが可能であると示唆されている。
>
> 　自らの心の健康を保つ方法を学び、またゲートキーパーとして他者の悩みに対して相互に配慮し合うことで、心理的にも安心して生活することのできる社会の構築が期待される。
>
> 注）ゲートキーパーとは、悩んでいる人に気付き、声をかけ、話を聞いて、必要な支援につなげ、見守る人のことである。
>
> （鈴江毅）

> **column レジリエンスってなんだ？**
>
> 　心理学におけるレジリエンス（resilience）とは、社会的ディスアドバンテージや、己にとって不利な状況に自身のライフタスクを対応させる個人の能力と定義される。自己に不利な状況、あるいはストレスとは、家族、人間関係、健康問題、職場や金銭的な心配事、その他から起こり得る。レジリエンスは「脆弱性（vulnerability）」の反対概念であり、自発的治癒力を発揮する耐性の意味である。「精神的回復力」「抵抗力」「復元力」「耐久力」などと訳される場合もあるが、近年では訳語を用いずそのままレジリエンス（レジリアンス）と表記して用いることが多い。
>
> 　アメリカ心理学会がまとめたリーフレットによると、レジリエンスを築くには、「親戚や友人らと良好な関係を維持する」「危機やストレスに満ちた出来事でも、それを耐え難い問題として見ないようにする」「変えられない状況を受容する」「現実的な目標を立て、それに向かって進む」「不利な状況であっても、決断し行動する」などの方法があるとされている。
>
> 　レジリエンスを構成する要素は多く、かつ極めて複雑な相互関係を持つ。また、生得的なものからその人自身によって獲得されるもの、感じ方や考え方までを含んでいる。
>
> （鈴江毅）

六　「ぬくもり」の章

―すべての人が共に生きる場を創る―

山元　薫・小岱　和代

地域で学び続ける障害のある人々＜取材リポート＞

障害のある方々の生涯学習が制度上位置付けられたのは2017年（平成29年）とごく最近のことである。その中にあって、静岡県では特別支援教育に携わる人々が、学校卒業後も生活を豊かに送ってほしいとの願いから、この地ならではの特色ある生涯学習を根付かせてきた。その契機となったのは障害者青年学級（現「静岡市あおい青年講座」）で、開設から実に半世紀を積み重ねている。

ここでは、知的障害者の生涯学習講座「大学で学ぼう」を通し、卒業後も働きながら学び続ける人々とそのパートナーの姿、そして重い障害のある人々が「訪問カレッジ」を通して、人と関わる姿について紹介したい。

静岡県障害者就労研究会（以下「就労研」、代表：村松智惠子氏）は1996年（平成8年）に発足し、障害者の就労促進に関する支援を進めてきた。障害のある人が豊かな人生を送るために就労は重要な柱である。さらに、働くためには、地域での生活が基盤となり、生活に潤いを与える余暇の過ごし方も欠かせない要素となる。これを支えるために、学習会、講演会、大学で学ぼう、訪問カレッジなどを開催している。「大学で学ぼう」（2005年開始）、「訪問カレッジ」（2018年開始）は、大学と協力して若い世代が中心となって企画運営している。特別支援学校の教員が担当すると、学校教育の延長線上で「遅れがあるから教える」という関係性になってしまう心配があった。その点、静岡大学教育学部の特別支援教育を志す学生、日本大学国際関係学部、浜松学院大学子どもコミュニケーション学科の多様な学生たちは言わば共に学ぶパートナーである。彼ら自身も豊かな学びを得てくれると期待された。

写真1 「大学で学ぼう」の準備の様子

「大学で学ぼう」創設に携わった就労研理事の瀬戸脇正勝氏は、「知的障害児は学ぶことが苦手と考えていたが、そうではなかった。講義であっても寝る人がいない。講師の皆さんは、受講者が興味関心を持って取り組めるよう体験的な活動も工夫し、わかるようにする努力をしてくださる。教壇に立つ者の原点がそこに見られる」と、学ぶ側、教える側が共に育ち合う場であることを示唆している。

　2019年度（令和元年度）静岡大学で3回行われた「大学で学ぼう」は、「イーチャンの白い杖」鑑賞、NPO法人アニマルサードアイズによる講座「日本猫事情」、台湾の留学生による「台湾文化を学ぶ」、靴育のスペシャリストによる「マイ・シューズ・ストーリー」で構成された。これまでも、科学・植物・歴史・芸術・外国文化・海外旅行・スポーツ・心理学・ファッション・防災防犯・CM製作など、社会人にふさわしい内容をニーズに沿って取り上げてきた。静岡大学の教員をはじめ、行政、農林水産の団体、企業、NPO関係者と、要請があれば惜しみなく協力をしてくださる方々の存在が、継続を後押ししている。集まる受講生の年齢も、特別支援学校高等部在籍者から50代までと幅広くなってきた。

　10月の「マイ・シューズ・ストーリー」では、30人の受講生と20人の静岡大学生、就労研究会関係者が、楽しい学びのひとときを過ごした。前回のアンケート結果を受けた、「好評につき第二弾」の実践編である。靴育のスペシャリスト森千秋さんが、「楽しく歩こう、正しく歩こう」をテーマに、普段何気なく履いている靴がいかに健康に影響するかをわかりやすく教えてくれた。ある受講生が「私はたくさん歩けないんです」と発言すると、講師はそれに呼応して、自分に合った靴選びから靴紐の結び方、歩く姿勢や歩き方に至るまで、実技も交えて活気ある学びの場を展開した。受講生が夢中で活動する様子

写真2　「マイ・シューズ・ストーリー」

を温かなまなざしで見守った大学生の1人は、「自分自身も一緒に学ぶことを楽しんでいるんです」と語ってくれた。最後は靴をできるだけ自分の足にフィットさせるように履き直し、皆で大学構内をウォーキングした。秋の心地よい陽射しを浴び、さわやかな風に吹かれて、彼らは緩やかな列を保ちつつ伸び伸びと歩いた。

続く11月、社会福祉法人子羊学園つばさ静岡（山倉慎二施設長）では、「訪問カレッジ」が開催された。各大学に出向くのが難しい人を対象に、出張講座として企画した。重度心身障害のある方々が五感を使って味わえるよう工夫された空間は、ゆったりとした空気が流れて皆を温かな気持ちにしてくれる。用意されたメニューも多彩で、音楽専攻の学生による演奏鑑賞、アロマの香りを楽しみながらのマッサージ体験、お茶の香りを味わう体験、書道、写真撮影・鑑賞など。いずれも、選べる楽しさや創作する楽しさ、学びのパートナーと触れ合う楽しさに満ちていた。「大学で学ぼう」と同様、大人としての嗜みや新たな経験が広がるよう考えられ、年齢に合った活動が特徴となっている。

山倉施設長は、重い障害のある人が外出先探しに苦労している事例を説明し、「訪問カレッジは普段とは違う体験ができる貴重な機会になった」と静岡新聞の取材に答えている。何より、受講生の和やかな表情や「書きたい」「撮りたい」と不自由な手を懸命に動かす姿からは、どんなに障害が重くとも、学ぶことは生きることそのものであることが伝わってくる。

今年度就労研では、コロナ禍を受けて音楽や講話をオンライン配信した。受講生からは「開講を楽しみにしている」という便りも寄せられている。インクルージョンの時代、彼らには学びの場で人と関わり、新たな気付きや変化に心を動かしてほしい。卒業後の長い人生を、生きるぬくもりを感じながら歩んでいけたなら、どんなに素晴らしいだろう。　　　　　（小岱和代）

写真3　「訪問カレッジ」アロマテラピーの様子

障害者の夢の実現と地域の未来を拓く＜取材リポート＞

　筆者と富士山ドリームビレッジとの出会いは、2006年（平成18年）に遡る。その素敵な事業所名に惹かれ、富士特別支援学校の進路指導主事と共に訪問させていただいた。富士宮市粟倉にあった、その障害者就労移行事業所は、まだ開設されたばかり。数人の利用者が畑仕事に汗を流していた。鄙びた場所で地道な作業に、誰もが黙々と身体を動かしている。その穏やかで伸びやかな表情が印象的だった。

　少子化や高齢化社会を背景とした慢性的な人材不足、福祉行政の進展によって、今でこそ、特別支援学校卒業生の働く場所や生活の場も広がりを見せているものの、当時はまだまだ卒業生の安定した進路は限られていた。それだけに、富士地区に開所した富士山ドリームビレッジ（現・代表取締役伏見修氏）は、期待膨らむ存在だった。代表取締役はじめスタッフは先を見据え、あくまでも利用者主体、地域と共に生きるという理念を持っていた。その姿勢に信頼を寄せることができた。今では就労移行支援事業、就労継続支援Ａ型・Ｂ型事業、生活介護事業、放課後等デイサービス、グループホームを展開し、名称の通り障害者の夢を実現する働く場所、居場所となっている。

　障害者雇用の先駆者で2019年（令和元年）に他界された日本理化学工業前会長大山泰弘氏は、「人間の究極の幸せは、人に愛されること、人にほめられること、人の役に立つこと、人から必要とされること」だと説いた。働くことは障害のあるなしに関係なく、人間の本質的な幸せを満たすものである。だから障害者に働く喜びを提供したい——。それは特別支援教育や障害者に関わる福祉・行政関係者の共通した願いである。

　就労移行支援事業所において、利用者は事業所内での仕事から、さらに企業実習により実践的な力量を磨いて企業就労に到るルートをたどる。特別支援学校を卒業して富士山ドリームビレッジで働いていた武田さん（仮名）は、事業所内と企業での２年間の研鑽を積み2019年春、自動車の変速機等を製造してい

るジヤトコ株式会社に就職した。企業就労への戸惑った様子が、母親の次の言葉から伝わってくる。「息子はドリームビレッジが大好きだったので、ジヤトコへ行く1週間前、緊張と寂しさでめそめそしたり、食事も取れなかったりするような日々でした」

　本人が戸惑う一方で、企業側にも不安はあった。知的障害、自閉スペクトラム症などの障害者と接する機会が少なかったため、「落ち着いて仕事ができず、手がかかるのではないか」「他の従業員とトラブルを起こすのではないか」等の先入観が拭えなかったのだ。このようなケースで、両者をつなぐのが職業生活指導員である。障害者の企業への適応と定着、雇用する企業側の理解と持続的な雇用を促す役割を果たす。武田さんの担当指導員は、社会福祉士、精神保健福祉士の資格を持つ植松若菜さんが務めた。実習に当たっては企業が受け入れに安心感を持てるよう、人事、担当部署の従業員に対して障害理解について丁寧に説明する。さらに、武田さんが円滑に仕事に取り組める環境を整えるため、作業内容・工程を分析し、それを踏まえて疲れない姿勢、効率の良い動線、わかりやすい指示の出し方・伝え方について、モデルを示して提案する。

写真4　企業での就労の姿

植松さんには、これまでの経験と関わりの中で大切にしていることがある。企業就労の実現には、自分自身が本気で取り組むのはもちろん、障害者当人の努力と、最終的に共に仕事をする職場の方々の主体性が欠かせないという。そのために植松さんは、

当人の技術習得や周囲との関係性を見ながら、実習中の介入を徐々にフェードアウトすることを心がけているのだ。武田さんをめぐって職場の共感や協力的な雰囲気を引き出すために、まず自ら職場に溶け込み、多くの声を聞いて改善していくことが秘訣だと教えてくれた。

　職場で障害者と初めて接した同社の永田真由美さんは、植松さんとのやりとりを通じて武田さんへの理解を深めていった。手順をわかりやすくするためのスイッチボタンのナンバリング、色分けなどは、共に働く過程での気付きから、独自に工夫したのだそうだ。植松さんも永田真由美さんも、障害があるから支えるというだけでなく、人としての武田さんを認め、その存在が職場に新たなエネルギーを与えてくれると考えている。だからこそ、公正に皆と働ける状況をつくることに心を砕くのだろう。武田さんは「仕事が楽しいです。皆さんがいるから」と話してくれた。

　このように、障害者の就労には、本人の働きたいという意思はもとより、家族、直接的な支援者、社会参加と仕事の機会を提供する企業の理解、取り巻く人々の相互関係が必要になる。今後は技術革新や働き方の改革の影響によって就労のあり方も大きく変化することが予想され、障害者の就労に影響を及ぼすだろう。しかし筆者は、働くことなしに幸せな生活を送れないし、効率だけが追求されて支え合う関係がなければ、働くことも空虚だと考えている。誰もが幸福で持続可能な働き方を見つけていくために、障害のある人もない人も共に歩んでいく社会でありたい。　　　　　　　　　　　　　　　（小岱和代）

1．社会と障害

（1）障害のある子どもたちが「当たり前に生きる」ということ

　人の歴史の中で、障害者は様々なかたちで排除・迫害され、同時に救済され、あるいは自らの道を切り拓きながら生活してきた。また、先人による障害児の教育や福祉への取り組みが、時代的制約を受けつつも積み上げられてきた。しかし、障害者の人権と発達を保障する取り組みが本格化するのは、比較的最近のことであり、今の時代がいかに貴重な歴史の積み上げの上に成り立っているのかがわかる。その時代を生きる障害者の発達的要求が社会を動かし、そして地域に根差した発達的要求が社会的要求へと突き動かしてきた歴史がある。本章では、障害観の変容を概観しながら、障害者と社会との関わりの中で、障害のある人々が「豊かに生きる」ための営みを、どのように地域が支え始めているのかについて描いてみたい。

　ノーマライゼーションの思想はニィリエやヴォルフェンスベルガーを介して、1960年代以降、世界に広まった。その原則は一様ではないものの、欧米各国で脱施設化政策が進められた。しかし、1970年代のオイルショック以降の財政削減、社会保障の縮小という政策的思想の裏返しであった面も否定できず、一部で障害者の地域での孤立を招き、グループホームのあり方や収容に代わる専門機関の役割などが模索されていく。

　日本でも、福祉施策の貧困さが露呈する中、訴訟や施設の開設を通じて障害者の権利思想、発達保障の思想が広がりを見せ、障害者運動も権利獲得のための要求運動としての性格を確立していく。一人一人の子どもたちの発達要求から、障害のある子どもたちへの教育を求める社会的要求へと発展していく。全国的な動きに求心力を与えたのは、近江学園や、びわこ学園の実践から紡ぎだされた「この子らを世の光に[1]」という発達保障の思想であろう。社会的関係の中で力が発揮されることを望むこの療育・教育は、県内でも御殿場市の御殿場学園の設置などの動きに見られた。障害のある子どもを持つ母親たちの願いが障害のある子どもたちの教育を目指す学校設立へつながったのである。

（2）障害観の変化—関係性の中で顕在化する「生きづらさ」という発見—

　「障害」は複雑な現象であり、ある個人の肉体が持つ特徴と、その人が生きる社会の特徴とがもたらす相互作用の反映である。「人と物理的環境および社会環境との間の相互関係の結果生じる多次元の現象」とも定義されている。「障害」とは何かについて考えていくとき、ICF の考え方が役に立つ。ICF[2]は2001年に制定され、正式名称は「生活機能・障害・健康の国際分類」という。「障害」を「生活機能」との関連で理解しつつ、「健康」と結び付けて、1424項目に分類し、複雑に絡み合って相互作用している事象として、多層的な見取り図（パースペクティブ）によって把握するものである。

　「障害」とは、機能障害のある人が自身の機能障害と社会的障壁との関連の中で、自分の「能力」を十分に発揮できていない状況と考えることができる。このICFの登場は、障害者の人権尊重の機運の高まりと相まって、社会的にはノーマライゼーションの理念、教育的にはインクルーシブな動きとなって現れてくる。

（3）教育への波及—「場を分ける教育」から「共に学ぶ」へ—

　戦後日本の障害児教育は、憲法・教育基本法の下に学校教育法によって規定され、障害児が権利としての教育を受ける法的根拠が明確になったが、多くの子どもたちはなお不就学状態に置かれてきた。

　1960年代の世界的な「教育爆発の時代」は、教育における平等・公正の徹底

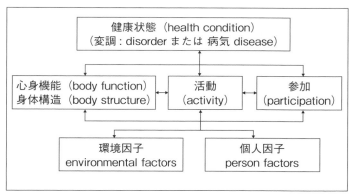

図1　ICF の構成要素間の相互作用図

と人種・民族・性差別の徹底のための改革をもたらし、それを背景とした障害児教育改革が世界各国で本格化していく。1950年代後半から始まった北欧に続き、他の欧米諸国でもインテグレーションの理念が広がり、アメリカでは全障害児教育法（1975年）によって互いに区別することなく共に学ぶ施策が推進された。イギリスのウォーノック報告（1978年）で提唱された「特別の教育的ニーズ」の概念は世界に伝播し、ユネスコによるサラマンカ声明（1994年）[3]で特別ニーズ教育の理念・原則が提案された。

　日本でも、不就学をなくす運動が全国的に広がり、1979年に養護学校義務制、2010年には高等部教育の拡充を実現した。現在、静岡県内では障害を理由とした不就学状態にある子どもたちはいないとされる状態が続き、どんなに障害が重くとも、一人一人に適した教育が提供される環境が整いつつある。

　障害者の権利に関する条約においては、全人格的発達や参加と多様性の原理を思考するインクルーシブ教育の原則を採用している。インクルーシブ教育とは、「分離か統合か」という枠組みで何か決まった形態を論じるものではなく、特定の子どもや集団を排除せず、学習活動への参加を平等に保障することを目指す、学校教育全体の改革のベクトルである。

図2　教育におけるユニバーサルデザイン

　日本でも「インクルーシブ教育システム構築のための特別支援教育の推進（中教審報告[4]）」において、障害者の権利に関する条約第24条のインクルーシブ教育に基づく教育の実現を目指し、共生社会の形成に向けて重要であることが示されている。

　インクルーシブ教育システムの構築に向けて、小中学校の特別支援教育を推進する一つの考え方として「教育のユニバーサルデザイン」がある（コラム：ユニバーサルデザイン）。静岡県でもリーフレット「ユニバーサルデザインでみんな楽し

い！みんな分かる！みんなできる！」（静岡県総合教育センター、2012）が発行され、小中学校の学校経営や授業づくり、教職員の専門向上研修に活用されるなど、インクルーシブ教育の実現に向けた基礎的な環境は整いつつある。併せて、小中学校では、特別支援教育に関する校内支援体制も整い、その充実が図られているところである。また、交流および共同学習が推進されたり、学校間交流や居住地校交流等も実践されたりするなど、同世代の児童生徒の間での相互理解も深まりつつある。

　ただ、こうしたインクルーシブ教育の方向とは矛盾する動きも出ている。インクルーシブ教育を目指しつつも、特別支援学級や特別支援学校に在籍する児童生徒数が増加を続け、場を分けた教育の規模拡大が進んでいることも事実だ。こうした矛盾を内包しつつ、児童生徒の生活・活動する場面に応じて論理を使い分けながら進行しているのが、特別支援教育の実態といえるだろう。例えば学校間や校内における交流では日程調整や学習内容の設定等に難航したり、居住地校交流では医療的ケアの必要な児童生徒や重度重複障害児の場合、物理的環境や安全の確保から、交流や就学の困難さが浮き彫りになったりするケースが見られる。

2．「コミュニティ」に生きる障害者

（1）「どこに行ける」という進路選択から「どう生きるか」への進路指導へ

　障害のある子どもたちにも、進路選択の自由は保障されているのだろうか。現実問題として、学校卒業後の選択肢は依然狭いという印象が否めない。多くの知的障害特別支援学校の高等部では、教育課程の中核として「作業学習」「職業」を設け、生徒に「はたらくこと」を重要な教育的価値の一つとして提案している。生徒の多くは企業就労や福祉就労による自立を目指し、障害が重い生徒は生活訓練の生活になじめるように、学校生活を通して「はたらくこと」「学ぶこと」「暮らすこと」について学んでいる。

　こうした中学部・高等部の教育課程や進路指導のあり方は、昭和38年（1963年）学習指導要領の制定とともに形作られた。知的障害の程度が軽度から中度の生徒を中心に「工場方式」が取り入れられ、まさに労働力として期待された

時代から、「はたらく」ことで自己実現を図ることが、特別支援学校にとって目指すべき知的障害者の将来像になっていく。労働が持つ教育的機能への着目と、社会からの労働力としての期待を背景に、直接的な就業準備としての職業教育とは区別される「労働教育」が打ち出され、戦後長きにわたって「労働の中で育つ[5]」ことが重視されてきた。その後広がった「共同作業所運動」の中でも、人間の発達にとって労働の意義が強調された。

「労働生活の質」を目指し、ILO（国際労働機関）が提唱するディーセント・ワーク（働きがいのある人間らしい仕事）の保障が議論されるようになって以降は、労働力としての期待に加えて「はたらきがい」「人間関係」「コミュニケーション」「労働以外の社会とのつながり」にも意識が及ぶようになる。

昨今、社会における自己実現が多様化する中で、知的障害者の将来像も、本人・保護者共に変化が見られるようになってきている。

（2）「はたらく」ことの現実と新しいムーブメント

障害の有無にかかわらず、誰もがその能力と適性に応じた雇用の場に就き、地域で自立した生活を送ることができる社会を目指して、障害者の雇用対策は、施策と関係法令等の整備で統合的に推進されている（コラム：障害者雇用）。ただ、雇用率の水増し、雇い止め、コロナ禍等の不況時の失業など課題も表面化している。解決のためには、「障害者への労働支援」「同一賃金同一労働の原則」「基本的な生活を営むための必要な最低賃金の保障」「障害がある場合の政府による最低賃金の補填など保護雇用施策」「再就職のための職業教育の充実」が求められる。フリーターやニートと呼ばれる人たちの支援も含め、すべての労働者の労働条件を改善していかなければならない。

障害者にとって労働を通した発達と、発達の契機を労働の場に持てることはもちろん大切なことである。とはいえ、障害者が職場にすぐに適応して働くことは困難だ。

こうした課題を受け、現在では障害者の労働支援のあり方と方法が変化しつつある。従来は当人に変容を促し、当人がどのように環境に適応していくのかに力点を置いてきた。これに対し、CASE 2で紹介した富士山ドリームビレッジの取り組みは、まさに新しいかたちといっていいだろう。その特徴は、当人

をサポートしつつ、就労場所でサポートする人に対しても支援方法をアドバイスすることで、事業者が主体となって障害者をインクルードし人的環境も物的環境も調整するシステムを構築していく点にある。

　この新しいかたちは、共生社会への新しいムーブメントと受け止めることが大切だ。就労場所だけでなく、社会全体が「接触領域（コンタクト・ゾーン）[6]」として、両者が可能性を自覚して協調していく取り組みから、共生と分離の矛盾とジレンマを乗り越えていくための知恵が生まれるのではないかと考えている。

（３）「まなぶ・つながる」コミュニティの形成
　　　—選ぶことができる安心かつ豊かなくらしの場をつくる—
　文部科学省は，平成30年度（2018年）に「学校卒業後の学習活動に関する障害者本人等アンケート調査」（以下、学習活動に関するアンケート）を実施し、障害者の生涯学習活動への参加状況、参加の阻害要因・促進要因、学習ニーズ等について把握した（グラフ１、グラフ２）。その結果、学校卒業後の学習経験として多いのは「余暇・レクリエーション活動」「健康の維持・増進、スポーツ活動」であり、「特になし」も多かった。今後のニーズでは、学習経験に関する回答に比べ「一緒に刺激し合って向上していける仲間づくり、学習意欲を高めてくれる人間関係等に関する学習」が高くなっているのが特徴的だった。生涯学習に関する課題としては、「一緒に学習する友人、仲間がい

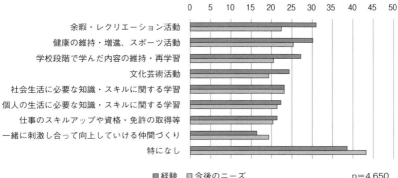

グラフ１　生涯学習経験と今後のニーズ（「学習活動に関するアンケート」を基に山元が作成）

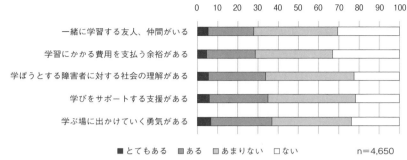

グラフ2　生涯学習に関する課題（「学習活動に関するアンケート」を基に山元が作成）

ない」「学習費用を支払う余裕がない」等が目立っている。

　静岡県内の知的障害者の生涯学習実施機関は、障害者青年学級、手をつなぐ育成会本人部会、大学公開講座、特別支援学校同窓会、障害者福祉サービス提供事業所の五つに大別される。障害者福祉サービス提供事業所については、移動サービス等をカウントしている場合が多く、障害者が生涯学習として選択している可能性は低い。

　また、県東部では、藤枝市・焼津市・静岡市で特別支援学級を卒業した生徒たちを対象とした青年学級が、2007（平成19年）年から有志の教員や元教員らによって活動を続けている[7]。2002（平成14年）年障害者基本計画に「地域における学校卒業後の機会の充実のため、教育・療育機関は、関係機関と連携して生涯学習を支援する機関としての役割を果たす」と明記され、全国的に障害者の生涯学習の動きが萌芽した。静岡大学では大学講座「大学で学ぼう」が設置され、この動きは全県へと広がりを見せている。

　CASE 1で紹介した「大学で学ぼう」の取り組みでは、知的障害者の学びたい気持ちや姿を「学びのパートナー」として大学生が支えている点が、他のオープンカレッジと違っている。相互に学び合い支え合っていくことが、「大学で学ぼう」設置当初からの理念である。コロナ禍によって、直接会って開催することが難しくなり、「大学で学ぼう」も「訪問カレッジ」も、就労研と学生たちが動画を作成して配信している。学習の場を心待ちにしている参加者からは、変則的とはいえ「大学で学ぼう」「訪問カレッジ」が継続していること、学習の場が保障されていることに、喜びの声が上がっている。このつな

がっているという感覚が、関わっている人すべてに安心感を与えてくれる。

　静岡の地に根差してきた障害者の生涯学習の場は、まさに一人一人の生涯発達に関する発達要求として萌芽した取り組みが10年以上にわたって続く中で、障害者の生涯学習という社会的欲求となって広がってきたものである。

　しかし、障害者の生涯学習は増えてはいるものの、障害者が自由に参加している生涯学習の場について増加は見られない。生涯学習の機会は増加しているものの、そこには、障害の有無によって分けられた場が増えていくという、障害者分離のジレンマを生む状況も現出しているのである。

（4）すべての人の「生きる」を支えるぬくもりのある地場へ

　障害者の教育は、養護教育に関する学習指導要領が施行され60年近くが経ち、最重度の子どもたちまで教育が行き届くようになった。障害者の教育的ニーズは多様化し、それに教育は応えつつある。しかし、支援や体制が充実してくると、本人の意思に関係なく区別化や差別化も進んでしまうというジレンマが生じてしまう。教育だけでなく、労働や生涯学習においても、同様である。しかし、このジレンマを乗り越える新しい動きも芽生えている。ジレンマをどう乗り越え、すべての人の人生をどう豊かにしていけるか。時代と地場の知恵が今、求められている。

（注）

1　糸賀一雄「福祉の思想」NHK ブックス1985

2　「International Classification of Functioning Disability and Health（国際生活機能分類）」の略で、WHO（世界保健機関）で1980年に英定された「ICIDH（International Classification of Impairments Disabilities：国際障害分類）」の改訂版。

3　同声明に対してはウォーノック氏から、「障害」にかわる「特別の教育的ニーズ」という新たなレッテル貼りの命名をしたに過ぎなかったのではないかという疑問も投げかけられている。

4　「共生社会の形成に向けたインクルーシブ教育システム構築のための特別支援教育の推進（報告）」（文部科学省、2012）では、障害者の権利に関する条約の国連における採択、国内の障害者制度改革の動きを受け、インクルーシブ教育の実現に向けて特別支援教育の推進の方向性（「共生社会の形成に向けて」「就学相談・就学決定の在り方について」「障害のある子どもが十分に教育を受けられるための合理的配慮及び基礎的環境整備」「多様な学びの場の整備と学校間連携等の推進」「特別支援教育を充実させるための教職員の専門性向上等」）を報告している。

5　茂木俊彦「障害児と教育」岩波新書1990

6　M.L. プラット（2008）は、「帝国のまなざし─トラベル・ライティングと文化的越境」で、何等かの非対称的な力関係を伴いながら人々が出会い、触れ合い、相互のまなざしの交換の中で実践を積み重ねていく空間を「接触領域（コンタクトゾーン）」と呼んでいる。

7　橋田憲司「静岡県における知的障害者の生涯学習活動の現状と課題について」常葉大学研究紀要（教育学部）2014，35,p.225-246

column　障害者の「はたらく」と雇用環境

　障害者の職業の安定を図ることを目的とした障害者雇用促進法は、事業主に対し、常時雇用する従業員の一定割合以上の障害者を雇うことを義務付けている。2021年1月現在民間企業の障害者法定雇用率は2.2%である。厚生労働省は障害者法定雇用率を2021年1月から2.3%に引き上げる予定だったが、コロナウィルスによる企業への影響等を鑑みて、2021年3月1日に後ろ倒しとなった。

　令和2年「静岡県内の障害者雇用状況」によると、雇用障害者数は11年連続、実雇用率は8年連続、過去最高を更新している。民間企業の実雇用率全国平均（2.15%）も過去最高だが、静岡県はそれを上回る2.19%である。実雇用率の低い事業主については、厚生労働省が雇用率達成指導を行い、「雇い入れ計画」の着実な実施による障害者雇用の推進を指導している。県内の法定雇用率達成企業の割合は、52.3%である。

　2013年の身体障害者、知的障害者に加え、精神障害者にも雇用義務が課せられたのに加え、障害者権利条約批准（2014）も追い風となったことに伴い障害者雇用は数値の上では上昇した。しかし、障害者別の1年後の定着率（出典「障害者の就業状況等に関する調査研究」2017、JEED）を見ると、身体障害者60.8%、知的障害者68.0%、精神障害者49.3%、発達障害者71.5%となっている。障害者雇用は、人口減少社会の人材不足状況下で、労働力に活路を見いだす施策の一つでもあるが、働きやすい環境、周囲の理解など、企業等の一層の努力が求められている。　　　　（小岱和代）

column　ユニバーサルデザイン―すべての人を対象に「better」を追究する―

　「ユニバーサルデザイン」は、1980年代にアメリカのロナルド・ロメスによって提唱された理念である。障害者の権利に関する条約第2条では、「ユニバーサルデザインとは、調整又は特別な設計を必要とすることなく最大限可能な範囲ですべての人が使用することができる製品、環境、計画及びサービスの設計をいう」と定義されている。日本でも障害者基本法やバリアフリー新法などが制定され、生活空間のバリアフリー化（すべての人が使う施設での「障壁」をなくす）が進められている。

　ユニバーサルデザインの考え方の基本は、「こちらの方がすべての人にとって、より使いやすい」という「比較」の考え方である。つまり、完璧なユニバーサルデザインというものはない。利用者を想像して、すべての人にとって、よりよいデザインは何かを社会全体が追究していくことが大切である。

　身の回りにあるユニバーサルデザインには、シャンプーの容器や自動ドア、自販機、低床バス、スロープ、みんなのトイレ等、たくさんある。現在では、教育におけるユニバーサルデザインも注目されている分野の一つである。学校にいるすべての子供たちが毎日「分かった」「できた」「楽しいな」と思えるように、基礎的な取り組みとして、学校は学校生活や授業づくりにユニバーサルデザインの発想を活かすと同時に、必要に応じて合理的配慮も提供し一人一人の学びを支えていくことが求められている。　　　　（山元薫）

七　「彩り」の章

－外国人住民と構築する
地域コミュニティの未来－

ヤマモト ルシア エミコ・木村泰子

CASE

学び舎フレンドシップの挑戦＜実践リポート＞

　2020年10月31日、磐田市豊岡東交流センター・元豊岡東小体育館に、55人の子どもたちと50名を超える大人たちが集まった。一般社団法人「学び舎フレンドシップ」（以下「学び舎」）が主催するイベント「みんな集まれ！」に参加するためだ。日本人と共にブラジル人をはじめ、アメリカ、オーストラリア、マレーシア、インドネシア、中国、ブラジル出身で地域に住む外国人の姿があった。静岡大学に通う教員志望の大学生３人も加わっていた。

　「学び舎」は元校長、元教員のほか、地域と学校を結ぶコミュニティーディレクター、公認心理師のスタッフ、外国人を含む地域の協力者で構成されている。これからの時代を生きる子どもたちが自ら人生の主体となり、世界に目を向け、多様性を尊重して人々とつながり合ってほしいとの願いから出資金を募って2019年８月、一般社団法人として活動をスタートした。

　「みんな集まれ！」に参加した子どもたちは、外国人、日本人が交じる10のグループに分かれて、英会話活動、お皿づくり、押し花のしおり作り、プロのインストラクターの指導による体づくり等の活動を楽しんだ。

　写真１は英会話の場面である。体育館フロアー中央に並ぶのは、磐田市立竜洋中学校と米国ニュージャージー州のSatz Schoolの生徒が作った作品だ。自分の好きなスポーツ、食べ物等を紹介した絵に、英語のメッセージが添えられている。相互に活動の様子をビデオで伝え合い、作品を送り合った成果だという。また、参加者の出身国の国旗や、日本を真ん中に置かない世界地図も並んでいる。

　活動が始まった。教師役として地域に住む外国人が周りで見守る。簡単な説明の後、外国人は、一人ずつフロアーの四方に置かれている椅子に座る。子どもたちはそれぞれカードと鉛筆を持って英語で対話をしながら、外国人のサインをカードに書いてもらうことになった。子どもたちは一瞬ためらった様子だったが、すぐに動き出した。年代は園児から中学生まで様々。誰もが緊張と

写真1　みんな集まれ！

期待が入り混じったような表情だ。それをグループのリーダーや学び舎のスタッフがそっとサポートする。

　"What sport do you like?"（何が好きなの？）、"My name is…"（私の名前は……）。だんだん調子が出てきたのか少しずつ笑顔がのぞく。いつでも出会いはハラハラ、ドキドキ。言葉の通じにくい外国人相手ならなおさらだ。そして出会いは、世界への扉を開ける瞬間でもある。大切な場面に立ち会える喜びをスタッフはみな心で受け止める。

　インドネシア出身の男性が長いスカートをはいている。"What's this?"（これは何？）とスカートを指さしながら聞く子どもがいる。いいなあ……言葉の交流は、文化の交流でもある。子どもの気付きや素朴な疑問は、さらなる知的好奇心へとつながっていく。学び舎はそんな瞬間を大切にしている。学びは、大人が押し付けるものではないだろう。子ども自らが五感を通して感じ取るのがいいのだ。たくさんサインをしてもらったカードをどの子もうれしそうに見せてくれる。最後のまとめに、米国の幼稚園児が描いた絵本が紹介された。どのページの子も髪の色は様々、赤や黄色、緑……。いろいろな色の肌や目の色

をした子どもの写真もある。肌の色は違っても体の骨は同じ。だから、みんな違ってみんないい！

　この活動は、「学び舎」にとっても初の試みである。主な活動の場となっている磐田市は、人口約17万人、外国人が8,376人（2020年8月）である。外国人の内訳は、ブラジル出身が約半数、フィリピン、ベトナム、中国人と続く。市内にはブラジル人学校「チアホーザ・オブジェチーボ」があり、乳児から高校生まで約150人がポルトガル語で学んでいる。学校を卒業するとブラジルの小中学校の卒業資格がもらえるが、日本語をほとんど話せない子も多い。ブラジル人の夫婦による託児所からスタート、以来20年になるが、日本の学校とは切り離された状態で、地域や市政との関わり合いや市民との交流は進んでいない。ブラジル人学校の存在に気付いていない人も多い。日本人の保護者には教育を受けさせる義務はあるが、外国人にはない。そのため、就学年齢でありながら、どの学校にも通っていない外国人の子たちもいる。課題は山積みだ。

　「学び舎」では最近、次のような活動も始めた。日本に10年、20年住んでいても日本語が話せない外国人の大人たちの依頼を受けての週1度の日本語支援である。彼らは日本の小学校の教科書や漢字練習帳等を使いながら、学び舎スタッフと1対1で向き合い、子どもたち以上に目を輝かせながら学んでいる。

　そもそも「学び舎」が多様性を尊重する学びを始めた理由は、日本の子どもが外国に比べて、異文化に接する機会が少ないと感じていたからだ。日本語がどこでも通じ、同様の習慣、文化の環境で育つ子どもは、どうしても異質な言語や習慣との接触に臆病になりがち。そこで接触の機会を増やすことで各自が可能性を引き出し、世界の様々な人々と積極的につながり合っていく素地を培えればと考えた。そのために、日本の子と地域に住む外国の子が、お互いを知るための交流授業を学校や地域で進められるよう今後も活動を続けていきたいという。

　さらに「学び舎」には、昨今のようにコロナ禍によって人と人との交流ができなくても、また外国人が地域に居住していなくても可能な異文化理解活動がある。きっかけは、アフリカのベナン共和国へJICA（国際協力機構）の一員として派遣された方から届いた、現地の子どもたち手作りの手形だった（写真

写真2　子どもたち手作りの手形

写真3　日本語カード

2）。

　日本の学校と交流したいということで、ローマ字で名前や将来の夢が書かれていた。磐田市立福田小学校、磐田市立竜洋中学校の子どもたちが早速、ベナンの子たちに、日本語カードや好きな漢字を筆で書いて送ることにした（写真3）。子どもたちの思いの詰まった作品を収めた書簡は船便で3カ月後に現地学校に到着した。事情を聞いて「えっ、3カ月もかかるの？」「これ学校？雨が振り込むむし、床が砂？」と驚く日本の子たち。それなのに、遠く離れたアフリカの地から日本語で自己紹介するベナンの子らの表情は屈託なく明るい。そのことにまた、日本の子どもの心は揺れる……。

　「学び舎」の活動はまだ始まったばかり。スタッフも家族の介護や孫の世話などと両立を図りながらの取り組みである。設立当初に集めた資金も減り、人手も足りない中で何とか活動を続けている状況だ。

　さあ、次はどんな学びを、いつ、誰に、どのように届けられるか――。私たちの模索はこれからも続いていく。
　　　　　　　　　　　　　　　　　　　　　　　　　　　　　　　（木村　泰子）

1．隣に住む外国人

　日本国内に居住する在留外国人が急増したのは1990年に改正出入国管理及び難民認定法が施行されて以降のことである。戦後間もない1950年頃には50万人前後であった外国人の数は、緩やかに上昇し続け、1990年前後に100万人を突破する。その後も在留外国人は右肩上がりに増え、2008年の世界金融危機（リーマン・ショック）および2011年の東日本大震災発生後に多少の変動はあったものの、2020年6月末現在289万人余りと300万人に近づきつつある。20年間でほぼ3倍に増加した計算だ（コロナ禍により2020年は前年度より5万人弱が減少した。その後の変化は不透明）。

　静岡県内もこれと同様の動きを見せており、2020年6月末現在で県人口362万人余りのうち、在留外国人は100,237人[1]、総人口の2.3%が外国籍住民[2]である。

　出身地域の主な内訳は60.6%がアジア、36.8%が南米、1.2%は北中米となっている。県内の分布には差があり、外国籍住民が集住する地域と散在する地域とが見られる。製造業が盛んな工業地域（浜松市、静岡市、磐田市、富士市、湖西市）に全体の55.2%の外国籍住民が居住する一方、小規模自治体では外国籍住民が100人に満たないところもある。こうした凸凹はあるものの、県内のいずれの市町にも外国籍住民が居住している。

　このように外国籍を持つ人は急増しているが、多くの日本人にとって彼らの存在はその数ほどに身近になっているだろうか。特に在留外国人と接点を持たない地域住民は彼らの存在をいつ意識するのだろう。それは多くの場合、話題性のある出来事、例えば県在住の外国人技能実習生が失踪した、賃金未払いの被害に遭った、あるいは外国人住民が犯罪を起こした、事件に巻き込まれた等のニュースが、テレビなどのマスメディアで取り上げられた時に限られてはいないか。

　外国人住民が分散して市内の住宅団地に住んでいても、工場、会社で働いていても、彼らは地域住民からは意識されにくい存在なのだ。地域に住んでいるにもかかわらず、彼らは非正規雇用で不安定な就労状況によって早朝から夜遅

くまで働き、他の地域住民と関わることも少なく、地域内では認識されない存在だと社会学者の丹野清人氏[3]らは指摘する。

「外国人技能実習生」[4]の場合には、この傾向がさらに強いといえる。地域社会学の二階堂裕子氏[5]は技能実習生を対象にした研究で、技能実習生受け入れ制度の運用が地域にもたらす影響を取り上げている。この研究結果によると、彼らを受け入れるしくみの中には一般住民と関わりを持ち得るような要素は含まれていない。地域住民との交流機会が乏しい技能実習生の人間関係は、同じ職場の同胞や日本人従業員などに限定されたものになりがちなことが指摘されている。

通常、外国人の住民は、少子高齢化が進む日本社会を支える労働「資源」または国際感覚をもたらす「人材」と捉えられがちである。しかし、彼らは「資源」「人材」である以前に、地域コミュニティの「一住民」であることを踏まえておきたい。

この章では、このことを前提に、日本人住民との関わりから生み出される地域コミュニティにとっての豊かさについて考えてみたい。地域内に存在する多くの外国人と日本人のコミュニティがつながってこそ、双方の地域社会の「住民」に生活の彩りが生まれるのではないか。さらに、日本人と外国人との関わりのどこが難しいのか、課題について調査・研究などを手掛かりに指摘し、筆者のささやかな挑戦も紹介しつつ日本人と外国人との国内における共生の可能性を探ってみたい。

2．日本人と外国人との関わりとその課題

地域とのつながりが弱い外国人住民は日本人住民からどのように認識されているか、また彼らは日本人住民をどのように認識しているのか。静岡市、浜松市、沼津市、富士市、掛川市の成人日本人住民、外国人住民を対象とした「平成28年度静岡県多文化共生に関する基礎調査（日本人・外国人調査）」[6]から探ってみよう。

まず日本人を対象とした調査から見ていこう。外国人住民との関わりを問われると、外国人住民が集住する地域であるにもかかわらず、約半数の人が「外

国人の知り合いがいないし、付き合いを持ったこともない」と答えている。外国人住民と関わりがある人も多くは職場や学校で近くに住む外国人と「あいさつする程度」だと答えている。また、「地域で暮らす外国人住民について、どの程度親しみを感じるか」には、半数以上の人が「どちらかといえば感じない」「全く感じない」と答えている。

　このデータからは、関わりがないから親しみが湧かないのか、親しみを感じないから関わらないのか、それとも両方なのかはわからないが、日本人住民は外国人住民と一線を引いて暮らそうとする傾向が見られることは確かだ。

　一方で外国人住民を対象とした調査を見ると、日本人住民との関わりは主に職場、近くに住む日本人とのあいさつ程度である。しかし日本人の回答傾向とは明らかに違う点がある。特筆すべきは、半数以上の外国人は日本人と友人としての付き合いがあるとしていることである。親しみに関しては、日本人側の回答とは反対に、半数以上が「とても感じる」「どちらかと言えば感じる」と答えているのだ。

　推測を交えて言うならば、外国人住民は生活する上で何らかの形で日本人と関わりを持つが、日本人の側からするとそれはごく一部の住民で、全体からするとその割合は少ないということではないだろうか。

　では、外国人住民と接触のある日本人居住者は良好な関係を築いているのか。多文化共生について研究している池上重弘氏と福岡欣治氏[7]が静岡県中部に位置する焼津市の、ある団地を対象に実施したフィールド調査からは、そこにも課題があることがうかがわれる。この調査では、日本人居住者は外国人居住者の増加に伴って可視化される諸問題に不満を持ち、団地管理部局に入居制限を訴える嘆願書を提出した経緯を取り上げている。ヒアリングとアンケート調査による意識調査からは、団地内に存在する問題に双方の認識の食い違いがあること、そしてこの認識違いの根底には交流の低調さという問題があることが明らかにされている。しかし同時に、日本人・外国人居住者間に対立が見られたとしても、対話を積み重ねることによって相互理解の可能性は十分にあるとも指摘されている。

　だが、池上氏らの調査からも示唆されているように、しばしばメディアにも取り上げられるトラブルが、こうした日本人と外国人のコミュニケーションの

不足や不均衡に由来するとしたら、それは、日本人にとっても外国人にとってもお互いのことを知る機会を失う、とても残念なことであるといえるのではないだろうか。

3．大学での試行錯誤

　筆者はささやかながら地域の多様性を生かした異文化理解の教育や、啓発に関する活動を行ってきた。その端緒は2017年の「多文化交流プロジェクト」の企画である。湖西市に居住する日本人・外国人または外国にルーツを持つ子どもらを対象に、大学生が主体となって、言葉にあまり頼らない運動やスポーツを通して交流の場や学びの場を提供しようという試みだった。活動を通して子どもたちの異文化への理解を促し、子どもらが"つながり"を築けるように考えられていた。これらの活動について湖西市役所に広報活動を協力してもらって、チラシ配布やWebを通して情報配信を行ったが、実際には思うように参加者は集まらなかった。

　この活動は地域の「つながり」を目的にした内容だった。しかし、皮肉なことに地域住民とつながっていない外部者（大学関係者）には荷が重かったのである。教訓として得られたのは、啓発活動は地域に根差した活動である必要があるということだ。「つながり」以前に上述したような啓発プロジェクトは、地域住民（日本人・外国人）の間に信頼を築いた上ではじめて実践可能になるということを自覚させられた。

　この経験を踏まえたもう一つの活動は、公立学校と外国人学校の児童生徒を対象にした国際交流学習活動の実践である。国際交流学習は一般に児童生徒らが「場」「時間」「課題」を共有することで、相手をより身近に感じ、課題を自分ごととして捉えることができるようになることを目的として展開される。ただ、教育現場における国際交流学習は多くの場合、学習の具体的な方針や育まれるべき能力が明確ではなく、表層的な異文化接触や珍しい文化との触れ合いにとどまる例も多い。また、交流の調整や授業の準備が教師の負担となることも事実である。

　こうした状況を前提に、活動では国際交流学習の経験が少ない学校教員でも

実践したいと思えるような、気張らない国際交流学習を目指した。国際交流学習のモデルを作成した上で、国際交流学習によって学習者に育むべき能力や態度を整理することを狙いとして活動を展開した。

　本活動の参加学校は、大学の付属小学校とブラジル人学校である。内容は各校で２回ずつのワークショップと共同活動２回。活動１回目、２回目は「偏見に気づく」「互いに関心を持つ」をテーマとして、相互に生徒らが学校生活の写真を見ながら、共通点や相違点、気になることを探した。それによって相手の学校生活や生徒らへの興味や関心を持ってもらうことを主眼にした。活動３回目は対面交流会、最終の４回目はそれを振り返る活動だった。本活動を通して浮かんだのは、まず交流を行う前段階で「相手のことを深く知り、考える」こと、それに交流を行う相手が置かれている状況や気持ちを考え寄り添う姿勢の重要性である。さらに、授業者自身が実践する際に偏見を持たないように心がけることの大切さも認識された。支援者を務めた大学生にとっても、相手に抱いていたマイナスイメージは実は単なる思い込みに過ぎなかったという気付きが得られるなど成果があった。

　生徒の感想の一部を紹介しよう。

　「私たちでさえ怖いと思っていることが、ブラジル人の子たちは国が違うのだから、そういう意味でもっと怖かったのだと思う。だから日本人と話すのが怖くないと言ってくれたとき本当にうれしかった」（付属小学校の生徒）

　「偏見の目で見られると思っていたが、そういった目で見られることなく仲良くできたからよかった」（ブラジル人学校の生徒）

　活動終了後、教育現場で国際交流学習を実践する際に活用できるパンフレットを作成した（図１参照）。本パンフレットには国際交流学習実践に重要と思われる点を四つ挙げた。

　　1　なぜ国際交流の活動をするのか、価値付けをする
　　2　共同作業を盛り込む
　　3　交流する際の立場が平等である
　　4　交流を継続する

図1　国際交流学習活動の成果を共有するパンフレット（日英版、日ポルトガル語版）作成

　こうした国際交流学習は実践例の一つに過ぎないが、文化の多様性に気付くなどの経験を積み重ねていくことで、生徒に偏見にとらわれない考え方を培っていけるだろう。長い目で生徒の成長を考え、交流をたゆまず続けていくことで、徐々に視野も広がり、意識も変わっていくと考えている。

4. 多様性に富んだ地域コミュニティづくりに向けて

　本章の冒頭でも紹介したように、地域コミュニティには学校の枠組みにとらわれない草の根の活動団体が存在する。こうした市民団体が実践する交流活動は、日本人と外国人の子どもらがつながるきっかけになっている。また筆者が静岡大学で試みた異なる教育機関（公立小学校と外国人学校）の交流は、子どもらが異文化に対する感受性を養うための実践であった。

　果たして、こうした試みによって外国人と日本人が共に住んでいる地域コミュニティは、お互いに相手の違いを認め合いながら刺激を与え合う、彩りの豊かなコミュニティになっていけるのであろうか。

　この問題を考えるために、社会心理学で扱われてきた「接触仮説」というテーマを援用できよう。

　単に相手と接触しているだけでは、相手に対する偏見や排外意識が抑制されないが、接触の一定条件が満たされれば、その効果が期待できるという。では

その条件はいかなるものか。

　ある研究[8]によれば、それは「社会的制度的な支持（政府や教育機関などによる支持）」「互いの関係性を発展させるのに十分な接触の頻度、期間、密度」「接触が対等な地位関係にあるように工夫され行われていること」「接触における共通の目標（共同作業を含む）」等であると指摘されている。つまり公認の場で対等の立場で、共通の目的を持って頻繁に長く深く付き合えば、互いに相手を受け入れられるのである。

　さて、そうした条件は現在の社会に整っているといえるだろうか。今日の日本社会では見知らぬ者同士が自然発生的に関わるということはかなり難しい。ましてや文化的な価値観が異なる大人同士だとそのハードルは高いのが実態だ。従って２節で紹介したように、外国人住民は外集団（日本人集団）との接触経験を通して偏見等が軽減されて日本人に親しみを感じるが、接触経験が少ない日本人側は親しみが湧かないのである。

　だが、学校やその他教育に関わる団体では、こうした条件を確保することは不可能ではない。学校は社会公認の機関であり、自ずと「社会制度的な支持」が獲得されている。加えて学校では、目的を持って継続的に児童生徒に働きかけていくことが可能だからだ。筆者の取り組みも、当初は活動の開始自体に困難が伴っていたものの、学校という枠組みとタイアップすることで、一定のかたちを創ることができた。

　もっとも学校にばかり期待することもできない。今日の学校はカリキュラムを消化するのに手いっぱいで、他の活動にまで手を広げるだけのゆとりはないからだ。加えて教員の異文化理解に対する関心も必ずしも高いとはいえない。こうした点ではNPO、その他の地域の活動団体の方がむしろ経験やノウハウを蓄積している可能性は高いだろう。

　とするならば、外国人コミュニティと、よりつながりの強い地域の活動団体と学校とがタッグを組むならば、さらに影響力や効果を高めていくことができると考えてもよいのではないだろうか。学校の持つ社会的な支持や公平性と、外部の団体の有するつながりの密度やノウハウがコラボできるからだ。

　冒頭で紹介した「学び舎フレンドシップ」の取り組みや筆者の実践は、現時点ではごく小規模ではあるが、そこに学校と地域とが協働して共生社会への扉

を開く一つのきっかけとなる可能性を見いだすことは可能だろう。SDGs の掲げる人々のパートナーシップや共生社会の持続的発展のためには、こうした草の根の努力は欠かすことができない（本章コラム参照）。

　多様性に富む地域は無数の可能性を秘めている。異なる住民同士が触れ合える「場」が準備されることで、地域コミュニティに新たな空間と関係性が生みだされる。多くの地域が多様性と戯れながら余裕のある隣近所付き合いをしていけるよう期待したい。

（注）

1　静岡県くらし・環境部県民生活局多文化共生課（2016）「平成28年度静岡県多文化共生に関する基礎調査」http://www. pref.shizuoka.jp/kenmin/km-160/documents/04-nihonjin.pdf（2021年 1 月30日閲覧）

2　静岡県経営管理部統計調査課人口就業班（2020）「静岡県の推計人口　2020年 7 月市区町別推計人口表（外国人）」https:// toukei.pref.shizuoka.jp/jinkoushugyouhan/data/02-030/0207jinkou.html（2021年 1 月30日閲覧）

3　丹野清人（2016）「顔の見えない定住化」,『移動と定住の社会学』　北川由紀彦；丹野清人（著）放送大学教材，pp.105-119.

4　「技能実習」や「研修」の在留資格で日本に在留する外国人が報酬を伴う技能実習や研修を行うことのできる制度で1993年に導入された。

5　二階堂裕子（2019）「外国人技能実習生と地域住民の顔の見える関係の構築─岡山県美作市における地域再生の試み」─特集論文『社会分析』46.pp.63-81.

6　静岡県くらし・環境部県民生活局多文化共生課（2016）「平成28年度静岡県多文化共生に関する基礎調査（日本人調査）」https://www.pref.shizuoka.jp/kenmin/km-160/documents/04-nihonjin.pdf（2021年 1 月30日閲覧）

7　池上重弘；福岡欣治（2004）　外国人居住者はコミュニティの担い手となり得るか？－焼津市Ｔ団地での調査から－　静岡文化芸術大学研究紀要　Vol.5　pp.1-12.

8　大槻茂実（2006）外国人接触と外国人意識 JGSS-2003 データによる接触仮説の再検討　日本版 General Social Surveys 研究論文集［５］JGSS で見た日本人の意識と行動 JGSS Research Series No.2 pp.149-159.

column	SDGs と ESD －「サスティナブル」ってどんなこと？－

　ニュースやテレビ番組でも SDGs という言葉がよく使われるようになった。SDGs は "Sustainable Development Goals" の略称であり、日本語では「持続可能な開発目標」と訳される。2016年から2030年の15年間で達成すべき世界共通の目標として、2015年 9 月に国連で開催された持続可能な開発サミットで国連に加盟している全193カ国によって採択されたものである。

　具体的には「1. 貧困をなくす」「2. 飢餓をゼロに」「3. すべての人に健康と福祉を」「4. 質の高い教育をみんなに」「5. ジェンダー平等を実現しよう」「6. 安全な水とトイレを世界中に」「7. エネルギーをみんなにそしてクリーンに」「8. 働きがいも経済成長も」「9. 産業と技術革新の基盤をつくろう」「10. 人や国の不平等をなくそう」「11. 住み続けられるまちづくりを」「12. つくる責任つかう責任」「13. 気候変動に具体的な対策を」「14. 海の豊かさを守ろう」「15. 陸の豊かさも守ろう」「16. 平和と公正をすべての人に」「17. パートナーシップで目標を達成しよう」の17の目標が掲げられており、これらの目標を達成するための具体的な169個のターゲットに加え、さらにその下に232個のインジケーター（指標）が整備されている。

　ESD は "Education for Sustainable Development" の略称で文部科学省は「持続可能な開発のための教育」と訳している（この翻訳については賛否ある）。ESD は持続可能な社会づくりの担い手を育む教育を意味する者であり、2002年の「持続可能な開発に関する世界首脳会議」（ヨハネスブルクサミット）で日本政府および NGO がこの言葉を提案したのがその発端とされる。

　ESD の概念の方が提案は早かったが、一般に ESD は SDGs の諸目的を達成するための手段の一つとして位置付けられている。

　さて、SDGs にも ESD にも含まれる「サスティナブル」（sustainable）とは何だろう。日本語では「持続可能性」と訳されるがあまりピンとこない人も多いのではないだろうか。

　"sustainable" は sus（下）＋ tain（維持）＋ able（可能）の合わさった単語だ。下からの力で物事を維持しようとするのが「サスティナブル」だ。日本でも西欧でも「お上と下々」「天国と地獄」といった言葉に象徴されるように、「上」は抽象的なものや理想的なものと結び付けられる一方で「下」は土着的で肉体的・物質的なものと結び付けられる。

　だから「サスティナブル」という言葉には含まれるニュアンスは、身近なところで生じる個別具体的な動きの総和によってマクロ環境に対応していくという発想だ。ちょうど私たちの身体が新陳代謝を繰り返すことで身体を維持して環境に適応していくように。

（武井 敦史）

八　「創造」の章

―「正解」の呪縛と「出会い」としての創造―

武井　敦史・大木島　詳弘

CASE

地域創造に挑戦する高等学校＜実践リポート＞

（1）本校の概要

　浜松学芸高等学校（本校）は静岡県内の私学でも 2 番目に長い117年の歴史を持つ伝統校である。現在は普通科と芸術科から成る男女共学の全校生徒数1,000 人規模の高等学校である。2017年度より地域の魅力発信に取り組み始め、2020年度からは普通科内に「地域創造コース」を新設し、さらに活動を拡大させている。

（2）地域の魅力発信活動の始動

　本校は 9 割以上の生徒が 4 年制大学への進学を目指し、カリキュラム編成も受験を意識したものだった。多くの生徒が県外の大学に進学し、2018年に実施したアンケートによると県内の大学に進学を希望する生徒は17％、将来地元に戻って就職を希望する生徒は22％にとどまり、進学・就職によって人口流出が加速する実態が浮かび上がった。

　そんな中、夏休みに実施されるセミナーの一つとして、地域調査の講座を開設した。生徒たちと共に地域のフィールドワークを実施して、浜松市北部を走るローカル鉄道である「天竜浜名湖鉄道」を題材に魅力の発信に取り組んだ。当初集まったのはわずか 5 人だったが、この生徒たちと沿線のフィールドワークを重ねた。活動開始当初は鉄道会社の反応も薄く、生徒も推薦入試の加点材料になればくらいの思いで参加している状況であった。しかし、フィールドワークを重ねていくと、多くの駅舎が文化財に登録されており、どこか懐かしさを感じる田園や里山の沿線の風景に多くの魅力が存在することに気付くようになった。そして、これらの価値をどのようにしたら発信できるか、生徒たち自身も少しずつ考えるようになっていった。

　最初に発信する内容は「全39駅でポスターを制作し等身大の高校生の青春と懐かしい景色を重ね合わせる」というものであった。懐かしさを感じる景色を

ポスターにすることで経済的な価値に変換することができないかと考えたからである。SNSになれた生徒たちは写真を撮ることも日常の一部となっている。1日では数駅しか撮影ができないため、何日もかけて行うことになったが、その中でいつの間にか現地に行く楽しみや仲間と撮影を行う楽しさが増していくのを感じたのであろう。さらにこのポスター化・カレンダー化の取り組みを地元の高校生アイデアコンテストで発表して優勝したことで、生徒個々の自己肯定感が高まっていくのを筆者は驚きとともに見守ってきた。こうした経験から、フィールドワークのような実体験を伴った学びこそが、生徒が主体的に学ぶようになるための一つの手段であると確信した。

　本校では生徒たちの主体的な学びの場を創るため、2017年度以来課外活動の位置付けで探究活動を開始し、人文科学・社会科学・自然科学・生活・芸術の各領域で生徒が課題や活動内容を自由に設定し取り組んでいる。それまでの地域調査活動は、社会科学地域調査班として発展し、活動内容も拡大して通年化していった。

（3）活動のポリシーを構築する

　わずか5人でスタートした活動だったが、社会科学地域調査班の部員は42名にまで拡大している。自分たちの地域の魅力発信活動を浜松市の公認制度へと昇格させ、「青春はままつ胸キュンプロジェクト」と名付けて現在まで多くの活動を継続している。天浜線のポスター制作に興味を持った生徒たちが活動を持続させており、活動が新聞やテレビなどでも取り上げられ、多くのポスター制作やPR活動の依頼が来るようになった。それらの依頼について話し合う中で、活動の趣旨を共有するための4つの活動ポリシーを生徒たちとで導き出した。
① 　知っている場所から行ってみたくなる場所への変化を促す
② 　中高生には共感を、大人にはどこか懐かしさを感じる青春を演出する
③ 　いつか戻ってきたいと思える街の魅力を発信する
④ 　地元の企業と協働する
　この活動ポリシーは現在も部員に受け継がれ、制作や依頼を受ける際の規準

にしている。

（4）ポスタープロジェクトの展開

　「勝手に応援団」として始まった天浜線の魅力発信活動は5年目に突入しており、フィールドワークの基礎を身に付けるために現在でも年間を通して実践している。その間、この活動は様々なメディアに取り上げられただけでなく、天竜浜名湖鉄道の80周年記念ポスターとしても採用されるまでに至っている。

　このポスタープロジェクトでは、まずは、生徒たちは全駅のフィールドワークを行い、各駅の魅力をどのように表現するのかを検討する。本校は浜松市中心部にあり、天竜浜名湖鉄道に乗ったことも見たこともない生徒がほとんどである。そんな生徒たちとフィールドワークを重ね駅や沿線の魅力を調査した。

　調査してみると映画などのロケにも数多く使用されていることや全線が文化

財に指定されていることなどもわかった。沿線の魅力を「ロケなどに使いたくなる古き良き田舎の景色」とコンセプト化し、週末を使い撮影活動を開始した。フィールド調査で得たイメージを元に、全体のイメージを統括する担当や撮影・補助・モデルなど様々に役割を分担して撮影を行った。チームで活動することによって、生徒の多様な個性が発揮できる場を見つけることができる。時には、車両が到着するのを待ったり、天候や時間が合わないと日時をずらしたりして、イメージを実現するためにこだわりを持つようにもなっていった。

写真1　天浜線ポスター

またポスターは単なる写真とは異なり、制作する素材の写真はロゴやキャッチコピーを入れるスペースを考慮して撮影しなくてはない。このため、構図や露出など、何度も何度も撮影してチェックし試作することの繰り返しが続いていった。1日の撮影カットは1,000枚を超え、膨大なカット数の中から写真の選定・ロゴの配置・コピーライトの考案など、編集会議を何度も繰り返していった。多くの手間をかけて完成したポスターは地域の方々にも認められ、撮影中も励ましや応援の声をいただけるようにもなった。

　こうした地域の魅力発信する活動を通じて、生徒達は天竜浜名湖鉄道沿線に広がる田園や里山の景観に、「日本の原風景」として価値を見いだしてきたのではないか。また、そのための仕組みを構築し、可能性を実感することで地域の魅力をもっと伝えたいと思う生徒も増加し、発展してきたのではないか。

（5）活動の拡大

　このプロジェクトが本校の地域魅力発信活動の基礎になった。この活動が認められ、また地域の企業や団体から同様のポスター制作の依頼にもつながり、浜松市より「青春はままつ応援隊」への認定などのかたちで本校の魅力発信活動が拡大していくきっかけともなった。

　現在では、静岡県立森林公園のポスターやカレンダー、地元の浴衣メーカーの新作浴衣のカタログポスター、宿泊施設（かんざんじ荘）の常設展用の浜名湖ポスターの制作や、静岡市の百貨店での天浜線全駅ポスター展などにも拡大している。天浜線の沿線で生徒と共に何ができるか悩むことから始まった活動が、水面の波紋のように徐々に地域に広がっていくのを感じている。

　本校のプロジェクトも当初は様々なアイデアがあったが、写真ポスターのかたちでアートの発想を活かすことが必要不可欠であるという結論にたどり着いた。日本の原風景というどこか懐かしさを感じる景観と、高校生の友情や恋愛という誰もが経験する青春を掛け合わせることで、多くの共感を生み出そうという生徒の考えを形にするのにはそれが最適だと考えられたからである。

　この活動が認められていくことで日常の景色にも価値を見いだし、生徒たちの自己肯定感や地域への誇りを高めていくこと、にもつながったと感じた。活

動の回転力が上がったことで、全国規模の大会である「観光甲子園」でプランを発表しグランプリを獲得したり、地場産業の注染浴衣と協働し浴衣生地を用いたシャツ（美縫として商標登録済み）を制作したりし、現在制作し浴衣生地を用いたシャツは自分たちのオリジナル配色で染色できるようになり、制作したシャツは本校の準制服や近隣の大規模病院の受付制服などにも採用されている。さらに、県立森林公園や地元企業の CM 動画制作・浴衣生産の街から浴衣を着てみたくなる街への変化に挑戦した創作盆踊りイベント「浴衣 De Night」の実施など、本校生徒たちの活動がさらなる展開・発展を遂げていった。

　そしてこれらの活動は、学校全体としての探究活動へ、さらに地域調査班の魅力発進活動をベースに地域創造コースで「地域創造」の教科として体系化された学びへと拡大していった。

（6）活動の教材化のためのフォーマット化

　本校で取り組んできたアートの観点を取り入れた地域魅力発信の取り組みであるポスター制作は、行政やメディアからも注目され、教育的効果も確認できはじめた。こうした活動手法が、他の地域でも展開でき受け入れられるのか、教材として活動の共有化を進められないかと考え、以前から生徒間の交流があった青森県立鯵ヶ沢高校と連携をとり、2019年10月に本校生徒が訪問しポスター制作を協働することとなった。

　実際に活動をするにあたって、まずは本校の活動のプロセスを明確化し、ポスター制作の手法を両校で共有化を徹底した。前記の四つの活動ポリシーを丁寧に伝えたことは言うまでもない。

　協働してみると現地高校生も観光地を撮影ポイントとして紹介する傾向が見られた。アピールを考えるとどうしても観光地や名所に目が行きがちであったのは本校の生徒も同じである。しかし、多くの方から高い評価いただいたのは、何気ない日常を切り取ったポスターであった。普段目にしている景観は地域の生活文化をそのまま反映している。その大切さに気付くことで両校の生徒が活動ポリシーを共有してロケハンを重ねることによって、今まで気付かな

かった地域の見え方に共感するような変化が見られた。完成したポスターを見てその出来に驚く声が挙がるとともに、作成することが目的ではなくどう活用するかがポイントであるとの視点も出てきた。活動を通して、地域の魅力発信の課題を明確に捉えることができたと感じた瞬間であった。

（7）共有化の実践検証と課題

　他校との協働プロジェクトは、本校のポリシーを共有した上で短い期間の中でどれだけ地域の魅力の発見ができるかがポイントだ。鰺ヶ沢高校とのロケハンは、3日間という短期間だったことから、実施しやすいフォーマットを工夫する必要があった。問題を解決したのは生徒たちだった。指導者として教師が前面に出るのではなく、生徒同士で活動ポリシーの説明や共有し、撮影やポーズ指示などについても本校の生徒が指導したりすることで、出来上がった作品にポリシーやこだわりがどのように反映しているかを鰺ヶ沢高校の生徒にも感じてもらえるようになったはずだ。本校生徒もまた、先輩たちの活動に憧れて活動のノウハウや想いも継承してきたからこそ、生徒同士で教え合う形を取り入れることができたのである。活動の継続とともに、地域への想いも引き継ぐことが地域で学ぶ意義であると考えている。

　ポスター制作には記述的なノウハウも必要になる。両校の生徒が相互に刺激を与え合うプロセスを経て制作されたポスターでは、日常の何気ない風景に多くの共感をいただくことができた。これは

写真2　鰺ヶ沢高校とのコラボポスター

「どこか懐かしい景色」と「高校生の青春」という、誰もが通ってきた過去の想い出を重ねた心象風景を地域で再現できたからだと分析している。魅力の発見と発信の手法に撮影とポスター制作というアートの視点を用いることで、ポスターとして生徒のアイデアや想いを形にすることができ、地域の魅力を再認識することができたと感じた。さらに、生徒自身が登場することで、活動が可視化され地域への参画意識も高まっていくのだと感じた。

　実践後、鰺ヶ沢高校の取組は、町の観光パンフレットに使用され、また、三重県立白山高校、熊本県や北海道の高校とも協働が予定されている。

（8）地域での学びを創造する学校

　こうした実践を行うにあたっては、活動や学びの場を学校内だけで完結させるのではなく、地域に広げることが重要であった。特に本校で実践している注染染めの技法などは、実際に地域のプロフェッショナルの方々に直接教えを請う方がより専門的であるし、生徒にとっても体感的・主体的な学びの場になる。今回のポスタープロジェクトにおいても、実際にポスターを使用するクライアントとなる地域の企業の方々と直接意見交換をしたり、何度も現地に足を運んだりしたからこそ見えてきたものがたくさんあった。

　もう1点留意したのは自分たちの学校だけで実践できる特異的な活動ではなく、広く様々な学校で実践できるように共有化を行えるものにするという点である。これまでの、校内で完結する実践や研究に満足するのではなく、地域で学ぶ教材としてどこの学校でも実践できるよう開放することで、より多くの学校が地域に学びの場を拡大できると考えている。

　地域の魅力を丹念に調査し発信することは、学びの場である地域を耕すことである。豊かな学びの場を広げれば、そこに積み上がる学びもより大きなものになるのではないか。その積み重ねが、将来の地域の担い手を育てていくことにつながると期待している。

1．私たちの生活と創造

（1）等身大の創造性

　社会のあらゆる分野で創造が強調されている。IoTやロボットによって今まで人間が行ってきた労働を機械が代替するようになり、ビッグデータを活用した人工知能によって生活スタイルがこれまでとは大きく変化していく将来、人間に残された知的活動の領域として創造的な活動がクローズアップされてくることは間違いない。「アクティブ・ラーニング」に象徴されるように学習指導要領の考え方にそのことは如実に反映されている。

　「創造」という営みを多角的に研究している井庭崇氏はテーマに過去100年あまりの社会変化を「消費社会」「情報社会」「創造社会」の三つのトレンドで捉えている。これまでの社会のトレンドは、物やサービスを消費することに関心が注がれる「消費社会」から、コミュニケーションやその基盤となる人間関係に関心が注がれる「情報社会」へと移行してきた。そして、これから到来しつつあるのは「つくる」ということが人々の関心の中心となる「創造社会」であるというのである[1]。

　確かにDIYや料理ブームから、デザインやアートへの注目、ツイッターやユーチューブに至るまで、モノや表現を自らつくり出すことに価値を見いだそうとする傾向は、すでに私たちの社会生活のあちらこちらに見られる。

　創造性が大切なのは、特定の人や産業社会の話だけではない。日々の服装から、友人や家族とのコミュニケーション、仕事や学習、一日3回の食事に至るまで、毎日が全く同じことの繰り返しに陥ってしまったなら、そこに生き生きとした喜びを見いだすことは難しくなるのではないだろうか。私たちが日々の生活を幸福に生きていくためにも、創造は不可欠であるはずだ。

　ところが地方の生活には都市部の生活に比べて創造性に乏しいというイメージがつきまとう。「田舎暮らし」と聞くと、のどかで平和である半面、単調で退屈な暮らしを連想する人が多いのではないだろうか。では、どのようにしたら私たちの日々の生活は創造的になり得るのであろうか？そしてそれを支援する教育のあり方とはどのようなものであろうか。

本章では、浜松学芸高校の事例も参考にしながら私たちの生活を彩る「創造」という営みと学校教育の可能性について考えてみたい。

（2）創造をどう捉えるか

　創造というと、今までにない全く新しいものを生み出すこと、というイメージもあるかと思うが、人間には「天地創造」のように全くの無から有を生み出すことは不可能だ。

　「創造」という働きを学術的に研究している日本創造学会では「創造とは、人が異質な情報群を組み合わせ統合して問題を解決し、社会あるいは個人レベルで、新しい価値を生むこと」[2]と定義されている。人に可能な創造とは、様々な芸術から科学的発見、工業製品に至るまで、「既存の要素の新たな組み合わせ」という制約から免れることはできない。

　新たな組み合わせから一体どのようにして「価値」が生み出されるのであろうか。一例を挙げよう。

　徳島県上勝町は、人口は1,525人 770世帯（2019年7月1日現在）、高齢者比率が52.39％という、過疎化と高齢化が進む町だ。この町を一躍有名にしたのが和食の演出に使われる「つまもの」を商品化した「葉っぱビジネス」である。現在ではつまものの種類は300以上あり、年商は2億6,000万円。中には、年間売り上げが1,000万円を超えるおばあちゃんもいるという[3]。

　もちろん「葉っぱビジネス」がスタートする前から、町内には葉っぱはいくらでもあったはずだ。けれども「葉っぱビジネス」の立役者である横石知二氏は、それまで和食職人が自力で調達していたつまもの用の葉っぱを「彩」というブランド名で製品として出荷することを発想し、生産者と消費者を直接結ぶ販路を築いた。さらに第三セクターというかたちで株式会社化して、販売管理システムを導入し、高齢者がお互いに売り上げを競い合いながらも、自分のペースで楽しんでビジネスをできるようなしくみを構築していったという[4]。

　かつて経営学者のシュンペーターは企業が創造によって新たな価値を生み出す要素を、製品、生産方式、販路、供給源、組織という五つの「新結合」から捉えたが、上勝町の事例は、葉っぱと和食の新しい組み合わせを模索し、それを価値生産のプロセスに転化させていったところに生まれた地域活性化の手だ

てであり、新たなビジネスの「創造」であったと言えるだろう。

　このように、当初意図したこと（プログラム）を越えて創造を行うことができるのが人間の知性の特徴だ。（253頁コラム参照）

2．学校教育の苦悩

（1）「正解」の呪縛

　ところが学校教育はこの、「創造性を育む」という仕事が実はあまり得意ではない。というのも、「創造」という働きが、「新たな組み合わせ」（新結合）であるのに対し、学校教育では既存の結合を追求していくことにどうしても重点が置かれるからだ。その典型が学習課題と正解の組み合わせだ。

　現在の日本の学校教育は成績評価を抜きにしては成り立たず、成績評価は「課題」と「解答」の正しい（望ましい）組み合わせである「正解」を抜きにしては考えにくい。

　そのもっとも端的なかたちがペーパーテストである。好むと好まざるとに関わらず、通例の学校教育においては国の作成する学習指導要領や教科書等のかたちで学ぶべき基本事項が定められていて、これを反映した学習課題に児童生徒は向き合い、それらの課題をどのくらい習得できているかを測る客観テストで児童生徒は評価を受けることになるのが宿命だ。つまり優秀な児童生徒であることの条件とは、「課題」と「解答」についての既存の組み合わせに忠実であることである。

　では、美術や音楽、体育などのようにペーパーテストがない（少ない）教科ではどうだろうか。これらの実技教科では唯一の正解はないかもしれないが、それでもやはり児童生徒の「望ましい」行動や表現があって、それに向けて子どもを導いていくという基本枠組みに変わりはない。

　実技教科の評価においては、教員は作品や活動の記録などの評価対象物を集めて、一定の評価基準（ルーブリック）を作成して成績をつけるのが通例だが、評価基準を作成するにあたっては、学習指導要領に基づいて、その望ましさの度合いに応じて段階的に基準が設定されることになる。

　「みんな違ってみんないい」では成績はつけられない。

精神科医であり小説家でもある帚木蓬生氏は、学校教育で取り扱う学習課題の切り取り方について、次のように疑問を投げかける。「問題解決が余りに強調されると、まず問題設定のときに、問題そのものを平易化してしまう傾向が生まれます。単純な問題なら解決も早いからです。このときの問題は、複雑さをそぎ落としているので、現実の世界から遊離したものになりがちです。（中略）教育とは、本来、もっと未知なるものへの畏怖を伴うものであるべきでしょう。この世で知られていることより、知られていないことの方が多いはずだからです」[5]

　現在の学校は、一方で児童生徒を一定の基準によって評価することが求められ、他方では創造的な学びが強調されている。ではこうしたアンビバレント（指向の相反する）な要求に、学校の教員はどのように対応しているのであろうか。

（2）教員のアンビバレンスと適応戦略

　学校の日常の中でしばしば使われるアプローチは、教員の側からは「こういう理解にたどり着いてほしい」というゴールを自分の中でイメージしながらも、児童生徒の側から見たならば「自由な探究心を働かせながら正解にたどり着いた」と感じられるかのように教育活動を演出していくことだ。

　経験やスキルに長けた教師は、授業の中で児童生徒の主体的な発言を引き出しつつ、あらかじめ設定されていた学習課題の達成にたどり着けるように様々なテクニックを駆使することができる。そして、賢明な児童生徒はそのからくりを知りつつもこうした演出に付き合うかもしれない。

　だが、このアプローチには致命的な限界がある。それは、児童生徒は創造的に考えているかに見えて、実のところは教師の頭の中の期待像を読みつつ、それに合致するように思考を展開させているに過ぎないということだ。このカタチの学習を繰り返している限り、児童生徒は教員の思考を超えることはできない。そして、こうした学校の空気の中で教員自身の創造性が閉塞化してしまうなら、児童生徒が創造性を伸長させることを期待することはさらに難しくなるはずだ。

　さらにこのアプローチには、もう一つ大きな副作用がある。それは創造性と

は反対の、より保守的な方向に児童生徒のマインドを誘導してしまうことだ。教員の価値判断に符号的に行動した方が、高評価を受けることができて、結果的に成績にも進学にも有利になる……未成熟の多感な時期からこうしたフィードバックを繰り返し受け続けたならば、「あれこれ考えるより長いものに巻かれておいた方が得だ」と考えるようになったとしても不思議はない。

だから創造的な仕事をしている方々からは、現代の学校教育はしばしば手厳しい評価を受ける。

例えば『ゾウの時間・ネズミの時間』で知られる動物学者の本川達夫氏は次のように述べている。「脳の反射の速い人間を頭がよいとして評価するのが、今の世の中です。センター試験には私も関わったことがありますが、あれだけの問題量があるとじっくり考えていてはとても時間内には解けません。（中略）センター試験は脳の反射速度を計っているのだと私は思っています。これでは創造力のある人間を選ぶことはできません」[6]

言わずと知れた小説家の村上春樹氏はより辛辣だ。「僕が学校に望むのは、『創造力を持っている子供たちの創造力を圧殺してくれるな』という、ただそれだけです」[7]

このように、学校教育という枠組みの中で創造性を育んでいくことは、トリッキーで難しい課題ではあることは確かだ。けれどもそれは必ずしも「不可能」ということではない。

（3）突破口

本章の冒頭で述べた、「創造」とは新しい結合により生まれるという視点を突き詰めていくと、教育関係者の多くがそれとなく抱いているであろう、次のような前提は疑ってみることができる。

それは「外部からの制約や圧力を与えることなく、子どもが自由に自分を表現することによってこそ創造性は育くまれるのだ」という信念だ。学習指導要領をはじめ、学校という世界ではしばしば「主体性」が強調されるが、その背景にはこのようなあまり根拠のない信念が介在しているのではないか。

確かに筆者も含めて、人は自分のしていることに外から横やりが入ると不快に思うことがあるし、制約があると窮屈に感じる。人類には政治権力からの弾

圧によって創造が抑圧されてきた歴史もある。だがこれらをもって、外部からの介入や制約というものを一方的に悪者扱いするのは安直にすぎるのではないだろうか。

　人間を含む生命の創造性をAIとの対比で研究する郡司ペギオ幸夫氏は、創造を個人の中に求める指向性について、次のように問いを投げかける。「自分らしく生きるということは、『わたし』の思うように生きることでしょうか。そんなに『わたし』のしたいこと、やりたいことは明快で、確実なものでしょうか。確実そうに思えば思うほど、逆に『わたし』の中には、何もないことが分かったりしませんか。好きなことややりたいことでさえ、実は知覚できない、私にとっての外部なのではないでしょうか」[8]。

　自分の内側にあるものを外に出すことが創造だというなら、創造性は持って生まれた才能に依存することになる。ならば教育にできることは、せいぜいその障壁を取り払うことくらいだ。しかし創造というものが新しい結合の結果であると考えるならば、そこには教育の新たな可能性が生まれる。

　日本の和歌や俳句、中国の漢詩を思い出してみよう。創造を突き詰めて楽しむためにこそ、あえて制約を設定するという文化作法は昔からあった。反対に、生まれたときから何も制約を与えられず好き放題に表現することが許されて育てられた子どもを想像してみてほしい。果たしてその子は創造性豊かに育つであろうか。「必要は発明の母」と言うが、自分の思い通りにはならない制約があることによってこそ、それを乗り越えて自由を獲得しようと人間の創造性は発動する。

　そしてそうした創造のプロセスにおいては、自分の外側にだけではなく自分の内側でも新しい組み合わせがつくられていくもの、と考えてみる必要があるはずだ。そうでなければ、創造とは単なる対象操作のゲームに過ぎなくなってしまうからだ。KJ法の生みの親として知られる川喜田二郎氏は次のように述べる。「創造的行為は、まずその対象となるもの、つまり客体を創造するが、同時に、その創造を行うことによって自らも脱皮変容させる。つまり『主体』も創造されるのであって、一方的に対象を作り出すだけというのは、本当の創造的行為ではないのである」[9]

　つまり創造のプロセスにおいて外側に何かを作り出していく行為と並行し

て、それまで自分の慣れ親しんだ思考やイメージのパターンを捨てたり壊したりして「自分というシステム」もつくり替えていくプロセスが進行していく。そうでなければ、自分の内側にあるものを出し切ったらそれで終わりである。自分は変わろうとせずに相手にだけに変わってほしいと願うばかりでは、家庭も友情も立ちゆかないのと同じことだ。

　もちろんだからといって、制約を加えさえすれば上手くいくという単純なものではないはずだ。問題は、どのような外側からの刺激や制約のかけ方が創造性を育むかであろう。そんな問題意識を頭の片隅に置きながら本章冒頭で紹介した浜松学芸高校の事例を見てみよう。

3．「創造する学校教育」へのヒント

（1）浜松学芸高校の試み

　浜松学芸高校の2017年度にわずか5人の生徒で「推薦の加点材料になればくらいの思いで参加」していた夏休みのゼミ活動が、部活動に発展し、2020年度には「地域創造コース」という学科が開設されるまでに発展してきた。また、活動内容の面でも天竜浜名湖鉄道のポスター作成を皮切りに、注染浴衣で観光甲子園に優勝し、フルーツパークでのイベントを開催し、新たなおにぎりの開発にまで取り組むようになった。浜松学芸高校に特徴的なのは、次の表1にあるように単に学力に秀でているとか特定の部活動で強いというだけではなく、高校内の組織の活動全体が創造的にかたちづくられて、現在なお快進撃を続けていることだ。

　もちろんそこには、本事例を執筆した大木島さんをはじめとする担当教員の創意工夫や努力、学校管理職の柔軟性やリーダーシップ、地域の企業や住民の協力といった要因があったことは疑うべくもない。だが、この事例をそれだけで片付けるには惜しい。浜松学芸高校における地域魅力化の挑戦の特徴を、前述した「組み合わせ」という観点から考えてみよう。

表 1　浜松学芸高等学校　地域の魅力発信活動の経緯[10]

2016	8 月	胸キュンプロジェクト第 1 弾「天浜線勝手に応援団」
	9 月	地元商工会のビジネスアイデアコンテストで最優秀賞
2017	2 月	大学主催のコンテストで惨敗
	5 月	天浜線フェスタで全駅ポスター展示
	7 月	第 2 弾「森林公園勝手に応援団」
		第 3 弾「街中胸キュンプロジェクト」
	8 月	第 2 回全国高校生 SBP 交流フェア　最終審査で惨敗
	11月	第 4 弾「注染浴衣プロジェクト」で新作浴衣カタログ作成
2018	4 月	青春はままつ応援隊　任命
		第 5 弾「浜北胸キュンプロジェクト」
	5 月	浴衣シャツ「美縒」　試作完成
	8 月	第 3 回全国高校生 SBP 交流フェア　全国 1 位　文部科学大臣賞受賞
	10月	美縒シャツ　準制服化決定
2019	2 月	2019注染浴衣カタログポスター制作
	4 月	文科省高校教育改革推進事業「地域魅力化型」研究校指定
	6 月	聖隷健康センター　制服シャツを制作し納品
	9 月	森林公園 CM 制作合宿
		摘果ミカンシロップ制作
		第 1 回「浴衣 DeNight」をフルーツパークで開催
	10月	青森県立鰺ヶ沢高校との協働「鰺ヶ沢胸キュンプロジェクト」
		フルーツパークポスター制作
2020	1 月	静岡県ボランティアアワード受賞
		シビックパワーバトル2019千葉　全国 1 位　最優秀賞
		観光甲子園2019　インバウンド部門　全国 1 位　グランプリ
	2 月	常葉大学ビジネスプランコンテスト　第 2 位
		2020注染浴衣新作ポスターカタログ制作
	6 月	第 3 回　東京女子大学ビジネスプランニングコンテスト　優秀賞
	7 月	浜松市科学館イベントとして浴衣 DeNight 単独実施
	8 月	第 5 回全国高校生 SBP 交流フェア　全国 2 位　三重県知事賞
	9 月	松坂屋静岡県店　天浜線全駅ポスター展　単独開催
		浜松市魅力発進公式動画「浜松戦隊ヤラマイカー」公開開始
		SBS テレビ「静岡発！そこが知りたい」CM 制作・報告開始
	10月	県立森林公園ポスターおよび CM 制作
	11月	三重県立白山高校との協働「名松線勝手に応援団」
2021	2 月	観光甲子園2020　訪日観光部門グランプリ

第一に高校の取り組んだ地域魅力化というテーマは、問題も、それに対する解答も見る角度によって変わる「玉虫色の学習課題」であったということだ。人口が徐々に減少して地域のコミュニティの姿が変化しつつある、という現象自体は誰もが自分の目で見ているし、知識としても知っている。だが、この人口減少という現象も、経済的な疲弊の問題と見るのか、人のマインドの問題と見るのか、人間同士のつながりの問題として見るのか、これを見る角度によって現象の様々な側面が課題として浮かび上がるであろう。同様に問題に対する解答の出し方についても、様々な表現のあり方が考えられる。染め物を活用した制服づくりのようにモノを改善するのか、イベントの開催のようにコトをデザインするのか、パンフレットやポスターのようにそれを見る人々のまなざしに働きかけるのか等々、様々なアプローチが考えられる。つまりこのプロジェクトには問いと解答の組み合わせは無限に存在するのだ。課題捉え方に幅を持たせることができれば学校の教育活動であっても「正解の呪縛」から相対的に自由になることは可能であるのだ。

　第二に、それによって教員と生徒との組み合わせも「教える者」と「教わる者」という対称的な関係ではなく、チームとして「共に創る」という立場に立つことができるということだ。

　前出の井庭氏は、こうした創造的な活動を促していくリーダーのあり方について、「つくり手のチームの一員として、創造を進めるとともに、そのためのコミュニケーションも誘発していく」[11]役割を担う人という意味を込めて「ジェネレーター」と呼んでいる。教師が「正解」を知らず、課題と解答の組み合わせが固定されていないタイプの学習においては、教師も選手兼監督として、生徒と一緒に考えつつも、学習集団のコミュニケーションを促して共に考える存在となり得る。また、生徒は教員の心の中にある「正解」を読み取って、それに自分の行動を合わせようと努力する必要もない。時に教員を通り越して前に進むこともあるだろうし、それがチームにとってよりよい結果を生み出す助けとなることが期待される。

　そして第三に、生徒の努力とそれ対するフィードバックの組み合わせも多様であり、様々なテーマに挑戦を繰り返すことで新たな可能性が拓け、そこからさらに活動の舞台が拡大されていくという、未完のプロジェクトであること

だ。生徒は当初はあえて意識することのなかった地域コミュニティに向けて、まず足を運んで行動し始めることで地域の存在に気付き、自分たちなりの発想にカタチを与えた上で、人々から様々な形のフィードバックを受けることになる。それは地域の住民や企業から感謝されることであったり、浜松市の公式動画の受注であったり、コンテストで賞を取ることであったり、学校の制服を自らデザインすることであったりしたかもしれない。そしてその中で、新たな発想を獲得して活動の領域を広げつつある。活動のテーマや表現の方法も多様化し、今では活動の舞台も遠方の地域にまで広がりつつある。

このように、ある環境に身を置いて行動する中で、結果的に当初は意図しなかったものが目に入るようになり、それを楽しみながらチャンスに変えていく感覚こそが、創造にとっては不可欠であるに違いない。

①視点によって問いの立て方や解決の視点に多様性のあるテーマを扱い、②教員と生徒が共に協力しながら課題を解決していく立場に立ち、③多様なフィードバックを受けることで、それが新たな活動展開につながっていく…このような特徴を持つ取り組みは何も浜松学芸高校に限ったことではないかもしれない。

本書で紹介している事例の範囲内においても、本書第二部1章のアースランチプロジェクト、2章のビジネスイノベーション、7章の学び舎フレンドシップなど、本章で取り上げた創造性を育む教育活動を学校教育との関連で組織化したり、カリキュラムの中に組み込んだりしていくことも不可能ではないことが示唆される。

ただし、こうした先駆的な実践が見つけられるにしても、学校教育全体のボリュームと比べてみれば、それらは、現在のところごく小さな一角を占めているに過ぎない。

果たして、学校教育全体がより創造的な営為に変わり、それによって地域コミュニティで営まれる生活を豊かにしていくことは可能であろうか。今一度当初の問題意識に立ち返ってその課題について考えてみよう。

４．創造の宝庫としての地域コミュニティ

「新しい組み合わせ」とは言葉を換えて言うならば「出会い」だ。人であれ、モノであれ、言葉であれ、それまで異質なもの同士が出会うことによって双方が変化を遂げていくプロセスが創造に他ならない。地方部において創造的な生活や学習が難しいように感じられるのは、異質との出会いが少ないように見えるからに他ならない。そして確かに、学校や自治会、団体や企業など、既存の集団の内部に限って出会いを追求していくならば、都市部の生活者に比べて、その質的な多様性には乏しく、それゆえ自分と環境を変えていくための創造的な出会いは少ないといえるのかもしれない。

しかし落胆するには及ばない。子どもは、学校をはじめとするそれまでに慣れ親しんだコミュニティから外に足を一歩踏み出して、新たな可能性を求めれば、そこには自分の知らない世界や解決すべき課題が山ほどある。むしろある程度小さなコミュニティの方が、大都市よりも顔の見える関係を築きやすい分だけ有利であるかもしれない。

そしてこの方向性は、幸いにして現在の学校教育で強調されている「社会に開かれた学び」とも符合している。

学校が創造的であることは社会からも求められていることでもあり、また可能なことでもある。だがそれでも学校教育の大部分が、創造からは遠い学びに甘んじているのは、次に述べるような二つのハードルを超えることが容易ではないからだと筆者は考えている。

第一に「社会に開かれる」とは、まだ見ぬ地域社会の可能性に向けても開かれるということであって、既存の社会についての知識を得ることに限定されるものではないはずだ。もし、教員が過去に学んだ知識で地域を定義し、それを子どもに伝えようとするだけならば、そこで発見されるものは、やはり代わり映えのしないステレオタイプ化された地域社会の姿になるであろう…多くの学校の地域学習そうなっているように。そして本章で見てきたように、学校内の学びがまだ見ぬ可能性に向けて開かれるためには、教育活動における目的や手段のダイナミズムが必要になる。あてがい扶持の目標や教育手段に満足するこ

となく、学校や自分自身の中の正解に疑いを向けられるかどうかにその成否は
かかっていると言えるのではないだろうか。

　第二に創造が新しい組み合わせであり、出会いという関係性の中に生じるも
のとするならば、その成果は本来、私のものでも他の人のものでもないはず
だ。だが残念ながら私たちの住む社会はそう割り切れるようにはつくられては
いない。生徒が将来、入学試験や就職などの社会的選別において問われること
になるのは、そのほとんどが「個人」の能力であり、関係性の中で結果的に発
揮された創造性ではない。発明や著作物が生まれれば、その知的所有権は特定
の「誰か」に属することになる。

　とするならば、本当に学校教育を創造的にしようと思うならば、そうした個
人の能力に還元することのできない学びを、どのように社会全体で育み、価値
づけていくか、という問いに向き合わなければならないことになる。

　この問題はそれこそ、すぐに正解が見つからずとも、寛容な気持ちを忘れず
に粘り強く付き合っていかなければならない課題であるといえるのではない
か。

（注）

1　井庭崇『クリエイティブ・ラーニング 創造社会の学びと教育』慶應義塾大学出版会2019　pp.6-8

2　http://www.japancreativity.jp/definition.html（2021.5.30確認）

3　（株）いろどりウェブサイトより（https://www.irodori.co.jp/own/index.asp）

4　横石知二『そうだ、葉っぱを売ろう　過疎の町、どん底からの再生』ソフトバンク・クリエイティブ　2007

5　帚木蓬生『ネガティブ・ケイパビリティ　－答えの出ない事態に耐える力』朝日選書　2017　186-187頁

6　本川達夫『人間にとって寿命とは何か』角川書店2016　220頁

7　村上春樹『職業としての小説家』スイッチ・パブリッシング213頁

8　郡司ペギオ幸夫『天然知能』講談社2019　48-49頁

9　川喜田二郎『創造と伝統－人間の深奥と民主主義の根源を探る』洋伝社1993　86頁

10　大木島詳弘作成

11　井庭崇『クリエイティブ・ラーニング創造社会の学びと教育』慶應義塾大学出版会2019　158頁

12　郡司ペギオ幸夫『天然知能』講談社2019　231-233頁より要約

column　STEM から STEAM へ

　STEM 教育とは、2000年代にアメリカで始まった教育の流れで、Science（科学）、Technology（技術）、Engineering（工学）、Mathematics（数学）の頭文字を取って STEM（ステム）教育と呼ばれるようになった。

　STEM 教育が重視されるようになったのは、それが産業的優位性を保つための国家戦略の一つとして位置付けられたためである。オバマ大統領は次のような気合いの入った演説もしている。

　「私が大統領として力を入れてきたことの一つは、科学、技術、工学、数学について総力を挙げて取り組む体制をどのようにしてつくり上げるか、ということです。新しい教員集団のトレーニングにおいてはこれらの教科を最優先にする必要があり、我々すべてが、国としてこれらの教科の学力を期待される水準にまで向上させることを確実なものにする必要があります」（2013年4月第3回ホワイトハウスサイエンスフェア演説より）

　近年では、この STEM に 'Art' の A を加えて STEAM（スティーム）教育と呼ばれるようになった。新しく入った 'Art' とは美術館や音楽会等で触れる芸術だけではなく、生活を豊かにする技巧やデザインを広く捉えた概念だ。未来の産業を支える科学技術とそれを素敵に演出して人に届けるアートに熱い視線が注がれている。　　　　　　　　　　　　　　　　　　　　　　（武井敦史）

column　AI に「創造」は可能か

　AI に創造は可能か？ AI は人を超えるのか？　期待と脅威がない交ぜになりながら議論は進んでいる。人間をはじめとする生命と AI の思考の違いに関して最も注目されているのが「フレーム問題」である。

　ディープラーニングを含め、現在のところ AI は決められたフレーム（枠組み）の中でしか思考することしかできない。フレームなしでは情報をどこから仕入れてよいのかを特定することができず、無条件に入力を行えば計算すべきことが無限に拡大していくので、処理スピードの速いコンピューターでも対応できなくなるからである。

　例えばプロ棋士よりも強い将棋 AI をプログラムできても、負けそうになると将棋盤をひっくり返す発想を AI は自分で編み出すことはできない、というのが「フレーム問題」の一つの例である。では、将棋盤をひっくり返す人はどんなふうに事を考えたのであろうか。

　「戦局は不利だ。このままいくとどうも勝てそうもない……畜生。おっ、今あっちから来たのは知り合いじゃないか。そうだあいさつついでに、足を将棋盤に引っかけてご破算にしてやろう。こいつの顔が見物だ」

　人間は、子どもから大統領に至るまでこの手の思考を（いいか悪いかは別として）日常的に駆使している。何かの特定の行為をしていても、それ以外に隠れた目的を持っていたり、途中で目的が変わったりすることがある。また、不意に生じた環境変化を活用することもできる。このように、フレームの外側にあるものの存在を想像し、活用することができるのが人間の思考の特徴だ。

　　　　　　　　　　　　　　　　　　　　　　　　　　　　　　　　　　　　　　（武井敦史）

九　「希望」の章

―先の見えない時代のキャリアデザイン―

中村　美智太郎・小林　佐知子

CASE

静岡県立榛原高等学校の「HAF プロジェクト」
<取材リポート>

　静岡県立榛原高等学校（以下、榛原高校）は、自然豊かな牧之原市に所在し創立120周年を迎える。地域に根差した伝統ある進学校として、これまでも日本、地域社会を担うリーダーを数多く輩出してきた。全日制、定時制課程を併置し、校訓「至誠真剣」のもと、歴史と伝統を継承しつつも時代の変化に柔軟に対応し、地域はもとより国際社会に積極的に参画していくことができる生徒の育成を目指している。

　牧之原市は風光明媚でお茶の産地としても全国的にも知られているところだが、その人口の多くは沿岸部に集中しており、津波被害の心配から2045年には現在人口の約40％が減少すると推計[1]されている。このため、単なる地域社会の活性化にとどまらず、高台移転や公共施設の再配置も含めた市民生活全般に影響の及ぶ改革が市の課題となっている。令和2年10月に策定された牧之原市の総合計画となる「人口ビジョン及び牧之原市まち・ひと・しごと創生総合戦略」においては冒頭で人口減少への対応が掲げられ、①企業が集積し、労働生産性が高い強みをどう活かすか、②若者世代、特に女性の流出をどのように抑制するか、③急増する外国人との共生をどのように進めるかという三つの視点から、ターゲットを設定して人口減少に抗うまちづくりを進めている。このような地域の現状を踏まえ榛原高校では、その使命を地域社会と国際社会の架橋となるグローカル・リーダーの育成とし、平成27年度から牧之原市と連携した教育プログラムの開発に乗り出し、令和元年度には文部科学省「地域との協働による高等学校教育改革推進事業（グローカル型）」の委託を受け、「HAF プロジェクト」を立ち上げ、カリキュラム開発に挑戦している。

HAF プロジェクト　〜地域と世界を結ぶ有意な人材育成の望ましい在り方についての研究〜[2]

　「HAFプロジェクト」とは、「HAIBARA　ACHIEVING　FUTURES　PROJECT」の頭文字を取ったもので、すべての生徒を対象とした総合的な探究の時間や希望者を対象とした課外活動を通して行われている教育活動を指す。その目的・目標、内容は以下の通りである。

（1）目的・目標

ア　地域についての確かな理解と、グローバルな視野を併せ持つグローカル・リーダーの育成

イ　これからの時代に求められる資質・能力を身に付け、能動的に学び続けることができる人材の育成

ウ　産学官の連携により、地域と学校が一体となって生徒を育成し、持続可能な社会システムを構築する

（2）内容（2020年度はコロナ禍により中止になった研修もある。）

総合的な探究の時間（各教科との横断的学習を含む）

　1年次　地域社会の課題を発見し、協働的に課題を解決する方法を学ぶ。

　　　　　・地域課題探究（牧之原市周辺地域活性化のための意見書の作成）

　　　　　・市民ファシリテーターによるファシリテーション研修

　　　　　・市長出前講座

　　　　　・地元企業関係者による企業人講話

　　　　　・フィールドワーク（静岡大学教育学部模擬授業、地場産業を学ぶ）

　　　　　・学習成果発表会（ポスターセッション）

　2年次　地域と世界のつながりを理解し、批判的思考力を身に付ける。

　　　　　・グローバル課題探究

　　　　　普通科生徒　シンガポール・マレーシア研修（修学旅行）

　　　　　理数科生徒　アメリカ（ロサンゼルス）研修（修学旅行）

　　　　　・学習成果発表会（ポスターセッション）

　3年次　グローカル・リーダーとして、地域や世界、社会貢献のあり方を考える。

（1、2年次の学習内容を踏まえたキャリア形成プログラム）

課外活動
・実社会プログラム（日経STOCKリーグレポートコンテスト・県内事業所訪問等）
・イングリッシュキャンプ
・台湾研修
・アメリカ研修、沖縄研修
・地域リーダー育成プロジェクト（牧之原市主催事業）
・市内小学校英語出前授業（グローカル部）
・定時制課程外国籍生徒とのワークショップ（グローカル部）

「HAFプロジェクト」の特色は次の3点にまとめられる。
　まず一つ目は、産学官が連携して教育活動に参画できるようコンソーシアムを結成し、地域と学校が一体となって生徒を育成している点である。行政機関、地元企業や地域住民、県内大学と高校が連携・協働し、生徒と実社会との接点を創り出すことによって、生徒は実社会のありようを肌で感じ、考えられるような場が与えられている。1年次に行う地域課題探究のテーマは、牧之原

写真1　牧之原市立川﨑小学校への出前授業を実施

市の地域振興策の提案であり、生徒は地域の現状を様々な切り口で分析し、よりよい地域の在り方を考察する。こうした生活者としての自分とのつながりの中で実社会の課題について考察する仕掛けによって、小中学校の地域学習では気付くことの難しい、より広い視野から地域の課題を捉えられるようになっている。

　二つ目は、キャリア教育の視点が強調されている点である。1年次で地域課題に着目した探究学習を行い、探究学習に必要なスキルを体得し、2年次では11月に実施される海外研修（修学旅行）に向けて、協働的な探究学習を行う。そこでは、地域社会と国際社会を切り離されたものとして考えるのではなく、地場産業に注目することで国際社会と地域社会の接点を見いだし、生徒はグローバル課題を身近に存在する自分の課題として捉え、探究していくことになる。地域社会と国際社会の課題を多角的に捉えた上で、自分の社会生活との接点を見いだし、社会が変化していく中で、自分がどう生き、地域社会、国際社会に対して何ができるのかという課題に向き合う。

　三つ目は、カリキュラムを通して地域への人材還流を目指している点にある。前述した通り牧之原市の将来推計人口は楽観視できるものではなく、特に若年層の人口流出は深刻な課題となっている。しかしその半面、牧之原市は、地場産業である茶産業に加え自動車産業をはじめとした多種多様な製造業が発展している。これら地域の魅力を高校在学中に理解し、将来どこに居住しようとも様々な形で地域貢献する人材の育成は、地域の伝統校であればこそ実践していかなければならない取り組みである。昨今の社会情勢や情報技術の目覚ましい発展を鑑みれば、地方か都市かといった二者択一ではなく、ライフスタイ

写真2　企業人講話を受講

写真3　総合的な探究の日（フィールドワーク）で静岡大学を訪問し、模擬授業を受講

ルやキャリアステージに応じた様々な地域との関わりが考えられる。

　以上、HAF プロジェクトの事業内容の特色を整理したが、本事業を成立させている要素として忘れてはならないものの一つに、教員の使命感がある。最初は数名の教員の個別的な教育実践であった取り組みを県や国の指定事業と統合し、学校全体のプロジェクトとして実践されるまでには数年を要した。「将来の地域の人材は、教員だけでなく地域の人と一緒に育てたい」という教員の思いに応え、当時の渡邊昇司校長は「人口減少、流出という深刻な問題を抱えている地域だからこそできる教育活動がある」と考えて、様々な実践が具体化されるに至った。今では滞りなく行われている地元企業への訪問も、かつては前例がないことを理由に断られたこともあったという。フィールドワークの重要性を実感している教員の思いと地域の課題に真剣に取り組む生徒の姿が企業の心を動かし、担当者の協力も得られるようになったのだ。今では学校と地域が一体となってグローカル・リーダーの育成を目指している。

　このような取り組みを通して、生徒は様々な学びを得ている。市長の出前講座や地元企業関係者による企業人講話を受けた生徒は、「今後地域に関わる時には、自分の考えを持って臨みたい」「もっと地元を知って、地元を素敵な場所だなと思えるようにしたい」等の感想を述べており、実社会で活躍している大人から直接話を聞くことで、社会貢献意識が高まっていることがうかがえる。また、アメリカ研修[3]に参加した生徒の多くが、単に異文化理解にとどまらず、多文化共生社会を担う一員としての自身の生き方を考えるようになるなど内面的な変化を実感している。学校内で完結する教育では決して得ることができない「気付き」を生徒は HAF プロジェクトを通して得ているのだろう。

（小林佐知子）

（注１）国立社会保障・人口問題研究所「日本の地域別将来推計人口―平成27（2015）〜平成57（2045）年―」、『人口問題研究資料』第340 号、2018年。総人口および指数（平成27（2015）年＝100とした場合）による。2020年総人口42,279人に対し、2045年総人口は26,154人と推計されている。http://www.ipss.go.jp/pp-shicyoson/j/shicyoson18/6houkoku/houkoku.pdf（最終閲覧令和２年９月26日）
（注２）筆者は平成29年９月から平成30年12月まで榛原高校でアクションリサーチを行った。
（注３）2020年度はコロナウイルス感染症の拡大により中止。内容は2019年度報告書による。

1．「パンドーラーの壺」に残された「エルピス」

　ギリシア神話に「パンドーラーの壺」をめぐるエピソードがある。いわゆる「パンドラの箱」として知られる物語だ。プロメーテウスは天界から火を盗んで人間に与えるが、ゼウスはこれに怒り（あるいは、人間が神々より強くなることを恐れ）、災いをもたらす存在として美女パンドーラーを泥からつくらせ、このパンドーラーにあらゆる災厄を入れた「壺」を持たせて、かつてゼウスに反逆して敗れた一族でプロメーテウスの弟であったエピメーテウスのもとに送る。兄であるプロメーテウスの警告を聞かず、エピメーテウスはこの美女を妻とし、加えてこの妻が持たされていた「壺」を好奇心から開いてしまう。すると、この「壺」からは疫病や犯罪といったあらゆる災厄が解き放たれ、この世界は災厄に満ちあふれるものとなってしまう。だが、この「壺」の底には「エルピス」だけが残された——。

　最後に残されたこの「エルピス」は「希望」と理解されることが多い。「私たち人間には最後に希望が残されているのだ」めでたしめでたし、というわけだ。しかし、あらためて考えてみると、希望は箱に残されたままで、世界に解き放たれているわけではない。世界はあらゆる災厄であふれているのに、希望は箱の中にじっと隠れているというこの状況は、エピソードが醸し出す印象とは異なり、それほど「めでたし」ではない。

　そもそも古典ギリシア語「エルピス　ἐλπίς」は「希望」だけを表すわけでもない。「期待」「前兆」「予兆」とも訳される単語であり、日本語でもこれらと「希望」とは異なる意味になるだろう。仮に「予兆」だとすれば、最後に残されたエルピスこそ、実は最大の災厄となってしまう。災厄そのものはもちろん悪いものだが、世界に飛び出していったあらゆる災厄がいつか自分に降り掛かってくるという「予兆」が常に手元に残されている状況だからだ。こうなると、私たちは常に災厄に怯え続けるしかない。

　現代は「希望」を語ることが難しい時代である。毎日凄惨な事件も耳にするし、自ら命を絶つ者も多い。誰にとっても、いつも将来は漠然としていて不確実だ。「パンドーラーの壺」の神話が示唆しているのは、私たちの手元には、

いつか災厄が降りかかってくるのではないかという予兆だけが残されている、ということかもしれない。だとするとこの状況はむしろ「絶望」と呼んだ方がよい気もする。

　しかし、手元に残されている「予兆」から目を背けても、事態が変わることはないこともまた事実だ。すべての災厄を意識の外に無理やり追いやって、盲信的に「自分は幸せだ」といくら言い張ったとしても、その言葉は空しく響きわたるだけだ。

　さて、このパンドーラーの叙事詩を『仕事と日』の中に遺したヘーシオドスは、実は「絶望」したままでこの神話を終わらせているわけではない[1]。ゼウスを欺いたことに端を発して、人間はますます堕落していき、最後まで残っていた「廉恥（アイドース）」と「義憤（ネメシス）」という二人の女神までも最終的には人間に絶望して地上を去ってしまう。しかし、そうした絶望的な状況でも、人間は善と正義を行うことができ、「労働」「仕事」に勤しみ、「正しき富（いそ）」を築くことでその「絶望」から抜け出ることができる、とヘーシオドスは示唆するのだ。

　今のこのような時代に、どのようにすれば「希望」を語ることができるのだろうか。「希望の章」と題する本章では、誰もが多かれ少なかれ抱えているであろう現代特有の「絶望」の感覚から出発しながら、だからこそヘーシオドスに倣って「正しき富」への道行きを「労働」「仕事」に見いだしたい。

2．「幸福」はどこにあるか

　「世界幸福度調査」というものがある。「幸福とは何か」という問題は極めて解答が難しい問題の一つだが、国連の持続可能開発ソリューションネットワークが2012年から発行しているこのレポート[2]では、自分の幸福度を0から10までのどの段階にあるかを回答する主観的な数値として捉えようとしている。国ごとの総合幸福度のランキングはこの平均値を算出して、社会的支援や健康寿命といった六つの指標も合わせて序列化している。そのランキングを眺めるだけでも面白い。もちろんこの調査だけでその国の国民が感じている幸福のレベルを完全に把握できるわけではないが、156の国が対象となっていてある程度

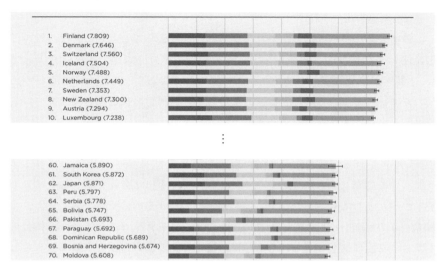

1.	Finland (7.809)	
2.	Denmark (7.646)	
3.	Switzerland (7.560)	
4.	Iceland (7.504)	
5.	Norway (7.488)	
6.	Netherlands (7.449)	
7.	Sweden (7.353)	
8.	New Zealand (7.300)	
9.	Austria (7.294)	
10.	Luxembourg (7.238)	

⋮

60.	Jamaica (5.890)	
61.	South Korea (5.872)	
62.	Japan (5.871)	
63.	Peru (5.797)	
64.	Serbia (5.778)	
65.	Bolivia (5.747)	
66.	Pakistan (5.693)	
67.	Paraguay (5.692)	
68.	Dominican Republic (5.689)	
69.	Bosnia and Herzegovina (5.674)	
70.	Moldova (5.608)	

グラフ1　世界幸福度調査（the Sustainable Development Solutions Network: World Happiness Report2020を一部加工）

　大規模な比較が可能になっている点と、上述の通り個人の主観的な幸福感覚を、GDPや社会保障制度などの客観的な指標との相関で把握しようとしている点では、一定の傾向をつかむことができる。

　2020年版のこの調査でランキング1位に輝くのはフィンランドで、2位以下はデンマーク、スイス、アイスランド、ノルウェー……と続いている（グラフ1参照）。日本はというと、62位の位置に着けており、この付近にはジャマイカ（60位）や韓国（61位）、ペルー（63位）やセルビア（64位）といった国々が並ぶ。これは156カ国の中での順位だから、62位という位置は、日本の幸福度は真ん中より少し上のランクだということを示している。数値で比較してみると、1位のフィンランドの総合幸福度が「7.809」であるのに対して、日本は「5.871」となり、約2ポイントの差が開いていることがわかる。

　問題はそれだけではない。このランクが徐々に低下し続けている、という事実がある。2012年に44位だった日本は、途中で順位をわずかに上げることはあったが、2020年には62位にまで下がっているのだ。これは、ほぼ上位1/4だったのが、10年もたたないうちに真ん中近辺にまで低下してしまっていると

いうことを意味している。

　この結果を「日本人はおおむね謙虚な国民性だからだ」といった民族性の問題に還元してしまうことは難しい。もしそのように「謙虚」であったとしても、「世界幸福度調査」の順位が徐々に低下していることを説明できないからだ。では、この決して高いとは言えない日本の位置付けに影響を及ぼしているのはどのような変数なのだろうか。

　注目すべき変数は「寛容さ　generosity」だ。例えば、国への信頼レベル（「dystopia」として示される「国の腐敗を感じるレベル」）のような指標はネガティブな感情にのみ有意な影響を示している。「国に腐敗を感じるレベル」が下がったとしても、それが直ちに幸福感につながるわけではない。また、1人あたりのGDPや健康寿命といった指標は、データ上はポジティブ感情にもネガティブ感情にもどちらにも有意に影響を与える結果が出ている。これらに対して、「寛容さ」はポジティブ感情にだけ有意に相関関係を示している。つまり、「寛容さ」のレベルが上昇すると、それに合わせてポジティブ感情が上昇する。私たちの「幸福度」は寛容さのみで構成されるわけではないとしても、寛容さが幸福感に一定程度は関わっていることになる。日本では、この「寛容さ」を感じることが難しく、そのことによって幸福になることが妨げられているのかもしれない。

　「寛容さ」という言葉からは色々な意味あいを読み取れるが、「generosity」の語源は「高貴な生まれ」や「貴族」を意味するラテン語「generosus」にある。だから、誰かを助けること喜ばせることに時間やお金を惜しまないことや、誰かの良いところを見ようとすることなどを示していると考えられる。この意味で、忍耐や我慢を含み、後に宗教的なニュアンスを帯びていった「toleration」とは区別して考えることができそうだ。誰かが何かを我慢して受け入れたり、つらい状況を耐え忍んだりすることではなく、もっと積極的に社会や人々に貢献するといったニュアンスが「generosity」にはある。

　こう聞くと、「ノブレス・オブリージュ　noblesse oblige」という言葉が頭に浮かぶ人もいるだろう。これは「貴族の義務」や「義務付けられた気高さ」を意味するフランス語だが、要するに、出自やお金、あるいは才能で優遇されている人は、何らかの良いことをして、そうした社会的な地位に応じて行動す

る特別な義務があるということだ。ただし、貴族のような高貴な血統の者だけに適用されるという、もともとあったニュアンスは時間の経過とともに消え、今日ではもう少し広い意味で使われるようになっている。例えばアメリカのように歴史的にヨーロッパ的な意味での「高貴さ」が発展することがなかった国では、貴族ではなく特権階級の市民だけに適用されている。

　しばしば指摘されるように、世界ではますます富の偏在が顕著になり、富裕層と貧困層の間にある、いわゆる格差の問題も深刻だ。「大企業や富裕層が豊かになれば、その成長の果実が徐々に流れ落ちて貧しいものも自然に豊かになる」というトリクルダウン（滴り落ち）が起きることなど、期待できそうにない。新興の巨大企業に圧倒的な富が集まり、労働者はおろか資本家にさえもその富が充分に分配されないような状況がある。こうした「絶望」に近い状況にあるのが現在の世界だとすれば、富の再配分を要求する声が高まることは自然なことかもしれない。

　だが「寛容さ」は、たとえ富裕層でなくても特別な才能を持たなくても、誰でも日常生活の中で実現することができる。誰かを非難する代わりに良いところを見つけることや、困っている人がいたら目をつぶって通り過ぎる代わりに手を差し伸べることは、特別な資産がなくても可能だ。そして、そうした「寛容さ」を実現している人に対して、斜に構えて揶揄するのではなく、手放しで称賛することもまた可能だ。逆に、巨万の富を築き絶大な権力を手中に収めても、「寛容さ」を示すことがなければ、その人は軽蔑の対象となり続けるだろう。現代はこのような時代であるからこそ、そうした「美しい行為」の積み重ねこそが「正しき富」であり、現代における「正義」であるといってもよい。

　子どもの「幸福」を願わない保護者や教師はいない。だとすれば、それを実現する鍵は子どもがこうした「寛容さ」への感性を磨けるかどうかにある。あるいは、子どもがそのように扱われているという実感がきちんと得られる社会をつくることだ。

　そのためには、教師や大人もまたそうした「寛容さ」の価値を実感し、それが実感できる社会の実現に向かわなければならない。「社会」という範囲が大きすぎるのであれば、それはもう少し小さな共同体でも、あるいは家庭や学校といった単位でもよいだろう。身の回りの小さい範囲でもしっかりと「寛容

さ」が実感できる環境が、子どもが幸福に生きるためには不可欠であり、それは「地場教育」が果たす役割の一つでもあるはずだ。

3.「正しき富」の方へ──プロティアン・キャリア

　現代の社会では大抵の子どもは学校に通い、学ぶ。もちろん学ぶ内容は様々だ。数学を学べば、混沌としているように見える世界を論理的で秩序だったものとして把握し直すことができるし、文学に触れれば、秩序立っているように見える世界に住まう私たち人間存在の内面が実はそれほど秩序立っているわけでもなく、悩みや苦しみを抱えながら生を営んでいく宿命にあることを学ぶことができる。こうした学びを通じて、私たちは、自らの生の歩みを一歩ずつ前に進めるように勇気づけられ、自らの未来を「これから来てほしい未来」として描き直していく。こうした営みは、おそらく「希望」への道を歩み始める、その始まりと呼んで差し支えないものだろう。

　そうした未来の設計を描き直す役割を果たすものの一つが、キャリア教育である。この「キャリア」という言葉の語源はラテン語の「carraria」にある。この「carraria」はもともと馬車が通った後にできる「轍」を意味する言葉で、これが転じて「ひとが辿る航路や足跡」、あるいは「生涯の仕事や職業上の出世や成功」といった意味になっていったようだ。文部科学省の報告書でも「個々人が生涯にわたって遂行する様々な立場や役割の連鎖及びその過程における自己と働くこととの関係付けや価値付けの累積」というように定義されているが[3]、「連鎖」や「累積」といった文言にその痕跡はしっかりと残されている。

　だから、キャリア概念は単に就職先企業での職位の上昇を指し示すものではないし、キャリア教育は就職先や進学先を見つけることに置き換えられるわけでもない。学校で提供するキャリア教育に過大な役割を担わせることは難しいにせよ、この根本的な性格を見逃してよいことにはならない。何しろすでに見たように、私たちの住まう日本では幸福度が決して高いわけではなく、だからこそ自らの生を肯定的に捉えることを積極的に応援していくこと、寛容さを高め「正しき富」を獲得していくことが何より必要だからだ。

今日、そしてこれからのキャリアとはどのように捉えられるだろうか。組織行動学を専門とし、キャリアに関する重要な研究をいくつも発表しているダグラス・ティム・ホールの議論を参照してみよう。ホールは、組織内キャリアからプロティアン・キャリアへの転換を主張していることでも知られている[4]。彼は、キャリアを「ある人の生涯にわたる期間における、仕事関連の諸経験や諸活動と結びついた態度や行動における個人的に知覚された連続である」と定義した上で、重要な特徴を次の四点に集約した[5]。

　（1）組織階層の上方への移行という視点は採用しない

　（2）キャリアにおける成功／失敗は本人が評価する

　（3）キャリアの主観的側面・客観的側面の両方を考慮するべきだ

　（4）キャリアは仕事に関連した経験の連続（プロセス）である

　「プロティアン　protean」とは、ギリシアの神プローテウス（図1参照）に起源がある形容詞である。プローテウスは、思いのままに姿を変化させることができる能力を持った神であり、そこから派生してこの単語は「変幻自在な」「多方面の」といった意味を表すことになった。だから、「プロティアン・キャリア」は「組織の中よりもむしろ個人によって形成されるものであり、時代とともに個人の必要なものに見合うように変更されるもの」と捉えられる。いわば、変幻自在に姿を変えることができるというキャリア観である。

図1　エラスムス・フランキスキ『地獄のプローテウスあるいは変幻自在の調整者』（1690）におけるプローテウスの挿絵[6]

　この新しいキャリア観は、これまでの伝統的なそれとは明確に区別されるものの、その意味するところは「轍」を意味していたラテン語の起源と重なり合うものでもあり、実は「キャリア」の本来的な起源への回帰を含む解釈であるといってよい。

　伝統的なキャリア概念は、組織とのつながり・期間・雇用といったものと密接に結び付けられて考えられてきた。だから、個人の

キャリアは組織内での位置付けの問題として捉えられ、価値観の面でも組織内での昇進や組織内で掌握することのできる権力といったものが中心的な要素と位置付けられてきた。特に日本の伝統的な企業文化の中では主体性を組織に譲り渡す代わりに、組織からは疑似家族的なコミットメントが提供され、「会社人間」になれば、終身雇用と合わせてそこでの所属感や承認欲求も十二分に満たされることが保証されてきた。

　だが、こうした組織観・キャリア観は時代の変化に合わせて変わらざるを得ない。まず「会社人間」になることによってもたらされる弊害が徐々に共有されるようになった。例えばプライベートが尊重されず、家族が失われたり、組織から離れた瞬間に社会生活にも多大な影響を被ったりすることが自覚されるようになってきた。また、個人が組織に依存し、組織で共有される狭い価値観や規範に基づいた、パターン化された行動が重視されるため、状況に応じた変化に対応することが難しくなる事例や、組織への行き過ぎたコミットメントによって、個人的な利益が得られるわけではないにもかかわらず粉飾決算などの違法行為が自発的に行われた事例も報告されている。「組織のために」という理念は、必ずしもうまく機能するわけではない。「疑似家族」はあくまでも「疑似」なのだ。

　こうして、現在進行しつつある個人のキャリアを組織とは独立したものとして捉える傾向は、コロナ禍を経て今後さらに加速するであろうことが見込まれる。

　日本生産性本部が1969年から実施している「新入社員」へのアンケート調査（2019年版）[7]でも、仕事や職場へのコミットメントが低下する傾向にあることが指摘されている。例えば「仕事中心か（私）生活中心か」という項目では、「両立」という回答が多数を占めてはいるものの、「（私）生活中心」を選ぶ者の数が増大し、その差は拡大傾向にある。また「会社の選択理由」でも、1971年には「会社の将来性」がトップだったが1978年頃以降から「能力・個性が生かせる」に取って代わられ続け、長期間減少傾向にある。さらに、「デートか残業か」という設問（「デートの約束があった時、残業を命じられたら、あなたはどうしますか」）では、残業を選択する割合の方が63.7％といまだ多いものの、その差は縮小傾向にあり、デート派が2015年の19.0％から36.0％へと増

大しているという結果が示されている。しばしば耳にする「会社の飲み会に誘っても最近の若者は喜ばない」のもうなずける結果だ。

　このように、日本においてもプロティアン・キャリアのような組織よりは個人と変化に力点を置くキャリア観に変化しつつあることがうかがわれる。そして、このことは、キャリアによって築かれる財産が、金銭などの経済的なものというよりはむしろ、キャリアを通じて築かれる自己自身になる、ということを示唆する。プロティアン・キャリアの主体は、組織ではなく個人に置かれるので、自由や成長といった価値観が重要な要素になるためである。

　これこそが、現代における「正しき富」の内実だ。世界から苛烈な競争原理はなくなることはないし、残念なことに埋めようもない格差や階級が完全に解消されることもないだろう（歴史上これまでもなかった）。だが、それでも、そのように生きる力を持った存在として自己自身をデザインあるいはリデザインすることができれば、個人が幸福に生きることはできる。

　Case 1 で取り上げられた「HAF プロジェクト」のように、たとえ生まれた地域に若年者の人口流出という事態が見込まれようと、その地域が地道に多様なライフスタイルやキャリアステージに応じた関わりを提供し続けることができれば、それがその地域自身の魅力に転換していくだろう。なぜなら、それが結果的に「寛容さ」を示すことになるからだ。こうした「地場教育」のキャリア教育的なアプローチは、同時に、地元志向と広い世界の間で揺れ動く「地元」に生きる人々にとっても、「希望」の行く末をどこにデザイン／リデザインしていくかを考える思考の軸となるだろう。

4．「希望」への思考回路

　このような状況に置かれた多くの現代の人々においては、組織内部の競争で生き残ることよりは、自らの能力や専門性がどの程度の市場価値を持つのかが重要な関心事になっていく。それによって、当然別の組織に移動する頻度は伝統的なキャリアプロセスによるよりも多くなり、それに対する心理的なハードルも低くなる。他方、前述のように、自己自身をデザイン／リデザインしようとするとき、「正しき富」に基づいて幸福であるかどうかが判断基準となる。

もちろん雇用環境の変化や労働に関する法制度等の外部要因は、引き続き多大な影響力を持ち続けることは指摘しておかなければならない。しかし、ホールが著作の中で述べているように、「人々は求める報酬が最も高いところへ、あるいは働く機会があるというだけで、また一緒に働く人が気に入ったという理由や、家族や地理的な理由、あるいはただ単純に状況を変えたいからという理由で、新しい職場に移る」[8]、そんな風潮も珍しくはなくなりつつある。まさに「プロティアン・キャリア」の時代になったといえる。

　こうした時代にあって、学校でのキャリア教育は、進学先や就職先を選択することをゴールとして目指すだけでは、期待される役割を果たせないことはもはや明らかであろう。「クライアント」である若者が期待しているのは、「すでに用意された組織に自らをフィットさせていくこと」ではないからだ。時代状況としても、この10年から20年の期間で見た場合に、現在存在している職業のおよそ50％が人工知能やロボット等で代替されるという将来予測も報告されている[9]。「代替される職業」は、その職業に就業する者がいなくなる、という意味では消滅することを意味するだろうが、同時にそれは、極めて短期間で新しい職業が登場することをも意味してもいる。

　だとすれば、いかに新しい職業に自らをフィットさせようとしても、イタチごっこが繰り返されるだけだということになる。全員が新しい価値を創出できるわけではないのは明らかだが（それは一部の芸術家やスポーツ選手、起業家に限定されるだろう）、それでも、キャリア教育、あるいはこれからの教育そのものは、児童生徒が新しく生じた環境に喜んで自らを変形して対応することが可能な基盤を形成するような、人の生き方により重点を置く方向が望ましい。

　こうしたキャリア観は、先に見てきたようなプロティアン・キャリアにおけるキャリア観と合致している。変化が著しい世界情勢の中で、私たちを取り巻く環境は次々に移り変わっていく。昨日までの「正解」も今日になってみれば簡単に「誤り」になってしまう。そんな世の中で自らの生を肯定的に営んでいくためには、自分自身の内面にしっかりと目を向けることができる能力、必要があればその都度方向転換を行うことができる能力、そして自分自身に対して心理的な成功を価値付けることができる能力が必要なのではないか。そのよう

な問いかけが時代を超えて投げかけられているような気さえしてくる。

　ところで、プロティアン・キャリアの語源に関わる神プローテウスは、なぜ自らの姿を変える必要があったのだろう。

　実は、海神でもあるプローテウスには予言の能力が備わっているのだが、自身はその能力を使うことを好まない。だからもしプローテウスによる未来の予言を聞きたければ、プローテウスを捕まえて聞き出さなければならない。ところが、プローテウスは変身する能力も持っているために、なかなか捕まえることができない。策を弄して何とかプローテウスを捕まえて、さらに元の姿に戻すことができた者だけが、予言を聞くことができる。つまり、プローテウスが姿を変えなければならないのは、そうしたいわば過酷な状況が存在していたからだともいえる。

　未来のイメージを描くとき、学校では「バラ色の未来予想図」を示すことが多い。それ自体は悪いことではない。「君たちが生きる未来には、ろくなことが待っていないよ」などと先生に言われれば、子どもはそれこそ絶望的で暗い気持ちになるだろう。データや報道がどんなに悲観的なものであっても、教師は、少なくともまだ見ぬ未来については希望を語るべきだ。その意味では、教師には「バラ色の未来予想図」を描いてみせる能力が必要であることは疑いない。

　だが、バラにはトゲがある。自分の未来予想図をバラ色にしたければ、トゲにも触れることになる。だからこそ、今の自分から少しだけ変身することが必要だ。このことも同時に伝えていく必要があるのではないだろうか。ちょうど過酷な状況に置かれたプローテウスが変身せざるを得なかったように、未来を予想したり設計したりするときには、少しの痛みを伴う「トゲ」に触れることで、今の自分とは違う自分になることが前提とされているように思えるからだ。

　同じことは児童生徒だけでなく、学校という組織にも当てはまる。よりマクロな視点に立てば、学校もまたプロティアン的な組織であることが期待されている。といっても、大抵の教員のリアクションは「そうはいっても、学校が変わるのはなかなか難しいんですよ」ということなのだが、むしろそうした組織でないと、結局のところその代償は子どもたち自身が支払うことになる。

学校という組織であれ、児童生徒や教員であれ変化を志向する際にキーワードになるのは、自己が誰かと異なっていること、言い換えれば自己の多様性である。バーバラ・A・ウォーカーは、「違いを尊重することを学ぶ取り組みは、自己開発の鍵となり、キャリア発達を促進する」と鋭く指摘している[10]。ウォーカーによれば、自分自身を成長させ、組織の生産性を向上させるための「重要な資産」は「違い」にこそあり、「多様性」に意図的に焦点を合わせることが自己の開発にとっては非常に大切であるという。多くの場合、緊張感や不快感を生み出す「違い」に目を向けるよりは、それを無視ないし否定する方が簡単だが、「多様性」への取り組みは、まさに「個人の開発と組織の開発という二つのキャリア開発上の戦略が合わさったもの」である。こうしたウォーカーの主張は、ここまで見てきたような時代状況において求められるキャリアについての戦略とも合致する。もし疑似家族的な組織のあり方からの転換が目指され、かつ個人のキャリア観がプロティアン的なイメージで捉えられるなら、「違い」と「多様性」が焦点化されることは必然であろう。

　冒頭で見たように、ヘーシオドスの示唆によれば、たとえ絶望した状況に置かれても、人間が「労働」や「仕事」に勤しみ、「正しき富」を築くことによって、そこから抜け出すことができる。ヘーシオドスの「労働」は時代状況からしてどうも農事のことを意味していたようだから、その「富」は作物のことだったのだろうが、私たちの時代の「労働」によって得られる「正しき富」は、キャリアによって築かれる新しい自己自身になるという「財産」だと言い換えることができる。だとすれば、その「財産」がそもそも多様な姿であり得ることは、教育の現場においても明確に承認されなければならない。

　「地場教育」の重要な役割の一つは、トゲはあるけれども「バラ色の未来予想図」を自分自身で多様に描き続けられるプローテウスを育てることにあるように思える。子どもが「生き方のデザイン／リデザイン」をこのように実現し続けようとするとき、この場所には、確かな「希望」の光が差し込んでいるのではないだろうか。

　　　　　　　　　　　　　　　　　　　　　　　　　　（中村美智太郎）

（注）

1　ヘーシオドス（松平千秋訳）『仕事と日』岩波書店、1986年、35頁以下。

2　Sustainable Development Solutions Network: *World Happiness Report 2020*. https://happiness-report.s3.amazonaws.com/2020/WHR20.pdf（最終閲覧2021年1月25日）なお解釈については、以下を参照した。産業精神保健研究機構「世界幸福

度調査 World Happiness Report2020の概要と関連質問紙提供について」http://riomh.umin.jp/happy.html（最終閲覧2021年 1 月 25日）

3　文部科学省『キャリア教育の推進に関する総合的調査研究協力者会議報告書』2004年、 7 頁。

4　ダグラス・T・ホール編著（尾川丈一・梶原慎・藤井博・宮内正臣監訳）『プロティアン・キャリア‥生涯を通じて生き続けるキャリア──キャリアの関係性へのアプローチ』亀田ブックサービス、2015年。

5　Douglas T. Hall: *Careers in Organizations*, Glenview, Illinois, 1976[1]/2001[2].

6　Erasmus Francisci: *Der höllische Proteus oder tausendkünstige Versteller*, Nürnberg, 1690, S.4.

7　日本生産性本部「平成31年度　新入社員『働くことの意識』調査結果」2019年。https://www.jpc-net.jp/research/assets/pdf/R12attached.pdf（最終閲覧2021年 1 月25日）

8　ダグラス・T・ホール／フィリップ・H・ミルヴィス「新たなプロティアン・キャリア──心理的成功と心からの人生」、前掲注 4 所収、23頁。

9　野村総研「日本の労働人口の49％が人工知能やロボット等で代替可能に」2015年。https://www.nri.com/-/media/Corporate/jp/Files/PDF/news/newsrelease/cc/2015/151202_1.pdf（最終閲覧2021年 1 月25日）

10　バーバラ・A・ウォーカー「キャリアの自己開発における多様性の価値」、前掲注 4 、272-285頁。

　現代社会の特徴を言い表す際にしばしば用いられる言葉に VUCA がある。VUCA（ブーカあるいはブカ）とは、Volatility ＝変動性・Uncertainty ＝不確実性・Complexity ＝複雑性・Ambiguity ＝曖昧性の頭文字をとって並べた言葉で、確かに今日の状況をよく表している。私たちが生きる世界は、情報通信技術の発達やスマートフォンの普及、あるいはそれらに影響を受けた環境変動が次々と、しかも多発的に起こり続けていて、将来の予測を一層難しくしている。例えば、急速に普及している Uber Eats などは、こうした状況をもたらす典型的なサービスだ。これはアメリカ本国では2014年から、日本でも2016年から提供されている、新しいオンラインフード注文・宅配サービスだが、今やその配達員を見ない日はないほどである。こうした労働は、いわゆるギグワーカ（Gig worker、独立業務請負人・臨時労働者）人口を拡大し、副業を一般化しただけでなく、労働者が個人事業主として好きな時間・場所で労働して、場合によっては週単位で収入を得るといった従来型とは異なる労働形態をも拡大した。他にも Airbnb のような、宿泊する部屋を有償提供する一般市民をホテル業界に参入させるサービスも急速に拡大している。実際、こうした業務への従事人口は急拡大しつつあり、アメリカではすでに労働者の約40％が従事しているとも言われ、日本でも1,000万人以上の人々がこれに参加しているとの調査もある。この種のサービスの普及は、従来のビジネスモデルのみならず、私たちの労働形態や労働概念にも大きな影響を及ぼしている。他方で新しい形態ゆえに、法律や慣習が追い付いていない側面があることも否めない。だが、より深刻なのは、従来型のビジネスモデルを含め、これまで蓄えてきた有形無形の資源がこうした新しい状況への対応ができず、むしろ負債になりかねない事態が進行していることである。VUCA 時代のこうした事態に対応するためには、組織レベルでも個人レベルでも、それまでのモデルを越えた新しい思考モデルが求められる。そこで、例えば従来の PDCA に代わる OODA ループ（Observe= 観察・Orient= 情勢への適応・Decide= 意思決定・Act= 行動の繰り返しによる、意思決定し続けるモデル）のような意思決定モデルが提案されている。最初に P ＝計画（plan）を策定することが前提となる PDCA では、想定外の事態への対応や状況変化に応じた迅速な方針転換が難しいというデメリットが含まれる。これに対して OODA ループでは、徹底した観察や研究から得られるデータに基づいた状況判断・価値判断を行い、意思決定を継続的に行ってゆくことに力点が置かれる。変化の激しい状況への対応力という面で優れ、VUCA 時代によりフィットしたモデルである。ただし、あらゆる時代状況は多かれ少なかれ VUCA 的なものであったはずだから、もし現代がとりわけ VUCA の時代だとすれば、そのことが示唆しているのは、こうした変化のスピードに対応可能な私たち自身のスキルやコンピテンシーのアップデートの必要性であろう。

（中村美智太郎）

あとがき

　人はとかく定義をしたくなる生き物だ。あの人はやさしい人だ、ここは何にもない田舎だ、この本は面白い等々……。このことは善し悪し以前に現代社会に生きる人間の宿命だ。そうやって何らかのかたちで物事を整理していかないことには、情報が氾濫するこの世界を生き抜いていくことはできない。

　だが自分の定義はしばしば他の人の定義とは異なり、間違っていることに気付かされることもある。そしてだからこそ面白い。自分の考えの誤りに気付くことで世界は広がっていくし、すべてが思い通りには行かないから人生にも味が出る。

　本書は寄せ集めのチームによって著されたものだ。メンバーの大半は「研究費公募に応募するので一緒にやってみないか」と編者がメールで呼びかけて集まった人たちだ。専門性も活動分野も別々で、執筆メンバーの何人かとは、実はそれまでほとんど言葉を交わしたこともなかった。

　地域と教育に一応関心があって静岡県で活動をしているということと、これだけ忙しない世の中にあって、評価にも、業績にも、もちろんお金にもつながる見込みの薄い仕事に首を突っ込んでみようという「もの好きな」人たち、ということ以外に共通点を見つけることは難しい。

　それまで別々の世界で仕事をしてきた仲間が集い、静岡県下の様々な地域の姿や実践に触れ、とりとめもない議論を２年ほど重ねた後、その成果をどのようなかたちで表現しようかと話し合って編まれることになったのが本書である。

　果たして出てきた原稿はバラバラだった。関心も、着眼点も、切り口も、使う言葉も、文体もまちまちで、この本を読んだ読者は頭が混乱するのではないかという心配も何度か頭をよぎった。編集者泣かせとはまさにこのことだ。

　だが、このことこそが「地場教育」の可能性を意味している。

　人々は同じものを見ているつもりでも、それぞれの心に映っている光景が同じとは限らない。世界は多様なものの見方・考え方にあふれている。が、そのことを知ったところで、それだけでは自らの孤独を噛みしめる以上の果実を得

ることは期待できない。

　ところが地域という共通の舞台を持つことができると、「どうしてこの人はこのような見方をするのだろうか」と疑問を抱くことができる。自分と人との違いがどこから生まれ、何をもたらしているのかについて私たちの想像力は活発に働き始める。

　この想像力を働かせることができれば、他の人の見方を取り込んで自分のものの見方の幅も広げていくことができるし、異なる視点を持つ者の間のやりとりから新たな発想やチャンスが生まれてくるかもしれない。この本をつくりながら編者が味わうことができたのはそんな高揚感だ。

　そしてこのからくり自体は、おそらく大人でも子どもでもそれほど変わらないだろう。異質と出会うことで人は変われるが、幸福な出会いのためには舞台が必要だ。

　今後、世界は急速に変化していくことが予想されているが、そうであればこそ、新たな世界を生きることになる子どもにとって、心のどこかに人とつながることのできる舞台としての地域を持っているということは大切ではないだろうか。

　本書が地域を場とする教育を共に創っていくという、「此処から未来へ」と向かうプロジェクトの一つのたたき台となれば幸いだ。　　　　　　（武井敦史）

編著者

武井敦史（執筆分担：はじめに・第1部1章・第2部2章・8章・おわりに・コラム「Society 5.0ってどんな社会⁉」「資本としての文化・人間関係」「SDGsとESD─『サスティナブル』ってどんなこと？─」「STEMからSTEAMへ」「AIに『創造』は可能か」）

静岡大学教育学部・教育学研究科教授。専門は教育経営学。インドの学校研究で研究者としてのキャリアをスタートし、兵庫県と静岡県の大学で学校のリーダー養成に携わって20年ほどになる。2008〜2009にかけて米国サンディエゴ大学・リッチモンド大学客員研究員。静岡県下では8つの自治体で小中学校の再編計画の策定に携わってきた。

著書に『ならず者が学校を変える　場を活かした学校づくりのすすめ』(2017)、『学校づくりの組織論』(2011)、『学校組織調査法』(2011)、『クリシュナムルティ・スクールの民族誌的研究』(2003) 他多数。雑誌『教職研修』に「学校づくりのスパイス　異分野の知に学べ」を連載中。

執筆者

中村美智太郎（執筆分担：第1部2章・第2部9章・コラム「ざっくりつかむGIGAスクール構想」「VUCA時代がやってきた！」）

静岡大学教育学部・教育学研究科准教授。専門は倫理学・教育思想、情報倫理教育・道徳教育・キャリア教育など。マールブルク大学客員研究員・一橋大学特別研究員等を経て、現職。著書に『自律的思考を促すスポーツ・インテグリティ教育─理論と実践の構築を目指して』(2021)、『とことん考え話し合う道徳─ケースメソッド教育実践入門』(2018)、『ことばと文化の饗宴─西洋古典の源流と芸術・思想・社会の視座』(2014) 他。

吉澤勝治（執筆分担：第1部3章・コラム「コミュニティ・スクールと開かれた学校づくり」）

静岡大学教職大学院特任教授。高等学校教諭、高等学校長、静岡県教育委員会教育政策課長、総合教育センター所長を経て現職。学校経営をはじめ静岡県立高等学校長期計画、静岡県教育振興基本計画の策定、教員研修に携わった実務家教員。

中條暁仁（分担執筆：第1部4章・第2部4章・コラム「田園回帰は加速するか？」「『関係人口』と
ローカルイノベーション」「僻地ならではの特色ある教育づくりを支えるしくみ―小規模特認校―」「テ
クノロジーが拓く教育の新しい可能性　―エドテック（EdTech）―」）
静岡大学教育学部・教育学研究科准教授。専門は人文地理学・中山間地域論・過疎地域論・
地理教育。静岡市清水区（旧清水市）生まれ。過疎地域のメッカ・島根県や広島県の中国山
地で人口減少社会に関する調査・研究を続け、静岡大学着任後は地元静岡県や山梨県の中山
間地域でフィールドワークを展開している。著書に『経済地理学への招待』（2020）、『地図
でみる日本の健康・医療・福祉』（2017）、『ローカル・ガバナンスと地域』（2017）他。

加藤達也（執筆分担：第1部5章・コラム「貧しさの基準は？　―絶対的貧困・相対的貧困―」「『幸
福度調査』で測る『幸せ』の中身は？」）
静岡市立安東小学校教諭。静岡市立小学校や静岡県立特別支援学校に勤務、社会科を中心
に、総合的な学習の時間や生活科についても実践研究を重ねる。静岡大学教職大学院在籍中
は主に教育経営学を学び、小中一貫教育や幼小接続、学校再編について研究。

小清水貴子（執筆分担：第2部1章・コラム「モノの「所有」から「利用」へ」「幸せな人生を送る
ヒント」）
静岡大学教育学部・教育学研究科准教授。専門は家庭科教育、消費者教育、教師教育。中・
高等学校家庭科教諭を経て現職。静岡市消費生活審議会委員、静岡市消費者教育推進地域協
議会委員、教員研修講師等を務める。著書に『ロールプレイングを導入した新しい家庭科授
業―知識構成型ジグソー法の教材開発―』（2020）、『未来の生活をつくる家庭科で育む生活
リテラシー』（2019）、『授業力ＵＰ家庭科の授業』（2018）他。

伊藤文彦（執筆分担：第2部3章・コラム「デザイン思考―前例のない問題の発見と解決に向けて
―」）
静岡大学教育学部及び地域創造学環・教育学研究科教授。専門はデザイン。デザインプロセ
スやデザイン思考をベースとした発想法を研究。静岡大学附属静岡小学校長兼務（2010～
2012）。静岡市のシティプロモーション他、産官学連携デザインプロジェクトに数多く関わ
る。著書に『デザインの行方（「民具・民芸からデザインの未来まで」所収）』（2020）、『デ
ザイン知の射程（「アートエデュケーション思考」所収）』（2016）他。

鈴江毅（執筆分担：第2部5章・コラム「若年層への自殺予防教育―あなたもゲートキーパー―」「レジリエンスってなんだ？」）
静岡大学教育学部・教育学研究科教授。養護教諭養成と共に精神科医としても実践・研究を行っている。専門は学校保健学、精神保健学、公衆衛生学、産業保健学、医学等。子どもや大人の発達障害、青少年の自殺予防、災害時の心理的応急処置、養護教諭のがん教育、家族療法、描画療法等を研究。著書に『テキスト健康科学改訂第2版』（2017）、『養護教諭のための公衆衛生学』（2018）他。

山元薫（執筆分担：第2部6章・コラム「ユニバーサルデザイン―すべての人を対象に「better」を追究する―」）
静岡大学教育学部・教育学研究科准教授。専門は知的障害教育・教育課程論・授業デザイン等。特別支援学校教諭・静岡県総合教育センター指導主事等を経て現職。特別支援学校及び小中学校の学校運営協議会委員、研修助言者を務める。著書に『知的障害のある子どものための国語、算数・数学―ラーニングマップから学びを創りだそう』（2020）、『ユニバーサルデザインの考え方を生かした学校づくり・学級づくり・授業づくり』（2020）他。

ヤマモト・ルシア・エミコ（執筆分担：第2部7章）
静岡大学教育学部・教育学研究科教授。専門は社会心理学。研究分野は多文化共生社会、外国人児童生徒の教育問題など。東北大学研究員を経て、現職。著書に『Gender roles and ethnic identities in a globalizing world』（2010）、『外国につながる子どもの理解と支援』（2020）、『Social and economic support among migrants and families left-behind in transnational contexts』（2008）、『在日ブラジル人学校における多文化活動』（2021）他。

野村智子（執筆分担：第2部1章事例）
牧之原市教育委員会学校教育課指導主事。2019-2020年には、静岡大学教職大学院に在学し、「学校再編を見据えたキャリア教育カリキュラムの開発」をテーマにした研究を行った。本書で紹介した「アースランチプロジェクト」は、教職大学院在学中にチームで開発したカリキュラムである。

小岱和代（執筆分担：第2部2章6章事例・コラム「障害者の『はたらく』と雇用環境」）
静岡大学教職大学院特任教授。専門は学校経営・特別支援教育。静岡県総合教育センター特別支援班班長、富士特別支援学校長等を経て現職。地域連携、OJTの研究を進める。ファシリテーション、メンタリング等チーム活動の質を上げる取り組みを探究している。

佐々木浩彦（執筆分担：第2部3章事例・コラム「バックキャスティング ―未来づくりの創造的アプローチ―」）
下田市立下田東中学校教諭。専門教科は美術。静岡大学教職大学院在籍中は学校再編について研究し、下田市の新中学校開校準備に参画。現在は学校での勤務と並行し、新中学校開校に向けた統合企画主任として教育委員会と協働で各種取り組みを企画・運営。事例となった「未来の下田創造プロジェクト部会」はその中心的な取り組みで、未来の人材育成に向けた「教育大綱案」の提言や外部人材を活用したキャリア教育を実践している。

宮島明利（執筆分担：第2部13章―中山間地域と学校―＜事例＞中山間地での教育におけるICTの活用）
川根本町立本川根小学校校長。静岡大学教育学研究科修了後、県内小中学校教諭・教頭、静岡県教育委員会管理主事などを経て、令和2年4月より同職。平成26年度から6年間、同町教育委員会管理主事として、中山間地における特色ある教育の創出に携わり、ICT教育の導入、推進に寄与する。

木村泰子（執筆分担：第2部7章事例）
一般社団法人「学び舎フレンドシップ」代表理事。中学校長を最後に退職、英国での語学学習を経て、これからの時代を生きる子どもたちが、自らが人生の主体者となり、世界に目を向け、多様性を尊重するための学びを提供する活動を仲間と共に行っている。

大木島詳弘（執筆分担：第2部8章事例）
浜松学芸中学校高等学校指導教諭。出版社の勤務を経て、教員へ転向。勤務校の特色である生徒たちが自由に課題を設定してその解決に取り組む「探究活動」で社会科学部地域調査班の顧問として、地域の魅力発信に取り組んできた。現在は、普通科に「地域創造コース」を立ち上げ、地域の企業や団体と協働するプロジェクト型学習を実践している。

小林佐知子（執筆分担：第2部9章事例）
静岡県立静岡高等学校勤務。国語科教諭。平成29年度から2年間、静岡大学教職大学院に在籍し、普通科高校における総合的な探究の時間のカリキュラムマネジメントについて研究した。

地場教育 −此処から未来へ−

2021 年 7 月 30 日　　初版発行

編者　　　　　　　　　武井敦史

カバー・表紙デザイン　齋藤麗愛

装丁　　　　　　　　　塚田雄太

発行者　　　　　　　　大須賀紳晃

発行所　　　　　　　　静岡新聞社
　　　　　　　　　　　〒 422-8033
　　　　　　　　　　　静岡市駿河区登呂 3-1-1
　　　　　　　　　　　電話 054-284-1666

印刷・製本　　　　　　三松堂株式会社

ISBN 978-4-7838-2266-0 C0037